Beatrice Dernbach · Manfred Rühl
Anna Maria Theis-Berglmair (Hrsg.)

Publizistik im vernetzten Zeitalter

Beatrice Dernbach · Manfred Rühl
Anna Maria Theis-Berglmeir (Hrsg.)

Publizistik im vernetzten Zeitalter

Berufe – Formen – Strukturen

Westdeutscher Verlag

Die Deutsche Bibliothek – CIP-Einheitsaufnahme

Publizistik im vernetzten Zeitalter : Berufe, Formen, Strukturen /
Beatrice Dernbach . . . (Hrsg.).
– Opladen : Westdt. Verl., 1998
ISBN 3-531-13106-0

Der Westdeutsche Verlag ist ein Unternehmen der Bertelsmann Fachinformation GmbH.

http://www.westdeutschervlg.de

Höchste inhaltliche und technische Qualität unserer Produkte ist unser Ziel. Bei der Produktion und Verbreitung unserer Bücher wollen wir die Umwelt schonen: Dieses Buch ist auf säurefreiem und chlorfrei gebleichtem Papier gedruckt. Die Einschweißfolie besteht aus Polyäthylen und damit aus organischen Grundstoffen, die weder bei der Herstellung noch bei der Verbrennung Schadstoffe freisetzen.

Umschlagbild: Axel Waldhier, Typoconcept, München; mit freundlicher Genehmigung dem Special „Die CD-Rom" (Oktober 1994) der Medienfachzeitschrift SAGE & SCHREIBE entnommen.
Umschlaggestaltung: Horst Dieter Bürkle, Darmstadt
Druck und buchbinderische Verarbeitung: Rosch-Buch, Scheßlitz
Printed in Germany

ISBN 3-531-13106-0

Inhalt

Vorwort

Als die Einladung zu unserem Bamberger Kommunikationswissenschaftlichen Kolloquium (KoWiKo) zum Thema „Kommunikationsberufe im vernetzten Zeitalter“ im Januar 1997 an die Teilnehmer erging, hatten die Veranstalter noch keine Publikation im Sinne. Im Verlauf der Veranstaltung und in der resümierenden Rückschau schienen uns die im Kolloquium referierten Themen durchaus publikationswürdig, handelt es sich hierbei doch um Primärerfahrungen von Personen, die in ihrem Alltags- und/oder Berufsleben mit neuen Kommunikationstechnologien und den damit verbundenen Visionen, Zielen, Hoffnungen, Widersprüchen und praktischen Problemen konfrontiert sind, die wir auf diese Weise einem größeren Publikum bekannt machen wollen. Ergänzt wurden die Kolloquiumsbeiträge durch einschlägige Berichte anderer Autoren.

Die gewählte Printversion scheint heute (noch ?) der übliche Weg zu sein, derartige Erfahrungen zu dokumentieren. Auch wenn diese Berichte in Zukunft möglicherweise in elektronischer Form publiziert werden, ist derzeit noch offen, ob damit gleichzeitig die Papierversion obsolet wird. Der vorliegende Band versucht, durch Angabe themenrelevanter Internet-Adressen in einzelnen Beiträgen beide Kommunikationsformen zu kombinieren.

Hilfreich war „das Netz“ schon jetzt, nämlich in puncto Koordination und Datenübermittlung. Zusammen mit viel gutem Willen und Engagement haben die Autorinnen und Autoren ihre Beiträge - trotz anderweitiger beruflicher Verpflichtungen - sehr schnell geliefert. Ihnen möchten wir an dieser Stelle unseren Dank aussprechen, ebenso wie den fleißigen Helfern, ohne die derartige Projekte nicht zu realisieren sind: Bei der Vorbereitung und Durchführung des Kolloquiums waren uns vor allem Helga Meinhardt, Simone Maier und Stefan Lipphardt behilflich, im Hinblick auf die Erstellung der Druckversion gilt unser Dank Joachim R. Höflich und Marion Munz für die kritische Durchsicht der Beiträge und die Erstellung des Layouts sowie Helga Meinhardt für die Lösung diverser logistischer Probleme.

Bamberg im Oktober 1997

Beatrice Dernbach Manfred Rühl Anna M. Theis-Berglmair

Publizistik im vernetzten Zeitalter
Eine Einleitung

Beatrice Dernbach, Manfred Rühl,
Anna M. Theis-Berglmair

Bei dem Spiel „Stille Post" flüstert der erste Spieler seinem Nachbarn ein langes Wort oder einen Satz ins Ohr. Diese Botschaft wird reihum weitergegeben. Der letzte Empfänger sagt laut, welche Mitteilung bei ihm angekommen ist. Meistens weist sie nur grobe Ähnlichkeit mit der gesendeten Nachricht auf. Aber fast jeder glaubt, etwas Sinnvolles verstanden und weitergegeben zu haben.

Auch im Spiel mit den Schlagworten Multimedien, Datenautobahn, Internet, Cyberspace, Informationsgesellschaft - nahezu wöchentlich präsentiert auf Symposien, Tagungen, Medientagen - behauptet jeder, den Sinn der Wörter als Begriffe verstanden zu haben. Aber welcher Spieler ist es hier, der diesen spektakulären Wörtern welchen Sinn beigegeben hat, als sie irgendwie in Umlauf kamen und von anderen aufgegriffen wurden?

Gemeinhin werden mit den oben genannten automatisch die Begriffe neue Medien, Kommunikation und Information verknüpft. Sind aber nicht grundsätzlich Medien und Kommunikation zu problematisieren? Wenn wir von einer neuen Kommunikationsform sprechen: Ist sie vergleichbar mit den Prozessen interpersonaler, Organisations- oder Massenkommunikation? Wie verhält es sich mit den Elementen und Komponenten, die wir Sinn und Informationen, Themen und Mitteilungen, Bilder und Texte, Literalität und Oralität, Gedächtnisse und Verstehen nennen? Und was geht da schließlich vor, wenn Berufskommunikatoren multimedial im Internet arbeiten, um mit potentiellen Publika öffentlich zu kommunizieren? Publizistik (öffentliche Kommunikation) trat noch nie anders als medialisiert in Erscheinung. Umso mehr ist zu fragen, was denn aus kommunikationswissenschaftlicher Sicht das Neue am Internet und den damit zusammenhängenden Berufen, Inhalten und Formen sowie medienpolitischen Strukturierungsprozessen ist?

Kommunikationswissenschaftler, gleichzeitig mit e-mail, Fax, Datenbankrecherche und weltweit vernetzter PC-Kommunikation konfrontiert, haben viele Fragen (und bei weitem nicht nur solche technischer Natur). Sie interessieren sich - im Milieu der Publizistik - für Forschungsprobleme, die für Berufskommunikatoren und deren künftige Arbeit im Journalismus, in Public Relations und in weiteren publizistischen Bereichen von Belang sein könnten. Über Internet als einem elektronischen Mythos zu schwadronieren und gleichzeitig das Internet als ein neues Modell in unser aller Medienfuhrpark zu führen, damit ist Lehre und Forschung der Publizistik nicht gedient. Handelt es sich - so lautet eine zentrale Frage - bei Internet-Arbeit in der kommunikationsberuflichen Praxis lediglich um die konventionelle mediatisierte Kommunikation?

Von der Antike bis in heutige Lehrbücher der Publizistik ist die meist schweigend akzeptierte und regelmäßig zitierte Metapher von der Kommunikation als einem Transportunternehmen „konserviert". Üblicherweise wird damit die Kommunikation als ein Prozeß beschrieben, der mit Hilfe von Technologien bestimmte Etwasse transportiert und distribuiert (Güter, Töne, Zeichen, Mitteilungen, Informationen, Symbole, Bedeutungen usw.). Damit können Räume überbrückt werden, und die Ankunft der Etwasse kann bei den Empfängern Reaktionen und Handlungen auslösen: Informationen und Wissen werden vermehrt, Meinungen beeinflußt und verändert, Glaube gestärkt oder Zweifel genährt, Images gepflegt oder beschädigt usw.

Diese unilineare Kommunikation erfahren scheinbar auch die Herausgeber dieses Bandes, wenn sie von Süden kommend, ihre Arbeitsplätze an der Universität Bamberg ansteuern. Im Auto oder im Zugabteil sitzend vermitteln Eisenbahnschienen und Autobahntrassen den Eindruck, daß sie parallel verlaufen. Aber der Blick aus dem Flugzeug macht deutlich, daß es sich dabei bereits um Transport-*Netze* handelt.

Gerade weil Netzvorstellungen seit dem Nachrichtenhandel im 12. Jahrhundert publizistisch relevant sind, ist in bezug auf Internet umso eindringlicher zu fragen, ob man allzu lange Typisches der publizistischen Kommunikation ausgeschlossen hat, als man deren Netzcharakter außer acht ließ. Die Netzmetapher drängt jedenfalls im Zusammenhang mit Internet eine Reihe von Kommunikationsproblemen auf, die ein Transportmodell nicht unbedingt aktualisiert: Internet als allgemein zugängliches Kommunikationssystem-im-Werden, das schon mehr sinnhafte Informationen und thematisierte Mitteilungen anbietet als je publizistisch zu nutzen sein werden, bildet - in Verbindung mit den bisherigen publizistischen Wirklichkeiten - neue Strukturen aus. Bedeutet dies, daß die alte Publizistik nur „neu" wird durch Umgruppieren? Oder sind Produzenten und Rezipienten, ja der Gesamtprozeß durch Internet-Kommunikatoren neu zu definieren? Sind neue publizistische Ordnungen erkennbar, insbesondere Organisationen und Märkte, die bekannte publizistische Institutionen wie Zeitungen und Redaktionen in bezug auf ihre Zielsetzungen lediglich neu vernetzen, oder fordern sie dazu neuartige Strukturen für eine neue publizistische Produktion heraus? Und hat sich nicht auch die Publizistikforschung „Kommunikationsinhalte" strukturell allzu fest vorgestellt?

Ist das weltgesellschaftlich zu beobachtende Aufbrechen von Staats-, Zoll-, Währungs-, Religions- und Sprachgrenzen für publizistische Berufe und Arbeit nicht ebenso bestimmungsbedürftig wie die traditionell schwach definierten Publizistik-Grenzen des Lokalen, des Regionalen und des Überregionalen? Entgrenzt Internet nicht die sozialen Berufsrollen von Bürgern und Politikern, Verlegern und Redakteuren, Lesern und Zuschauern? Wie steht es um die bisher geltenden Rechts- und Moralnormen und ihre künftige soziale Wirksamkeit? Kommt es durch Internet zur Bildung virtueller Gemeinschaften oder Gesellschaften, dann ist zu fragen: Sind es nur kurzfristige und diskursähnliche, oder solche, die einen sozial anonymen Wissenstransfer im Sinne eines (neuen) weltweiten Kreislaufs institutionalisieren? Da kommunikationswissenschaftliche Antworten auf die zuletzt gestellten Fragen seit Jahrzehnten ausstehen, wäre es zu billig, sie im Zusammenhang mit Internet-Analysen so nebenher zum Thema zu machen. Wir werfen die Fragen auf, um die Gesamtbreite der Problematik sichtbar werden zu lassen, innerhalb der wir mit dieser Veröffentlichung einen Beitrag zu leisten beabsichtigen.

Für die Einführung in das erste Kapitel durchforstet *Manfred Rühl* die Literatur über publizistische Berufe - zum wiederholten Male (vgl. Rühl 1980, 1989). Sein heutiger Eindruck: Die weithin auf den deutschen Sprachraum konzentrierte publizistische Berufsforschung kümmert sich überwiegend um das journalistische Berufsbewußtsein, ohne zu fragen, *wie* Journalisten (oder andere Publizisten) beruflich arbeiten. Rühl rekonstruiert die Karriere publizistischer Arbeit im gesellschaftlichen Wandel. Zunächst eine Sache von Knechten und Mägden, wird Arbeit durch die Regel *ora et labora* im klösterlichen Leben sozial aufgewertet und beruflich ausgestaltet. Von klassischen Nationalökonomen als wahrscheinlich wichtigster Produktionsfaktor erkannt, wird die Arbeit der Industriegesellschaft im 19. Jahrhundert zur markt- und organisationsförmigen Erwerbsarbeit, auch für die dezentral produzierende Verlags- und Agenturpublizistik. Publizistische Arbeit mit Internet verursacht neuartige Probleme. Beispielsweise können Presse und Rundfunk damit rechnen, daß ihnen in den Kommunen, Kammern oder Kirchen, vielleicht auch in politischen Parteien, publizistische Konkurrenten erwachsen.

Die geläufige Frage: "Multimedia - ein Jobknüller?" prüft der Arbeitsmarkt- und Berufsforscher *Werner Dostal* auf ihren gegenwärtigen Wirklichkeitssinn. Quantitative Antworten in Form einer Zwischenbilanz lassen nach seiner Auffassung die vielen Unbekannten gegenwärtig noch nicht zu. Qualitativ macht er drei neue Berufstypen aus, von denen der Multimedia-Spezialist für das Berufsfeld Publizistik das größte Interesse verdient. Dostal umschreibt: Der Multimedia-Spezialist kann befähigt werden, in Wirtschaft, Erziehung und Beratung beruflich zu arbeiten, und zwar forschend, entwickelnd, produzierend und die eigene mediale Infrastruktur wartend. Vorzugsweise im Team, bearbeiten Multimedia-Spezialisten abstrakte Probleme alternativ und kreativ, ohne Scheu vor einer Neudefinition ihrer Arbeits- und Berufspositionen als abhängig Beschäftigte oder als Selbständige.

Publizistisch genutzte Multimedien verursachen Umbrüche in Praxis, Ausbildung und in der Gestaltung neuer publizistischer Arbeitsfelder. *Beatrice Dernbach* hält nichts von einer multimedialen Flucht in die freischwebende Welt einer fantastischen Publizistik. Die publizistische Praxis und das wissenschaftliche Wissen über Publizistik gleichermaßen im Blick, beobachtet sie, daß auch eine multimediale Publizistik recherchiert, selektiert, variiert und aufbereitet. Dernbach beschreibt sehr anschaulich gegenwärtige Tendenzen in der publizistischen Praxis und Ausbildung, die mehr Aufmerksamkeit verdienen als ihnen gegenwärtig gezollt wird.

Harald Taglinger ist seit geraumer Zeit engagiert dabei, online-publizistische Ausbildung auf die Agenda zu setzen und faktisch daran zu arbeiten. Er nennt seine Konzeption naiv, obwohl er bereits über Erfahrungen aus vier online-publizistischen Lehrversuchen verfügt. In seinem hier als Alternative vorgestellten Modell konfrontiert er realistischerweise die Kompetenzen universitärer Lerngruppen und das Leistungsvermögen des Internet als Lehrmaterial. Seine eigenen Erfahrungen reflektierend, diskutiert Taglinger ein siebenstufiges Lehrmodell, um es in Relation zu setzen zu einer sich abzeichnenden publizistischen Online-Zukunft.

Das zweite Kapitel beschäftigt sich mit der Frage, welche (alten und runderneuerten oder neuen?) Inhalte, Formen und Texte mit der Publizistik im Internet verknüpft sind. *Manfred Rühl* fokussiert seine Ausführungen auf den - häufig verwendeten aber nichtsdestotrotz unreflektierten - Begriff der Medien. Am Beispiel Rundfunk zeigt er, daß Medien nahezu ausschließlich technisch definiert, aber nur selten in ihren sachlichen, sozialen und zeitlichen Umwelten betrachtet werden. Der medienzentriert operierenden Publizistikforschung hält er vor, den zentralen Begriff vernachlässigt zu haben. Im Gegenteil: Sie habe noch die Idee von der Einheit der Medien gefördert, verbunden mit einer dem Zweck/Mittel-Denken verhafteten Perspektive einseitig auf Rezipienten wirkender Kommunikatoren. Das ist fern einer Vorstellung von Publizistik als einem Kreisprozeß, in dem das programmierte Prozessieren publizistischer Programme medial gesteuert und geregelt (=medialisiert) wird.

Nimmt man diese Gedanken mit hinein in die Lektüre von *Katja Rieflers* Beitrag über „Zeitungen Online", drängt sich die Frage auf - die sie übrigens bestätigend beantwortet -, ob nicht die im Markt etablierten Berufskommunikatoren (in diesem Falle in erster Linie die Verleger) das Medium Internet auf einen technischen One-way-Vermittlungskanal reduzieren und die Chancen bzw. Möglichkeiten bei weitem nicht richtig einschätzen und nutzen. Nach Riefler liegt ein wichtiger Grund für diese Kurz-Sicht in der Tatsache, daß viele Verleger ihr Online-Engagement unter rein ökonomischen Gesichtspunkten als „strategische Aufgabe" betrachten. Im Vergleich von Print- und Computermedien macht die Autorin vor allem die Stärken letzterer deutlich: Aktualität rund um die Uhr, Globalität und schließlich Interaktivität. Die Online-Produkte der Tageszeitungsverlage müßten sich, resümiert Riefler, emanzipieren und zu regionalen Kommunikations- und Informationszentren ausgebaut werden.

Der Online-Redakteur *Egbert M. Reinhold* zeigt, wie Katja Rieflers Ausführungen im Detail in der Praxis aussehen (können). Arbeit im Internet bedeutet für die Redakteure zunächst ein Umdenken: Sie müssen sich lösen von in Jahrzehnten bewährten Handlungsmustern und Arbeitsanweisungen. Denn zum einen sind technisch dem Angebot im Internet keine Grenzen gesetzt, zum anderen erwarten die User bestimmte Standards (wie z.B. vertiefende Links, eigene Archivrecherche, Spiele, Software zum Downloaden usw.). Umdenken müssen die Berufskommunikatoren auch im Umgang mit den „Lesern" (=Usern): Der Kontakt ist direkter und schneller (Online-Leserbriefe), und der User erwartet interaktiven Service total (inklusive Chat und Gästebuch). Der Blick in die Zukunft scheint vielversprechend: Der Online-Zeitungsleser wird Urlaubsreisen buchen, Theaterkarten bestellen, Lottospielen, Video-Konferenzen abhalten können und vieles mehr - Zeitunglesen wird unter Umständen zur Nebensache.

Nach soviel Prognostik lenkt *Stefan Brunn* den Blick zurück, im Rückwärtsgang auf der Datenautobahn. Seiner Einschätzung nach bietet Publizistik im Internet einen Service, mit dem kein anderes Medium aufwarten kann: Der Blick in die Vergangenheit, ins gespeicherte Gestern. Nachschlagen im digitalen Archiv, was man noch einmal lesen möchte, was man verpaßt hat, was überraschend relevant wird, ob Film- oder Theaterkritik, ob Daten und Namen von Prominenten und Ereignissen, Dokumentationen und Verbrauchertips. Das Medium Internet ist nach Ansicht Brunns nicht so flüchtig und geschwindigkeitsberauscht, wie es bisweilen den Anschein hat. Aktualität in sekundärer Form heißt für ihn: In-Beziehung-setzen der Ereignisse durch Links in die Vergangenheit.

Andreas Fischer klickt nach vorne in Gegenwart und Zukunft. Digital Radio heißt das Zauberwort, das den Hörfunk revolutionieren soll. Störungsfreie Übertragungsqualität und eine mit der CD vergleichbare Klangqualität sowie zusätzliche multimediale Datendienste werden nicht nur die Technik, sondern das Medium selbst (und womöglich seine Nutzung) verändern. Fischer erwartet, daß sich die digitale Radio-Technologie im multimedialen Umfeld zwischen Digital-TV und Internet-/Onlinediensten behaupten wird, weil (oder obwohl) sie es dem Nutzer ebenfalls ermöglicht, ganz gezielt die gewünschten Informationen abzurufen (Pull).

Die Pull-Technologie ist richtungsweisend: Der Nutzer oder Kunde bestimmt und steuert selbst, welche und wieviele Informationen er zu einem bestimmten Zeitpunkt abruft. Damit wird der im klassischen Marketing vorherrschende Push-Ansatz nach Einschätzung von *Harald A. Summa* abgelöst. Mit hohem Mittelaufwand (beispielsweise TV-Werbung) werden Konsumenten bisher auf Produkte aufmerksam gemacht; die Wiederholung soll den Marketingerfolg steigern. Mit einer gegenteiligen Philosophie hingegen operiert sein Online-Marketing: Der Kunde soll gewonnen werden, indem seine individuellen Bedürfnisse erkannt und befriedigt werden (Pre-Sales-Phase); in der After-Sales-Phase ist Online-

Marketing nach Meinung Summas das ideale Werkzeug zur dauerhaften Kundenbindung. Der Autor entwirft hierfür spezifische Anwendungsarchitekturen.

Das dritte Kapitel ist medienrechtlichen und ethischen Aspekten gewidmet, die sich im Zusammenhang mit neuen Kommunikationsformen ergeben. Dabei zeigt sich, daß ethische Fragestellungen weit über die bisher geführte Diskussion um umstrittene Inhalte des Internets hinausreichen. *Anna M. Theis-Berglmair* macht darauf aufmerksam, daß im Hinblick auf Medienpolitik nicht allein demokratietheoretisch oder wirtschaftspolitisch begründete Visionen angezeigt sind, sondern daß angesichts der anstehenden gesamtgesellschaftlichen Problemlagen eine zukunftsgerichtete Medienpolitik umfassender angelegt sein muß. Dazu zählt auch die Stärkung der Position natürlicher Personen im Verhältnis zu korporativen Akteuren, was dazu beitragen kann, das derzeit noch gegebene Interaktivitätspotential aufrechtzuerhalten und gegebenenfalls zu verbessern. Auf welche Weise die Einbeziehung der Bürger erfolgen kann, zeigen die beiden anschließenden Projektbeschreibung. *Markus Hörath* berichtet vom Free-Net-Erlangen-Nürnberg-Fürth, seinen intellektuellen Vorläufern und den Nutzerstrukturen. Auch wenn dieses regionale Netz bei weitem noch nicht die Nutzungsintensität aufweist wie sein Pendant in den Niederlanden, sind die Zielsetzungen identisch, nämlich eine elektronische Plattform zu bieten, die alle Bürgerinnen und Bürger für ihre eigenen Zwecke ebenso nutzen könnnen wie für den Aufbau und die Strukturierung ihrer/seiner (virtuellen) Gemeinde.

Daß die derzeitige Crux dieser Initiativen in der Finanzierung der von politischer Seite propagierten Bürgernetze liegt, geht auch aus dem Beitrag von *Eduard Grimme* hervor. Er wirft einen direkten, unverhüllten Blick auf die Umsetzung des Bayern-Online-Programms, auf die damit einhergehenden Hindernisse, Mißverständnisse und ungeklärten Fragen sowie auf die Eigeninteressen der Politik(er) und die Strategien anderer (korporativer) Akteure. Etwas anders gelagert ist der Beitrag von *Bernhard Debatin*, der auf der Basis der Funktionsbereiche Wissen, Freiheit und Identität die Grundlage einer normativen Analyse des Internets entwirft und einzelne in den Funktionsbereichen auftauchende ethische Probleme diskutiert. Dem Mythos des digitalen Wissensspeichers stellt er die informationelle Überflutung gegenüber, aus der sich spezifische Selektionserfordernisse, Möglichkeiten der Informationsmanipulation und Probleme hinsichtlich der Nachprüfbarkeit des elektronisch vermittelten Wissens ergeben. In den anderen Funktionsbereichen ergeben sich Probleme hinsichtlich unterschiedlicher Zugangschancen (Wissenklüfte) oder auch spezifische Anforderungen an eine Ethik zwischenmenschlicher, elektronisch vermittelter Beziehungen.

I. Beruf - Arbeitsmärkte - Ausbildung

Publizistische Arbeit im Internet

Manfred Rühl

Ein Journalist zum Anfassen

> Der *Journalist* hat besondere Eigenschaften, eine professionelle Einstellung und er wird ständig von den Zwängen seiner Beschäftigungsorganisation bedrängt. Zusammen mit seinem Frauenanteil stemmt sich der Journalist gegen die Flut der Ereignisse und Informationen, schleust als Gatekeeper nur Fakten, Fakten, Fakten in die Öffentlichkeit, reportiert gleichwohl sach- und fachkompetent über Gott und die Welt, kommentiert politisch (da zu rechts, dort zu links), layoutet, umbricht, schneidet, moderiert - all dies spielerisch-unterhaltsam für den mündigen Bürger, dem er (besonders durch das Fernsehen) more playing, more gaming and more gambling anmutet. Wie Robinson Crusoe muss auch der Journalist kein Geld verdienen, macht keine Überstunden und hat keinen Urlaub. Als Demokrat im Rechts- und Sozialstaat nimmt er allerdings die Presse- und Rundfunkfreiheit in Anspruch und versieht die Gegendarstellung mit dem Redaktionsschwanz. Die besonders rückwärts gewandten publizistischen Arbeitgeber in einer verberuflichten Gesellschaft verlangen vom Journalisten in der Regel keine besondere Ausbildung oder gar ein Studium. Gleichwohl hat der Journalist, getreu dem Grundgesetz, den Einzelgesetzen, dem Pressekodex des Deutschen Presserates und den Richtlinien der Verlage und Sender, eine öffentliche Aufgabe wahrzunehmen. Er gehört einem Berufsstand an (ein Relikt aus der Klassen- und Schichtengesellschaft?), dessen Ethos, von wem auch immer gestiftet, er verpflichtet ist. Der Journalist kann einer Gewerkschaft beitreten und hat einen Beruf, auch wenn er nicht arbeitet. Als Internet-User soll er ein besonderer Agent des Wandels sein, der allerdings gleichzeitig von den Multimedien bedroht wird. Gleichwohl kann man Top-Journalisten wie ein Orakel befragen, denn *sie* sind es, die Fragen der Medienzukunft zu beantworten wissen.

Im *Zauber des Singulars* (Hans Blumenberg) lässt diese Collage aus subjekttheoretischen Begriffen, Thesen und Theoremen unschwer erkennen, dass ihre Teile "praktischen", sozialempirischen und juristischen Journalismustheorien entnommen wurden. Die juristischen Teile heben sich von den anderen insofern ab, als Juristen, von Disziplin wegen normativ-präskriptive Beobachter, mit der ständigen Rechtssprechung vorschreiben, was Journalisten tun sollen und was sie zu lassen haben, ohne wissen zu müssen, wie Journalisten faktisch arbeiten. Was der Collage fehlt, sind soziale und historische Perspektiven der Publizistik, in die der

Journalismus eingebettet ist, um zu operieren. Sozialhistorisch war noch kein Journalist ausgedacht, da funktionieren in Deutschland und Europa bereits (seit dem 12. Jahrhundert) Nachrichten-Beschaffungsnetze, mit städtischen Märkten, die den journalistischen Vorgängern: Boten, Agenten und Korrespondenten, viele Arbeitssprobleme bereiteten. Im 15. und 16. Jahrhundert wurde das *Typographeum* ausgebaut (Giesecke 1991), eine neuartige buchdruck-manufakturelle Arbeitsorganisation. Das Typographeum, das durch Arbeitsrollen, Arbeitsstellen und Arbeitsnormen strukturiert, seine internen Probleme regelt und steuert, orientiert sich, neben den Beschaffungsmärkten, für seine Produktionen vor allem an "freien" Vertriebsmärkten für seine typographischen Produkte (Blöbaum 1994, Sporhan-Krempel 1968). Interessiert heute der journalistische bzw. der publizistische Wandel in Relation zu neuesten Medien, dann geht es wie damals um Arbeits- und Netzprobleme, auch wenn ein verbreitetes Vorurteil meint, Journalisten, publizistische Persönlichkeiten, Gatekeeper oder andere Subjekte stünden im Mittelpunkt der Problematik.

Die Subjekttheorie und die journalistische Berufsforschung

Nicht der Journalist als Angestellter oder die damals schon vielfältigen Arbeitsformen der "Freien" finden im 19. Jahrhundert das Interesse publizistischer Beobachter. Es ist ein Charakterbild, das zwischen politisierenden Helden und Schurken oszilliert, das von Belletristik und Wissenschaft über Jahrzehnte hinweg hergestellt wird. Den Auftakt unternimmt in der Romanliteratur Honoré de Balzac mit *Illusions perdues* (1837) und in der Bühnenliteratur Gustav Freytag mit dem Lustspiel *Die Journalisten* (1845). Später sind es besondere Journalisten (nunmehr auch weibliche), die laut Drehbüchern in Filmen und Fernseh-Serien spektakuläre Taten vollbringen (Schmitt 1952; von Studnitz 1983; Lilienthal 1984, 1985). Ungeachtet des weltweiten Gesellschafts-, Organisations- und Märktewandels sind es vor allem Genielehren, die besondere Journalistenbilder hervortreiben - neuerdings den Journalisten als einen Post-Schumpeterschen Unternehmertypus (Ruß-Mohl 1997). Er kann so wenig wie Emil Dovifats (^{2}1971) gewissensgesteuerte "publizistische Persönlichkeit" zu einem operativen Konstrukt publizistischer Forschung umgebaut werden.

Personen und Personengruppen wählen auch jene Forscher als Bezugseinheiten aus, die den *Journalismus als Beruf* untersuchen (Requate 1995, Böckelmann 1993, Kunczik 1988, Saxer/Schanne 1981; als erste Synopse: Weiß 1977). Ihre Ausprägungen umfassen Novellisten, Journalisten, Publizisten, weniger Verleger, schon "Medienmogule", sämtlich Ausübende von Jobs, Berufen und Professionen. Sozialpsychologisch verfahrende Journalistenforscher wiederum untersuchen subjektive Meinungen, Motive und Einstellungen von Befragungspersonen. Sie interessieren sich für journalistisches Denken (Kepplinger 1979), berufliches Bewußtsein (Prott 1976, Zeiss 1981), parteipolitische Präferenzen (Donsbach

1987), sportjournalistische Rollenprämissen (Weischenberg 1978), solche weiblicher Journalisten (Neverla/Kanzleiter 1984), Beziehungen zwischen Lokaljournalisten und ihren Informanten (Grimme 1991), die journalistische Verarbeitung von PR-Material (Baerns 1986), die Einflüsse technologischer Entwicklungen, vor allem die des Computers (Weischenberg 1978, Mast 1984, Prott et al. 1983), auch Manifestationen im Journalismus des vereinten Deutschlands und darüber hinaus (Köcher 1984; Mahle 1993).

Eine irreführende Subjekttheoretisierung erfuhr Kurt Lewins Feldforschung über das *gatekeeping*. Lewin problematisiert mit einem umweltorientierten Kleingruppen-Ansatz ein dynamisches Entscheidungsprozessieren (Lewin 1947a, 1947b, 1963), während David Manning White (1950/1964) mit dem Terminus *Gatekeeper* ein subjektgebundenes Ja/Nein-Entscheidungsmodell konstruiert. Whites Entscheidungssubjekt Gatekeeper löst journalistische Fehldeutungen aus, die auch dann nicht wirklicher werden, wird der Gatekeeper einfach als "Organisation" beschrieben (Rühl 1980; Dernbach 1994). Zu keinen Vergleichbarkeiten führen kommunikationswissenschaftliche Versuche, die klassische Stufentheorie der soziologischen Professionsforschung für den Journalismus nachzuzeichnen: vom Aufstieg aus einfachen Tätigkeiten (Jobs), über angelernte Arbeit, zu geprüften Berufen und schließlich zu vollakademisierten Professionen (Rühl 1980, 1972). Das Interesse an dieser Forschungsrichtung kam weder in den USA noch in Deutschland so recht auf Touren (Koszyk 1974; Kepplinger/Vohl 1976; Weischenberg 1990). Dagegen redet der deutschsprachige Praktikerjargon viel von "Professionalität" und ihrem Gegenteil. Stellt er fest: "Wir sind doch alle Profis", dann bleibt offen: Ist - wie in der Professionsforschung - von professionellen Selbstverpflichtungen (commitments) die Rede oder nur von einer auf Werbezwecke gerichteten Auflagen- und Einschaltquoten-Geilheit?

Für die Alltagsvernunft ist ein Journalist, wer diesen Beruf "hat".[1] Monieren Politik- und Sportprominente das Verhalten "der Journalisten" oder stoßen sich Journalisten an Moralverstössen anderer Journalisten, dann scheinen "die Journalisten" eine Ganzheit darzustellen, ohne dass Kriterien und Bedingungen bekannt wären. "Die Journalisten" in Deutschland auswählen zu wollen, führt zu erheblich divergierenden Zähleinheiten (Schneider et al. 1993; Weischenberg et al. 1993), zumal wenn sie nicht mit der organisatorischen Struktur *Arbeitsplätze* in Beziehung gesetzt werden (Neuberger 1994). Es überrascht nicht sonderlich, dass in der Forschung *Journalismus als Arbeit* oder *Journalism at Work* nicht vorkommen, - nicht einmal das Wort Arbeit in den Stichwortverzeichnissen journalistischer Lehrbücher. Dabei gibt es zwischen journalistischem Berufsbewusstsein und der Arbeitswirklichkeit erhebliche Diskrepanzen.

---

1 Laut Handbuch des Deutschen Bundestages "hatte" beispielsweise Willy Brandt den Beruf *Journalist*.

Publizistische Arbeit - aus mehreren Perspektiven beobachtet

Umgangssprachlich steht Arbeit für den Ernst des Lebens, im Unterschied zum Feierabend und im Gegensatz zu Freizeit, Urlaub, Spiel und Hobby. Historiker sehen in der Arbeit ein zivilisatorisch ausgeformtes humansoziales Vermögen (Conze 1972a). In vielen Sprachen ist Arbeit ein Affektwort. Denn Arbeit wird als körperliche Mühsal und Plackerei zunächst von Sklaven, Leibeigenen, Knechten und Mägden im Dienste von Oberschichten geleistet, auch zur Sicherung der eigenen biologischen Existenz. Die Freien der Antike qualifizieren die Arbeit als unwert und langweilig. Nachdenken und Philosophieren sind für *Aristoteles* (1991: III, 1278a) keine Arbeit. Folglich ist Arbeit keine Tugend. Noch im europäischen Mittelalter bestimmt die Arbeit die für den eigenen Bedarf produzierende Hauswirtschaft in den Relationen Herrschaft und Knechtschaft. Produktive Arbeit ist auf die Landarbeit Nicht-Freier eingeengt, die durch Naturalleistungen entlohnt werden. *Augustinus* (354-430) preist die Handarbeit als Naturrecht und individuelle Pflicht. *Benedikt* (480-547) bewertet die Arbeit besonders hoch, wenn er sie mit dem Beten im klösterlichen Lebensablauf verknüpft. *Martin Luther* (1483-1546) sieht in der Arbeit für Gott und den Nächsten den Vollzug des göttlichen Willens, und für den *Puritanismus* drückt sich in der erfolgreichen Arbeit die Prädestination aus (Conze 1972a).

Mit der sozialen Institutionalisierung des Geldes als Tausch- und Bewertungsmittel erhält die Arbeit eine abstrakte Gegenleistung. Monetarisierte Arbeit kann gewollt, geplant und unmittelbar gratifiziert werden, in Abgrenzung zu Muße, Vergnügen und Freizeit, die eher Geld kosten. Das in der Gesellschaft ständig umlaufende Geld ändert seit dem 15. Jahrhundert auch die Bezugseinheit neuzeitlicher Publizistik. Aus dem tradierten Typographeum wird seit dem 18. Jahrhundert, zusammen mit der organisations- und marktförmig ausdifferenzierten Produktions- und Geldwirtschaft, ein intern sich spezialisierendes Publizistiksystem.

Publizistische Arbeit war nie einfach. Als marktgerichtete Produktion begann sie, von vornherein auf gesellschaftlich knappe Ressourcen zurückzugreifen. Zeitlich unterscheidet man publizistische Arbeit nach Tages-, Wochen-, Jahres- und Lebensarbeit. Sachlich wird die publizistische Arbeit von verschiedenen Stilen, Genres und Techniken strukturiert, und monetär differenziert man sie nach Gehalt, Honorar, Überstunden, Renten bzw. Pensionen. Die publizistische Arbeit ist rechtlich einigen zentralen Werten des Grundgesetzes unterworfen, zumal der Kommunikationsfreiheit, und hier besonders der Presse- und der Rundfunkfreiheit, ferner den Normen verschiedener Einzelgesetze. Moralisch kann man in der Publizistik strukturell zwischen redaktioneller Verantwortung und persönlicher Verantwortlichkeit unterscheiden. Im übrigen regeln Verträge die organisationsbezogene publizistische Arbeit, auch die Ausbildung zur Arbeit, und zwar so, wie sie im Bürgerlichen Gesetzbuch stehen, in den Gesetzen über Tarifverträge, Betriebsverfassung, Strafrecht, Urheberrecht, Datenschutz oder

Mutterschutz. Arbeitsplätze (Stellen, Posten, Positionen) sind weitere Strukturen der publizistischen Organisationen, die mit solchen Mitgliedern besetzt werden, die ihre Qualifikationen durch ausgeübte Arbeitsrollen nachweisen. Das publizistische Personal kommt von außen und wird seitens der Arbeitsorganisationen über Arbeitsmärkte beschafft. Der Eintritt verbindet die neuen Mitglieder und Stelleninhaber mit Verpflichtungen, etwa zur Einhaltung der Arbeitszeit, um sie im Gegenzug zu gratifizieren, z.B. mit einem Einkommen für geleistete Arbeit (Rühl [2]1979; Weischenberg 1992). Jedenfalls bilden marktförmige und organisatorische Strukturen für die publizistische Arbeit, etwa die des Journalismus (Rühl 1980), die der Public Relations (Ronneberger/Rühl 1992) oder die der Werbung (Schmidt/Spieß 1994), die Bemessungsgrundlagen für publizistische Produktionen und Distributionen.

Das Ausgestalten publizistischer Arbeitsrollen bewirkt in der Moderne sehr nachhaltig das Selbstverständnis, die Selbstdarstellung und die Selbstachtung publizistisch Erwerbstätiger. Jemand "ist etwas", wenn er arbeitet, und wie er arbeitet. Das wird publizistisch primär organisationsintern nachweisbar - nicht immer durch Schreiben und Sagen. Namentlich gekennzeichnete Veröffentlichungen können mittelfristig als Arbeitsproben bedeutsam werden, wollen sich die Verfasser organisatorisch verändern, um "etwas anderes zu werden". Arbeitslosigkeit wird häufig als einschneidendes Lebensereignis empfunden, mit grundlegender Gefährdung des Selbstverständnisses.[2] Arbeitslosigkeit kann soziale Marginalisierungen mitverursachen, gegen die in jüngerer Zeit eine Art Do-it-yourself-Journalismus (etwa für Obdachlosenzeitungen) oder Public Relations als soziale Selbsthilfe (z.B. Öffentlichkeitsarbeit Betroffener in einer Aids-Hilfe-Organisation) ausprobiert werden (Rühl/Dernbach 1996).

Die Kommunikationsfreiheit des Artikel 5 Grundgesetz räumt ein, dass sich jeder durch Arbeit selbst darstellen kann, insonderheit durch Presse- und Rundfunkarbeit (Luhmann 1965). Ob und wie publizistische Selbstdarstellung empirisch zu verwirklichen ist, hat mit der Alltagspraxis zu tun. Es ist unüblich geworden, Selbstdarstellungen allein durch solche publizistische Arbeitsrollen zu verwirklichen, die "rein praktisch" durch Volontariate, Hospitanzen oder journalistische Schulungen erworben werden. Jede publizistische Arbeit der ausdifferenzierten Weltgesellschaft baut auf Reflexionswissen, Methodenwissen und gebrauchsverständlichem Anwendungswissen (Rühl 1991, 1994), Wissensformen also, die so gut wie ausschließlich schulisch und hochschulisch, komplementär zur Aus-, Fort- und Weiterbildung erworben werden. "Praktische Ausbildungsprozesse" finden in Lehrverhältnissen statt, teils on the job in den Redaktionen, Studios und Agenturen, teils in den "Lehrredaktionen" und "Lehrstudios" der Hochschulen (Weischenberg 1995; Bentele/Szyszka 1995). Faktisch wird publizistische Arbeit, im Wechselspiel mit den gelernten und bewahrten Wissensfor-

2 Schon Klassiker der empirischen Arbeitslosenforschung konnten nachweisen, wie durch Arbeitslosigkeit das Selbstverständnis, die Selbstdarstellung und die Selbstachtung leiden (Jahoda et al. 1933/1975; Bakke 1940).

men, berufslebenslang emergiert. Wer als freier Publizist über spezielle Themenfelder arbeitet, als angestellter Redakteur in Organisationen der Presse, des Rundfunks, der Industrieunternehmen oder der Verbände, als Manager in Verlagen, beim öffentlich-rechtlichen oder beim erwerbswirtschaftlichen Rundfunk, als Dokumentarist in multimedialisierten Archiven oder als Public Relations-Experte in Organisationen jeder Art; publizistische Arbeitsrollen können vielgestaltig sein, ohne bereits in Berufsbilder gefasst zu werden. Publizistisches Wissen, wo und wie immer erworben, ist für die Karriere ein unverlierbares, vielfältig einsetzbares Arbeitskapital. Deshalb sind jene out of time, out of place, und out of locus, die meinen, es komme allein oder zuvörderst auf die individuelle Hervorbringung von Texten, Tönen und Bildern an und darin besonders auf die "persönliche Note". Sie bezweifeln schon technische Fertigkeiten als publizistisch notwendige Bedingungen, ganz zu schweigen von Problemen der Lust an der Arbeit oder der psychisch-physischen Belastbarkeit. Autoritäre Regimes und Einheitspartei-Diktaturen, die noch immer publizistische Arbeit durch ständisch-zünftlerische bzw. parteiisch-ideologische Vorgaben zu kontrollieren versuchen, um ein Höchstmaß an Arbeitsleistung für einseitig gesetzte publizistisch-propagandistische Ziele und Zwecke auszuschöpfen, erweisen sich in einer vernetzten publizistischen Welt früher oder später als dysfunktional.[3]

Die publizistische Arbeit im Wandel lässt fragen, ob der "klassische" Journalismus des Informierens und des Mitwirkens an der politischen Meinungsbildung der Allgemeinheit noch zeitgemäss ist, wird er unter so "praktische" Leitformeln gestellt wie: "Get it right, but get it first"? Muss der intern vielfältig differenzierte Journalismus einer hyperkomplexen Weltgesellschaft, der es mit einer öffentlichen Kommunikation auf hohem Niveau zu tun hat, seine demokratischen Beziehungsspiele zur Politik nicht neu bedenken (Donsbach et al. 1993), vor allem weit über die Politik hinaus? In seinem heutigen Leistungsspektrum ist der Journalismus in Deutschland gesellschaftspolitisch notwendig, aber nicht mehr hinreichend. Schon in den zwanziger Jahren kamen in Teilen der "westlichen Welt" Zweifel auf, ob der Journalismus alle "anfallenden" Themen und Probleme der modernen Gesellschaft wohlinformiert und sachgerecht kommunizieren kann (Lippmann 1922/1964). Gewiss stellen sich viele Redaktionen des dezentralisierten Journalismussystems selbst immer wieder neue Aufgaben, und sie leisten im marktförmigen Wettbewerb, auch in Kooperation mit den publizistischen Einrichtungen Werbung und Public Relations, durchaus mehr. Schliesslich sind Werbung und Public Relations keine negativ zu moralisierenden "Feinde" des

---

3 So der Journalismus der DDR. Formell scheint dies verwunderlich, gewähren doch Artikel 27 der DDR-Verfassung und Artikel 5 des Grundgesetzes der Bundesrepublik Deutschland in beinahe gleichen Worten die Meinungsäußerungs-, Presse- und Rundfunkfreiheit. Ein wichtiger Unterschied liegt allerdings in der verfassungsrechlichen Komplementarität. Artikel 27 DDR-Verfassung war immer zu beziehen auf Artikel 1, und der postuliert den sozialistischen Staat der Arbeiter und Bauern als sozialistische Organisation, unter Führung der Arbeiterklasse und ihrer marxistisch-leninistischen Partei. Dagegen ist Artikel 5 GG (Kommunikationsfreiheit, einschließlich Presse- und Rundfunkfreiheit) in Verbindung zu setzen zu dem Grundrecht der Menschenwürde (Artikel 1), dem Persönlichkeitsrecht (Artikel 2), der Gleichberechtigung (Artikel 3), der Freiheit der Berufswahl (Artikel 12), dem Recht auf Eigentum (Artikel 14) und weiteren Grundrechten.

Journalismus, sondern lediglich andere Formen der öffentlichen Kommunikation. Und der Journalismus eines Rechts- und Sozialstaates ist nicht mehr der Gegner eines Obrigkeitsstaates, den es hierzulande nicht mehr gibt. Dagegen neigen Journalismus, Werbung und Public Relations einer demokratischen Gesellschaft dazu, die zeitlich vorab gebildete publizistische Öffentlichkeit zu überinformieren - ohne hinreichenden sinnmachenden Text. Insofern ist nach einem weiterreichenden publizistischen Funktionsbereich zu fragen: Sollte eine moderne Publizistik nicht die Welt von morgen besser lesbar und verstehbar machen? Die publizistische Freiheit, vorrangig ausgedrückt in der Presse- und Rundfunkfreiheit, bewahrt in jedem Falle die Anrechte, publizistische Berufe und Arbeit unter dieser neuen Funktion auszuüben (Rühl 1987). Aber wissen wir dann schon, was das Besondere einer publizistischen Arbeit hier und heute ist?

Über publizistische Arbeit systematisch nachdenken

Das systematische Nachdenken über die Arbeit und somit eine umfangreiche semantische Karriere des Arbeitsbegriffs beginnt mit *John Locke*, der ihr eine Wertschöpfungskraft zuschreibt, die zur Bildung des Rechts auf Eigentum führt (Locke 1690/^{2}1977). Für *Adam Smith* und die kreislaufförmig verlaufende Theorie der (bürgerlichen) Politischen Ökonomie wird Arbeit, neben Boden und Kapital, der zentrale Produktionsfaktor und dergestalt Dreh- und Angelpunkt politisch-wirtschaftlichen Handelns und Kommunizierens. Smiths Hauptwerk, *Der Wohlstand der Nationen* (1776), beginnt mit einer genauen Beschreibung planvoll organisierter Arbeitsteilung. Die Geld kostende und dadurch gesellschaftlich knapp gewordene Arbeit geht nach Smith in die produzierten Güter ein, ermöglicht eine wundersame Steigerung der Effektivität, kann durch Geld und Markt im Gütertausch miterworben werden, und Arbeit transformiert die Gesellschaft zur *commercial society* (Smith 1776/1974; Rühl 1998). Auch *Georg Wilhelm Friedrich Hegel* beschreibt die Arbeit mehrdimensional: zum einen als die allein den Menschen eigene, zielgerichtete Tätigkeit zur Bedürfnisbefriedigung, zum anderen als Konstituente der Gesellschaft, mit den Tendenzen fortschreitender technischer Entwicklungen. Künftiger Arbeit schreibt Hegel zwei gegensätzliche Möglichkeiten der Entwicklung zu: Arbeit werde Menschen zunehmend abstumpfen, aber Arbeit lässt auch zur Freiheit aufsteigen.[4] Für *Karl Marx* ist Arbeit ein schöpferisches Prinzip, eine sinnlich-produktive, zweckgerichtete und erfolgskontrollierte Auseinandersetzung des Menschen mit der Natur. Nach Marx ist Arbeit an das hergestellte Produkt gebunden und schafft dergestalt dessen Gebrauchswert. Gleichzeitig wird Arbeit zum Basisbegriff der Marxschen

---

4 Als Hegel seine Arbeitstheorie in der Phänomenologie des Geistes entwickelt, arbeitet er gleichzeitig, und zwar in den Jahren 1807-1808, als Redakteur und Mitverleger der täglich erscheinenden Bamberger Zeitung (Hegel 1807/1921; Beyer 1955).

Kritik an der bürgerlichen Politischen Ökonomie (Marx 1844/1962, 1867/1980; Roegele 1984).

In dem nach 1789 von den Folgen der Französischen Revolution durchdrungenen gesellschaftlichen Milieu beobachtet und beschreibt der Diplomat *Joachim von Schwarzkopf* die Publizistik der Zeit in ihrem Werden. Das Typographeum, das seit dem 17. Jahrhundert Zeitungen und Zeitschriften in die Produktion aufgenommen hat, industrialisiert sich zunehmend, wie schon Schwarzkopfs Lehrer *August Ludwig Schlözer* beobachtet. Nach Schlözer soll man "den Mechanismus einer großen Zeitungsfabrik kennen, Verleger, Redakteur und Korrespondenten unterscheiden und wissen, wie die letzteren, die Korrespondenten, gewöhnlich sind, von denen doch der geschickteste Redakteur abhängen muss" (Schlözer 1777, zit. n. Groth 1948: 45).[5] Der publizistisch-systemisch, aus historisch-staatspolitischer Position die Zeitungsentwicklung beobachtende Schwarzkopf sieht vielfältige Wechselwirkungen sowohl zwischen den politisch und gelehrt berichtenden und räsonierenden Zeitungen, als auch den Messrelationen, Intelligenzblättern, Flugschriften und weiteren Publikationsarten, in Beziehung zu ihren Umweltbereichen Politik, Geschichte, Reichsstadt oder Monarchie, Wirtschaft, Intelligenzanstalt, Verkehr, Volkscharakter, Sitte, Bevölkerungsdichte, geistige Kultur - auch der öffentlichen Meinung. Schwarzkopf entdeckt das "Lokale" als das publizistische Forum bürgerlich-kritischer Öffentlichkeit und er sieht die journalistische Arbeit differenzieren, je nachdem, ob Redakteure Nachrichten zusammentragen (compiliren), ausarbeiten (redigiren) oder "die Neuheit zu ihrem Hauptzweck" machen. Vorbehalte hegt Schwarzkopf gegenüber bekannten Schriftstellern, die "als Zeitungsverfasser betrachtet zu gelehrt sind", während "patriotische Gelehrte" journalistisch mitarbeiten sollen, damit die "Wahrheitssicherung" gewährleistet ist. Als Diplomat beruflich nicht dazugehörig, beschäftigen Schwarzkopf dennoch Organisationsprobleme, vor allem der "politischen" Zeitungen. Er diskutiert Finanzierungsprobleme journalistischer Arbeit (Redaktions- und Druckkosten), er bedenkt die unterschiedlichen Leistungen der "politischen" Zeitungen und der Intelligenzblätter, unter anderem ihr Verhältnis zu einem bestimmten Verbreitungsgebiet, und Schwarzkopf thematisiert Abonnement- und Anzeigenerlöse (vgl. Schwarzkopf 1795/^{2}1993; 1802/1976a, 1802/1976b). Die differenzierten Pressestudien des vierzigjährigen Joachim von Schwarzkopf werden durch seinen frühen Tod (1806) unterbrochen.

---

5 August Ludwig Schlözer (1735-1809), politisch-empirischer Historiker, Statistiker, Wirtschaftspolitiker und Staatsrechtler in Göttingen (der Reformuniversität in der zweiten Hälfte des 18. Jahrhunderts), nach dem Studium kurzfristig Journalist, später ein selbst von Maria Theresia geachteter Publizist, wird als Verteidiger der Meinungs- und Pressefreiheit "der erste deutsche Zeitungspolitiker von kontinentaler Bedeutung" (Otto Groth). Schlözer ist zudem ein Kindererzieher, der unter anderem Zehnjährige qualifizieren will, "Zeitungen (zu) lesen und vom Weltlauf vernünftige, nicht kannegießende Notiz nehmen (zu) können" (Schlözer 1779/61806), der "hart und trocken ... im Dienste der Vernunft" erziehende Vater von Dorothea Schlözer-Rodde, der ersten deutschen Doktorin der Philosophie (Kern/Kern ^{2}1990). Dieser "Aufklärer aus dem Bilderbuch" (Heuß 1954: 52) veröffentlicht 1777 einen "Entwurf zu einem Reise-Collegio nebst einer Anzeige seines Zeitungs-Collegii", ein - nach heutigem Sprachgebrauch - "Papier" zu seinem Zeitungskolleg, "das er bereits etliche Male im Winterhalbjahr vorgetragen hatte" (Groth 1948; ferner: Haacke 1965).

Probleme der Finanzierung der Presse und der journalistischen Arbeit durch Anzeigenwerbung sind schon zwei Jahrhunderte früher mit der Entstehung des Intelligenzwesens zu beobachten. Anzeigen treten auf, als der Arzt *Théophraste Renaudot*, königlicher Armenkommisar (seit 1618), Gründer des Bureau d'Adresse (1630) - nach Bücher (1920/1981) ein "Intelligenzkomptoir (Fraghaus, Berichtshaus)" - und der *Gazette* (1631). Er bewältigt einen heterogenen Organisationsverbund, um den Aufgaben der öffentlichen Wohlfahrt, der Arbeitsvermittlung und der medizinischen Armenbetreuung gerecht werden zu können (Solomon 1972). Die "Frag- und Anzeigungs-Nachrichten" bzw. "Inserata" als Prototyp der Werbung werden in der Folge vor allem ökonomisch unterschiedlich gedeutet und genutzt. Zum Ende des 19. Jahrhunderts wird sie als Reklame für eine "Hörigkeitsform der Arbeit" gehalten (Bücher [2]1893, 1926). Die in der zweiten Jahrhunderthälfte durch Annoncen-Expeditionen wie *Haasenstein und Vogler* (seit 1856) erfundene Geschäftsanzeige (Groth 1948) will der Nationalökonom *Karl Bücher* nicht zur Reklame und damit zur Gefährdung des redaktionellen Teils der Zeitung rechnen. Bücher interessiert sich zudem für die Arbeit in vielerlei Gestalt, nicht zuletzt in ihren Beziehungen zur Musik, und da wiederum zum Rhythmus (Bücher [5]1919).

Um die Mitte des 19. Jahrhunderts emergiert der seit dem 12. Jahrhundert in Süd- und Westeuropa bereits vernetzt florierende Nachrichtenhandel (Giesecke 1991). Es bilden sich weltweit operierende Nachrichten-Beschaffungsmärkte, organisatorisch-industriell von den Nachrichtenagenturen *Havas, Wolffs Telegraphenbüro, Reuters* und *Associated Press* erarbeitet, die Nachrichten als "Halbfertigerzeugnisse" postalisch, telegrafisch oder telefonisch der Presse anbieten (Höhne [2]1984). Parallel dazu werden Probleme des Transportes, der Beschaffung publizistischer Ressourcen und des Vertriebs publizistischer Produkte durch die neuen "Communicationsmittel" Eisenbahn und Telegraf beobachtet, namentlich von den Wirtschafts- und Sozialwissenschaftlern Karl Knies (1853, 1857), Albert Schäffle ([3]1867), Karl Bücher ([2]1893, 1926) und Max Weber ([2]1926). Sie betten die medial- und werbungsbestimmte Publizistik in die wirtschaftsgesellschaftliche Umwelt Deutschlands ein. Ihre Sichtweise orientiert sich an der Publizistik als einem technologisch ermöglichten Vermittlungs- und Kommunikationsprozess durch organisatorische Produktionsarbeit. Sie finden die "neuen Mittel" besonders anregend, hatte sich doch nach der Gutenberg-Erfindung des Buchdrucks mit beweglichen Lettern (um 1450) der drucktechnologische Erfindergeist für rund 350 Jahre zur Ruhe gelegt. Mit dem 19. Jahrhundert offenkundig wieder erwacht, gelangen in rascher Folge mehrere satz- und drucktechnologische Innovationen zur Marktreife und zum organisatorischen Arbeitseinsatz: Zylinder-Schnellpresse (1810/1812), Daguerrotypie als Vorläuferin der Fotografie (1839), Kellers Holzschliff-Druckpapierproduktion (1843/44), die Rotationspresse (1865/73) und die Setzmaschine (1884/88), auch die Kinematographie (1895). Sozial weitergreifende technologische Innovationen: die Eisenbahn (1835), Morses Telegraf (1840/44), Bells Telefon (1876), das elektrische Licht

(1880er Jahre), das Automobil (1885) und die Datenverarbeitung durch Lochkarten (1889) provozieren als drucktechnologische Komplemente früher oder später neue Probleme für die publizistische Arbeit (Blöbaum 1994; Ronneberger/Rühl 1992; Czitrom 1982; Engelsing 1976; Briggs 1977; Hardt 1979; vom Bruch 1980; Bohrmann 1986).

Im Personalbereich organisatorisch-technologischer Arbeitszusammenhänge treten im 19. Jahrhundert Redakteure als Angestellte auf (Blöbaum 1994; Requate 1995). Redaktionsinterne Spezialisierungen machen bewusst, dass eine besondere journalistische Ausbildung geboten ist (Brunhuber 1907). Die politischen Turbulenzen im Deutschland des 20. Jahrhunderts und eine - im Vergleich zu anderen Berufen - rückständige Ausbildungspolitik, ermöglichen in der Bundesrepublik für die publizistische Arbeit - neben den schwach strukturierten Volontariaten, Hospitanzen und Journalistenschulungen - erst seit den siebziger Jahren ein vielfältig kombiniertes universitäres Journalistikstudium. Die so permanente wie unsystematische Hochschulreform unserer Tage erleichtert es nicht gerade, eine anwendungsorientierte, pädagogisch-didaktisch zeitgemässe Lehre für die Publizistik zu entwickeln (Blöbaum 1996; Weischenberg 1995; Bentele/Szyszka 1995).

Publizistische Arbeit in Organisationen und für Märkte

Die subjekttheoretische Journalismusforschung postuliert ihr Basiskonzept, "den Journalisten", wie eine nicht weiter zu hinterfragende natürliche Gegebenheit mit weithin bekannten Eigenschaften und Merkmalen. Als sozialpsychologisch gesteuerte empirische Forschung erfragt sie Erlebnisse und Erfahrungen, politische Fremd- und Selbsteinschätzungen sowie allgemeine Weltsichten, kumuliert die Antworten und relationiert sie berufsanalog zu "Erziehern", "Oberlehrern", "Missionaren" oder "Anwälten" (Köcher 1985, Schönbach et al. 1994). Vielleicht kann man durch das erfragte psychische Selbstverständnis nationale, ideologische, tarifliche, moralische oder historische Eindrücke und Ansichten über einen phänomenalen Journalismus herstellen. Erkenntnisse über faktische Arbeitsunterschiede, über die verschiedenen Aufgabenstellungen in künftig noch differenzierteren Produktionsorganisationen, ganz zu schweigen von Wirren und Turbulenzen auf publizistischen Märkten in Interdependenzen zu weltgesellschaftlichen Funktionssystemen, sind anhand subjekttheoretischer Forschungsverfahren nicht zu ermitteln. Hinzu kommt ein schwerwiegender erkenntnistheoretischer Irrtum dieser Forschungsrichtung. Die Befragten sind in der Regel hier und jetzt arbeitende Journalisten. Sie bilden als Personal eine von mehreren möglichen, empirisch prüfbaren Dimensionen der zu untersuchenden Problematik. Faktisch liefern "Praktiker" subjektive Auskünfte über "ihre" publizistische Arbeitswirklichkeit. In keinem Falle antworten sie als neutral "beobachtende Beobachter" des Journalismus oder der Publizistik (Luhmann ^{2}1996, Schmidt 1996).[6]

Der historische Rückblick hat gezeigt, dass das systematische Nachdenken über Arbeit uneinheitliche Sicht- und Urteilsweisen zutage fördert. Arbeit wird als Wertschöpfung und als Hersteller von Eigentumsrechten beobachtet (Locke), als Steigerung der Effektivität durch Arbeitsteilung und Schaffen von gesellschaftlicher Transformation (Adam Smith), als Befriedigung von Bedürfnissen und Anreger von Fortschrittserwartungen (Hegel), als Auseinandersetzung mit der Natur, der Schaffung des Gebrauchswertes und der Herrschaft durch den Wirtschaftsmarkt (Marx). Wird Arbeit ausdrücklich in Beziehung gesetzt zur gesellschaftlichen Umwelt von 1777, dann kann nach dem "Mechanismus einer großen Zeitungsfabrik" gesucht werden (Schlözer), es kann das unterschiedliche Tun der Redakteure und es können verschiedene Finanzierungsarten ihrer Produktionen erwogen werden (Schwarzkopf). Es kann die Hörigkeit gegenüber der Reklame zur Debatte gestellt (Bücher), oder sozioökonomische Abhängigkeiten von neuen "Communikationsmitteln" können untersucht werden (Knies, Schäffle, M. Weber).

Als die empirische "Kommunikatorforschung" Ende der sechziger Jahre im Westen Deutschlands begann, weg vom journalistischen Heroenkult neue Untersuchungswege zu finden, tat sie dies durch redaktionelle Arbeits- und Ausbildungsforschungen (Rühl 1969/^{2}1979; 1971; 1972; Dygutsch-Lorenz 1971, 1973; Gruber 1971, 1975; Koller 1981; Koller et al. 1974/75; Rückel 1975; Knorr 1984; Zwischenbilanzen: Hömberg 1978, Wilke 1987; international vergleichende Überblicke: Rühl 1980, 1989). Diese und weitere Organisationsforschungen (neuerdings Neumann 1997) untersuchen publizistische Produktionsstätten wie Redaktionen, Studios und Pressestellen in gesellschaftlichen Marktabhängigkeiten und zwar bevorzugt als Fallstudien. Insofern stehen Arbeitsrollen, Arbeitsnormen, Arbeitsplätze und Entscheidungsprogramme publizistischer Arbeit auf dem empirischen Prüfstand organisierter sozialer Bezugssysteme. Publizistische Organisationsforschungen stellen spezifischere Fragen, etwa nach dem Wandel der Arbeit des Personals seit Einführung des Computers, nach dem redaktionellen Management, den Verhältnissen innerpublizistischer Konkurrenz und/oder Kooperation, ob Bestrebungen zur Humanisierung des publizistischen Arbeitslebens etwas gebracht haben usw. (Hienzsch 1990; Rager/Weber 1991; Theis 1992, 1994; Weischenberg 1994, Schweda/Opherden 1995). Bevorzugt werden untersucht die Traditionsstrukturen von Presse, Rundfunk, Journalismus, Public Relations und Werbung (Rühl 1965, 1969, 1980; Dygutsch-Lorenz 1971, Hofer 1978, Hintermeier 1982, Knorr 1984; Ronneberger/Rühl 1992, Marcinkowski 1993,

---

6 Zudem ist es theoretisch-methodisch unzulässig, Antworten und Zitate von Laien, Experten oder Wissenschaftlern als gleichgewichtige Belege heranzuziehen. Dies wird in der Journalismusforschung ständig praktiziert. Laien, Experten oder Wissenschaftler bedenken und bearbeiten publizistische Probleme in Relation zu "ihren" Umwelten, mit unterschiedlichen Begriffen, Theorien und Methoden. Insofern sind Antworten von Laien, Experten oder Wissenschaftlern von unterschiedlicher Aussagekraft und es ist höchst fragwürdig, sie unmittelbar aufeinander zu beziehen (Rühl 1995: bes. 284-292).

Blöbaum 1994, Schmidt/Spieß 1994). Wird das Fehlen von Studien über wirtschaftliche Organisationsbereiche der Publizistik oder werden redaktionelle Vergleichsuntersuchungen vermisst, dann, so klagen die Forscher, liegt dies in erster Linie an den selten gewährten Zugängen in die Verlage und Rundfunkanstalten, um empirisch-wissenschaftlich die publizistische Arbeit teilnehmend beobachten zu können.[7] Die zum Studium der Organisationsformen und der Organisationsprozesse herangezogenen Erkenntnishilfen sind überwiegend System/Umwelt-Theorie, funktionale Methode und das Verfahren der Einzelfallstudie. Sie lassen es zu, innerorganisatorische Arbeit in Relation zu Märkten der publizistischen Ressourcenbeschaffung und des Vertriebs publizistischer Produktionen in Beziehung zu setzen, wenn - wie gegenwärtig - organisatorisches Re-Designing angesagt ist. Deshalb werden Interessen an publizistischen Produktionen künftig gut daran tun, neben Presse- und Rundfunkorganisationen die Wirtschaftsunternehmen, Behörden, Kammern, Kirchen, Krankenhäuser, Gewerkschaften, Verbände, Bundeswehr, Bundesbank, religiöse Orden, Selbsthilfeorganisationen, Vereine, die Europäische Union oder die Vereinten Nationen als publizistische Arbeitgeber und als publizistische Aus-, Fort- und Weiterbildner zu problematisieren. World Wide Web und Cyperspace haben diesen nichtklassischen Organisationsformen publizistischer Arbeit gleichermassen Chancen für ihre Planungen und Vernetzungen, deren Management, evtl. auch deren Marketing eröffnet. Es ist bestimmt kein Zufall, wenn Ergebnisse organisatorischer Arbeitsforschungen in Zukunft aussagekräftiger sind als Ergebnisse aus der Beantwortung von Fragen nach den Meinungen, Motiven und Einstellungen einzelner Journalisten oder Journalistenkollektive.

Arbeiten an publizistischen Internet-Formen

Produziert wird die Publizistik in Arbeitsstätten, die als Organisationen ihre *Aufgaben* überwiegend selbst setzen. Anders als im Taylorismus und im Fordismus zu Beginn des 20. Jahrhunderts kann die Internet-Arbeit nicht schon besser bewältigt werden, wenn man sie zeitökonomisch auf Menschen und Maschinen verteilt, in einzelne Schritte zerlegt und diese Arbeitsschritte sparsam einsetzt. Viele Zeitungsmacher mit Erfahrungen im Umgang mit alten und neuen publizistisch genutzen Medien, erwägen heute mit dem Internet umzugehen. Als organisatorische Entscheider fragen sie sicherlich zunächst: "Sollen wir überhaupt im Internet "dabeisein"? Wenn ja, wie lässt sich das Internet publizistisch kreativ nutzen?" Werden die Erwägungen der "Macher" systematisch, dann stellen sich weitere zentrale Fragen: Was kostet ein publizistischer Umgang mit den neuen Technologien, zuvörderst an Geld, aber gleich danach: an Zeit und an einsetzba-

7 Den Autoren Breed (1952, 1973) oder Rüdiger Schulz (1974), die in ihren Redaktionsstudien auf eine teilnehmende Beobachtung verzichten (oder denen der Zugang zur Redaktion verwehrt wurde), entgehen organisationsstrukturelle Sachverhalte und ihre Folgen in hohem Maße (Rühl 1980).

rem Personal? Welche entwicklungsfähigen und kreativen Qualifikationsniveaus sind vom Personal zu erwarten? Ist qualifiziertes Personal "im Hause" verfügbar oder müssen erst Experten eingeworben werden? Welche mediale Position soll "das Neue" in der Organisation einnehmen? Soll es ein traditionelles Produkt erarbeiten, soll es die papierene Zeitung ergänzen, oder ist an ein neues, elektronisches Publizistikprodukt zu denken? Wer konkurriert damit? Sind es im Lokalen "nur" die bisherigen Wettbewerber oder treten - z.B. mit der politischen Kommune oder der Industrie- und Handelskammer - neue Online-Zeitungskonkurrenten auf? Soll ein publizistisches Werk oder eine werbemarktfähige Ware entstehen? Sind Werk und Ware zu unterscheiden wie öffentlich-rechtliche rundfunkpublizistische Werke oder wie erwerbswirtschaftliche rundfunkpublizistische Ware? (Rühl 1995)

Internet-Produktionen sind nicht brandneu, sondern entstehen, wie alle publizistischen Texte, Töne und Bilder, aus publizistischen Produktionen von gestern - durch Informationen neu in Form gebracht. Daher ist makroperspektivisch zu fragen: Kann Internet-Arbeit in Zirkulationen bestehender Produktionen eingepasst werden, oder sind neue öffentliche Programmkreisläufe anzulegen? Trifft zu, dass die Informationsgesellschaft "nur" eine Weiterentwicklung der traditionellen Industriegesellschaft ist (Weischenberg et al. 1994), dann ist weiter zu fragen: Was ist das Typische an der *Industriegesellschaft*, die zur *Informationsgesellschaft* aus- und/oder umzubauen ist? Die Industriegesellschaft wird gemeinhin als Arbeitsgesellschaft gedeutet. Viele mögliche Merkmale und Kriterien aus der oben skizzierten Begriffsgeschichte der Arbeit findet man in Definitionen der Industriegesellschaft wieder. Sie setzen den Faktor Arbeit zentral für die industrielle Produktion (und Sozialisation), und zwar als geldwerte Erwerbsarbeit. Typisch sind für die Industriegesellschaft zudem eigene Arbeitsstätten an bestimmten Produktionsstandorten, eingebettet in ein auf Wachstum ausgerichtetes Wirtschaftssystem. Industriell herrscht ein rationales, auf Optimieren des Gesamtnutzens ausgerichtetes unternehmerisches Entscheiden vor. Soll dies gelingen, werden materielle Ressourcen und Technologien einerseits mit persönlichen Fähigkeiten und dem reflektierten Erfahrungswissen (Know-how) der Arbeitskräfte andererseits zusammengebracht (Aron 1964). Über die Industriegesellschaft kennen wir diese und weitere, empirisch prüfbare und geprüfte Merkmale und Kriterien. Vergleichbare Konkretisierungen kann man den vielen Aussagen und vor allem den zahlreichen Beschwörungen einer Informationsgesellschaft nicht entnehmen - besonders nicht angesichts der standhaften Weigerung, einen publizistisch brauchbaren Informationsbegriff zu erarbeiten.

Beobachten wir die anlaufende Internet-Arbeit meso- und mikropublizistisch, auf der Ebene des Marktes und der Ebene der Organisation also, dann fällt einiges auf. Wie erwartet, ist journalistische Online-Arbeit strukturell nicht völlig neu. Sie bleibt nicht unbeeindruckt von Strukturen des "alten" Journalismus bzw. der "alten" Publizistik. So werden Online-Produktionen unter dem "alten" Schriftzug des Titels der Zeitung mit der gedruckten Auflage gesetzt. Online-

Redakteure wenden die tradierten publizistischen Arbeitstechniken Recherche, Redigieren und Umbrechen an, wobei zu beachten ist, dass sich in der jüngeren Vergangenheit ohnedies die Telefonarbeit und Beinarbeit voraussetzende journalistische Recherche für die gedruckte Auflagen-Zeitung wegen technologischer Alternativen strukturell verändert hat (Haller ^{3}1993) - auch der Umbruch und sein Layout. Dominieren gegenwärtig online-journalistische Varianten der Genres Nachricht und Bericht, dann werden nur Leichtfertige die Reportage, das Feature, den Kommentar oder die Glosse bereits "abschreiben" oder Nachrufe darauf verfassen, noch bevor technisch-technologische Umbauten erwogen oder funktionale Äquivalente ausprobiert worden sind. Verteidigen journalismuskonservative Forscher einzelne Journalisten und Publizisten als zeitlose Vor-Bilder (obwohl solche faktisch nie feststanden), dann arbeiten sie - autopoietisch gesprochen - ohne anschlussfähige Images. Bestimmte Berufsbiographien werden mit allzu festen Strukturen von gestern beschrieben, die sich dergestalt nicht zu überzeitlichen Vorbildern eignen. Der Online-Journalismus findet dadurch keine wiedereintrittsfähige Strukturversionen für die Gestaltung einer künftigen Publizistik.

Nach der rechtsnormativen Setzung des Grundgesetzes kann jedermann journalistisch arbeiten - auch im Internet? Arbeitet einer bereits internet-journalistisch, wenn er seinen wöchentlichen Leserbrief an die Redaktion schreibt, die ihn, wie früher üblich, publiziert? Arbeiten Mitglieder des Deutschen Presserates journalistisch bzw. verlegerisch, wenn sie, von ihren Berufsorganisationen dorthin delegiert, Ethikprobleme recherchieren und beraten und ihre Entscheidungen veröffentlichen? Handelt es sich schon um journalistische Arbeit, wenn im Internet eingeladen wird, den Besuch einer Homepage mit dem Eintrag ins Gästebuch abzuschliessen? Ist Surfen im Internet nur dann journalistische Arbeit, wenn Erwerbsstreben damit verbunden ist, oder schon, wenn es nur Spass macht? Ist *Bedarfsbefriedigung* eine internet-publizistische Kategorie, und wenn ja, wie ist ein entsprechender Internet-Bedarf zu prüfen? Gibt es auch für Internet eine *Grundversorgung* - vorausgesetzt, die verfassungsrechtliche Sollensvorschrift „Grundversorgung“ kann als kommunikationsempirischer Sachverhalt beim öffentlich-rechtlichen Rundfunk erst einmal nachgewiesen werden?

Die online-redaktionelle Internet-Arbeit setzt eine neue, technisch kreative Handhabung neuer Technologien in Relation zu alten journalistischen Arbeitstechniken und Arbeitsformen voraus. Online-Journalismus operiert bisher mit einem zunächst abstrakten Zeitungs-Image, das über zwei "Bilder", ein konkretes "Auflagen-Bild" und ein weniger konkretes "Internet-Bild" verfügt. Das "Auflagen-Bild" des Zeitungs-Images ist so konkret, dass sich "ein kluger Kopf" dahinter verbergen kann. Mit ihrem "Internet-Bild" wiederum kann dieselbe Zeitung den "Auflagen-Bildern" anderer Zeitungs-Images sagen, dass es etwas anderes ist als sein eigenes "Auflagen-Bild" ("Lesen sie die ganze Geschichte in unserer morgigen Ausgabe"). Durch das Gesamt-Image kann die Einheit einer

Zeitung identifiziert, auch dann, wenn sich ihre beiden "Bilder" publizistisch nur äusserlich gleichen.

Überlegungen zur publizistischen Arbeit im Internet, das Nachdenken über (organisatorische) Arbeitschancen in und mit der vorstrukturierten, von Einzelorganisationen nicht zu kontrollierenden Institution des World Wide Web, drängen darauf, Arbeit, Information und andere publizistische Elemente und Zusammenhänge reflexionstheoretisch neu zu bedenken - soll die Informationsgesellschaft als Umwelt der modernen Publizistik ernstgenommen werden. Medienideen und Informationsideen, verpackt in Wetter-, Shopping- und Banking-Daten, in alten Kulturkonzepten und in neuen Flugplänen, in Videos und Spielfilmen, ob im Kino, ob ausgeliehen oder "on demand"; Medien, Informationen, auch Arbeiter erweisen sich als sinnüberschüssig für publizistische Arbeitsanalysen. Erinnern wir an den organisatorisch vereinsamten Gatekeeper oder an die, für die deutschsprachige Übertragung der Public Relations erfundene Metapher Öffentlichkeits*arbeiter*, dann sollte eigentlich eine begrifflich-theoretische Auseinandersetzung mit dem Begriff *Arbeiter* nicht ausbleiben (Conze 1972b). Bisher hat sie noch nicht stattgefunden. Und wie war das noch mit den publizistischen Berufen? Von Internet und andere Multimedien betroffen, sind sie dann nur neu zu definieren oder müssen sie empirisch umgebaut werden?

Internet - das Ende der publizistischen Arbeit?

Werden Journalisten als informierende und/oder entscheidende Berufskommunikatoren in Redaktionen untersucht (Rühl 1969/^{2}1979, 1972; Dygutsch-Lorenz 1971, 1973; Weischenberg et al. 1994), auch außerhalb (Neuberger 1996), vergleicht man die Einstellungsunterschiede zwischen Volontären und Journalistenschülern (Rühl 1971, Gruber et al. 1974/75, Gruber 1975), prüft man Berufs- und Professionsstrukturen im Kontext von Journalismus und Public Relations (Rühl 1980, Ronneberger/Rühl 1992), werden Ausdifferenzierungen journalistischer Berufe historisch beschrieben (Requate 1995), um schliesslich die in deutsch- und englischsprachigen Ländern ermittelten journalistischen Rollen als Berufsrollen und/oder Arbeitsrollen in Einzelaspekten gegenüberzustellen (Blöbaum 1994, Rühl 1989), dann ist immer noch nicht bekannt, wie Journalisten arbeiten. *Publizistische Arbeit* im Journalismus, in Public Relations oder in der Werbung kann nur in unterscheidungsfähigen sachlichen, sozialen und zeitlichen Umwelten beobachtet werden, heutzutage nicht generell, vielmehr sozial differenziert auf drei Ebenen: Arbeit im Vergleich zu anderen gesellschaftlichen Faktoren, Arbeit als wettbewerbsfähige Marktleistung, und Arbeit als tägliche Erfüllung organisatorisch gesetzter Aufgaben. Es gibt keine publizistischen Arbeitsprobleme, die zu lösen wären, ohne organisatorische Strukturierung durch Rollen und Stellen, ohne (monetäre) Gegenleistungen im marktförmigen Wettbewerb und ohne alternative Möglichkeiten publizistischer Arbeit ausserhalb von Presse und Rundfunk.

Publizistische Rollen und Stellen, stets organisationsgebunden, haben sich weiter differenziert. Zentral sind (1) die Mitgliedsrollen, die zu unterscheiden erlauben, wer zu einer publizistischen Arbeitsstätte gehört und wer nicht. (2) Die organisationsinternen Stellen (Planstellen, Arbeitsplätze, Zuständigkeits- und Verantwortungsbereiche) ermöglichen wiederum, dass sie durch die nach Zuständigkeit und Verantwortung unterschiedenen Rollentypen Reporter, Redakteur, Ressortleiter, Chef vom Dienst oder Chefredakteur "hausspezifisch" unterschiedlich besetzt, und dass ihnen einmal eher hierarchisch, ein andermal eher heterarchisch bestimmbare Aufgaben gestellt werden. (3) An Stellen sind zudem bestimmte Arbeitsrollen gebunden: Nachrichten-, Musik-, Politik- oder Dokumentationsredakteur, Moderator, Theaterkritiker, Auslandskorrespondent, Unternehmens-, Rathaus- oder Sportberichterstatter, Produktions- oder Online-Redakteur, Video- oder Technikjournalist. Diese Arbeitsrollen erwarten spezifische Formen des Reflexions-, Methoden- und Anwendungswissens ebenso wie spezielle Kompetenzen, Fähigkeiten, Fertigkeiten und Arbeitserfahrungen, die Rollen "fachlicher" Zuständigkeiten und Verantwortungen in den publizistischen Produktionsstätten intern regeln. Das extern bekannte, rechtlich auferlegte Impressum gibt vergleichsweise wenig Auskünfte.

Der heutige Forschungsstand über publizistische Berufe kann keine Allgemeingültigkeit beanspruchen. Publizistische Berufsrollen von Verlegern, Rundfunkmanagern, Public Relations- oder Werbeleuten wurden (bisher) nicht untersucht. Somit wissen wir nichts über die entsprechenden Arbeitsrollen im Organisationsambiente. Kein Desinteresse der Forscher, eher verschlossene Türen sind für diese Desiderata verantwortlich zu machen. Ungleich dem Wirtschaftsmanagement scheint sich das Management der Publizistik dagegen zu wehren, dass man ihm bei der Arbeit zuschaut. Herkömmliche Manager-Befragungen als Datensammlungen über das Handeln und Entscheiden von Verlegern und Intendanten können kein Ersatz sein. In die Hypothesenbildung und in die Konstruktion von Fragebögen gehen allemal "praktische" Vorkenntnisse über Arbeitswirklichkeiten publizistischer Top-Leute ein. Ist das nicht der Fall, können erfragte Daten nicht zur Beschreibung oder Erklärung von publizistischer Arbeit herangezogen werden.

Theoriehistorisch betrachtet hält sich die publizistische Berufsforschung noch in hohem Maße an der von Talcott Parsons (1939/1964) in Grundzügen vorformulierten sozialwissenschaftlichen Professionstheorie. Sie wird nicht stufenförmig untersucht, als zivilisatorischer Aufstieg von einfachen publizistischen Tätigkeiten, hin zu angelernten Arbeiten, über Lehrberufe zu vollakademisierten Professionen. Deutschsprachige Publizistikstudien vergleichen vorrangig strukturelle Beziehungen zwischen (mehr oder weniger gelernten) Berufen und akademischen Berufen (professions), ohne die strukturellen Unterschiede publizistischer Berufe und die unterschiedlichen Mitwirkungen der Berufsverbände bei ihrer Ausgestaltung in den einzelnen Ländern zu berücksichtigen (Rühl 1972, Blöbaum 1994). Publizistische Karriereverläufe werden so gut wie nicht untersucht.

Weckt Internet das Interesse an der Erforschung publizistischer Arbeit, dann sind marxistische und idealistische Fehleinschätzungen von Arbeit zu meiden. Marxistische Theoretiker wollen das (privat-monetär) gebildete Eigentum als Gegenstück zur Arbeit abschaffen. Dieses "praktische" Vorhaben liess sich nicht verwirklichen. Es ist durchwegs misslungen. Seit John Locke sind sich die vorherrschenden ökonomischen Theoretiker darüber einig, dass geleistete Arbeit nicht nur den zentralen wertbildenden Faktor der Gesellschaft darstellt. Das Geld gilt heute weltweit als die Gegenleistung von Arbeit. Vereinfacht gesagt: Mit dem erarbeiteten Geld wird der Lebensunterhalt bestritten und Eigentum gebildet, unter anderem als Kapital zur Refinanzierung publizistischer Arbeit. Anders das idealistische Publizistikkonstrukt "der (schreibende) Journalist". Ohne organisations-, markt- und gesellschaftsförmiges Umfeld kann dieses Konstrukt empirisch nicht scheitern, weil der "schreibende Journalist" für sich genommen eine bloße Denkfigur ist, die keine wirklichen, empirisch testfähigen Probleme hervorruft.

Zur publizistischen Arbeitswirklichkeit gehört unter anderem der Gelderwerb. Ohne eine empirisch prüfbare Umwelt einzubringen, provozieren idealistische und marxistische Modelle publizistischer Arbeit keine Gedanken an Arbeitslosigkeit (besser: an Erwerbslosigkeit). Über die Beseitigung von Erwerbslosigkeit durch eine bessere Verteilung der "gegebenen" Arbeit, mehr noch: über neu herzustellende publizistische Arbeit und Arbeitsplätze wird, gerade im Bezug zum Internet, aufwendig polemisiert. Dass nicht theoretisch-methodisch begründet gestritten wird, hat damit zu tun, dass das Internet als Arbeit noch zu begreifen ist. Die alte personifizierte Dichotomie: über das Kapital herrscht der Verleger und der in Abhängigkeit gehaltene Geist eignet dem Journalisten, ist zu einfach, um die Wirklichkeit der Internet-Arbeit ausdrücken zu können. Die Vermengung von Eigentum an (monetär bewertbarem) Kapital und journalistischer Produktion, etwa in den Modellen *Le Monde* oder *Der Spiegel* (Heinrich 1994: 158 ff.) haben "nur" das Finanzkapital problematisiert. Was ist, wenn das durch Bildung, Ausbildung und Weiterbildung erworbene Humankapital publizistischen Wissens und Könnens im Zusammenhang mit dem Internet in Relation zur Arbeit gebracht und arbeitsalltäglich auf seinen Kurswert hin geprüft werden soll? Veranlasst Internet nicht unmittelbar, publizistische Arbeits- und Kapitalbeziehungen neu zu bedenken? Dazu noch einige reflexions- und basistheoretische Überlegungen:

- Man kann sich keine publizistische Arbeit ohne Innen-/Aussen-Verhältnisse vorstellen. Wird publizistische Internet-Arbeit anhand der revitalisierten McLuhan-Metapher vom "globalen Dorf" darzustellen versucht, was ist dann das Innen und was das Aussen? Meinen die Verwender der Metapher keine Dorfidylle, dann werden sie angeben müssen, welche Organisations- und Marktstrukturen für die geldwerte publizistische Produktion in und für die Gesellschaft durch Internet heranzuziehen sind.

- Mit publizistischen Arbeitsstätten verbindet man traditionell gross- und einzelräumig aufgegliederte Gebäude, ausgerichtet nach Hierarchie- und Statusgesichtspunkten, bewertet durch Sitze in bestimmten Etagen, mit qualitativ abgestufter Möbelausstattung und Parkerlaubnis für das Auto. Tele-Arbeit mit dem Laptop auf der Gartenbank, in der Abflughalle oder auf dem Golfplatz, scheint für die publizistische Arbeit keine Dauerlösung zu sein. Auch künftige publizistische Produktionen setzen einen Standort voraus, wo die dezentral hergestellten publizistischen Arbeitsbeiträge der körperlich Abwesenden zur organisatorischen Weiterverarbeitung zusammenlaufen. Recherchen am Telefon und am Personalcomputer können die Recherche durch Beinarbeit (legwork) ohnehin nicht ersetzen, und Pressekonferenzen werden nicht deshalb schon obsolet, weil sie künftig zu Schaltkonferenzen umgebaut werden.

- Die Angestellten, eine arbeitsstrukturelle Errungenschaft des 19. Jahrhunderts (Kocka 1972), werden in der Publizistik zahlenmässig abnehmen. Der publizistische Arbeitsplatz wird organisationsgebunden bleiben, wenn er auch schwieriger zu lokalisieren ist. Die organisationsgebundene Arbeit der neuen Formen "freier" publizistischer Arbeit wird, wie bisher, am besten durch vertragliche Bindungen zu definieren und zu festigen sein. Mantelfarif- und Einzelvertrags-Verhältnisse werden nicht anders als Vertragsverhältnisse der Kranken-, Arbeitslosen- und Rentenversicherung im sozialstaatlichen Deutschland (und Europa?) umweltrelational zu überprüfen sein. Einfache Analogien, die publizistische Internet-Arbeit mit frühindustrieller Heimarbeit unmittelbar vergleichen, werden die Sicht auf die Neuartigkeit der Internet-Arbeitsprobleme in der Publizistik verzerren.

- Universitäre Symbioseversuche, publizistisches Arbeiten wissenschaftlich und anwendungsbezogen zu lehren, haben mancherorts die frühere Exklusivität des Volontariats als Ausbildungsmonopol faktisch aufgebrochen. Eine angemessene Bildungs- und Ausbildungsplanung für eine praktische Internet-Arbeit ist nicht nur organisatorisch, sondern im Hinblick auf die bisherigen Lehrinhalte sowie die Koordinations- und Kooperationsverhältnisse zwischen den publizistischen Lehranstalten neu zu bedenken (Rühl/Dernbach 1995). Jene publizistischen Praktiker, die sachlich nur die Oberflächen der Probleme kräuseln, während sie sich in einer organisatorischen Nische ihre Pensionierung ersitzen, hätten im Kontext des Internet keine Zukunft. Internet-Publizisten müssen sich in jedem Einzelfalle mit neuartigen bzw. umgebauten Spezialkenntnissen und besonderem Wissen, mit systemkonformen Fähigkeiten und Fertigkeiten (skilled networking) rüsten. Die neuen Arbeitsweisen werden die Voll- und Teil-Arbeitsverhältnisse noch stärker differenzieren, Sprach-, Währungs-, Landes- und Religionsgrenzen noch leichter durchdringen und die Unterscheidung zwischen Arbeitgeber und Arbeitnehmer zunehmend relativieren.

- Der nur alltagsbegrifflich gewappnete Blick, der sich einen körperlich gegebenen "Zeitungsleser" oder "Fernsehzuschauer" pars pro toto vorstellt, versimpelt die sachliche, soziale und zeitliche Wirklichkeit publizistischer Rezeptionslagen ebenso wie jener, der der Einfachheit halber so tut, als könne jeder vereinzelte Medienarbeiter schon publizistisch produzieren. Dies suggerieren Aussagen wie: "Jedermann kann sich durch Internet selbst nach seinen Bedürfnissen informieren." Dieser Satz erinnert an jenen Witz: "Ich habe keine Probleme mit der Energiebeschaffung. Bei mir kommt der Strom aus der Steckdose."

Literatur

Aristoteles (1991): Politik. Buch I. Übersetzt und erläutert von Eckart Schütrumpf. Darmstadt: Wissenschaftliche Buchgesellschaft.

Aron, Raymond (1964): Die industrielle Gesellschaft. Frankfurt am Main, Hamburg: Fischer

Assmann, Aleida / Jan Assmann (1994): Das Gestern im Heute. Medien und soziales Gedächtnis. In: Klaus Merten / Siegfried J. Schmidt /Siegfried Weischenberg (Hrsg.): Die Wirklichkeit der Medien. Eine Einführung in die Kommunikationswissenschaft. Opladen: Westdeutscher Verlag, 114-140.

Baerns, Barbara (1995): Öffentlichkeitsarbeit oder Journalismus? Zum Einfluß im Mediensystem. Köln: Verlag Wissenschaft und Politik.

Bakke, E. Wight (1940): Citizens Without Work. New Haven: Yale UP.

Bentele, Günter / Szyszka, Peter (Hrsg.) (1995): PR-Ausbildung in Deutschland. Entwicklung, Bestandsaufnahme und Perspektiven. Opladen: Westdeutscher Verlag.

Beyer, Wilhelm R. (1955): Zwischen Phänomenologie und Logik. Hegel als Redakteur der *Bamberger Zeitung*. Frankfurt am Main: Schulte-Bulmke.

Blöbaum, Bernd (1994): Journalismus als soziales System. Geschichte, Ausdifferenzierung und Verselbständigung. Opladen: Westdeutscher Verlag.

Blöbaum, Bernd (1996): Zwischen Redaktion und Reflexion. Die Integration von Theorie und Praxis in der Journalistenausbildung am Beispiel des medienpraktischen Projekts "Campus-Journalismus". Habil.-Schrift Dortmund.

Blumenberg, Hans (1960): Paradigmen zu einer Metaphorologie. In: Archiv für Begriffsgeschichte. Band 6, 7-142.

Böckelmann, Frank (1993): Journalismus als Beruf. Bilanz der Kommunikatorforschung im deutschsprachigen Raum von 1945-1990. Konstanz: Universitätsverlag.

Bohrmann, Hans (1986): Grenzüberschreitung? Zur Beziehung von Soziologie und Zeitungswissenschaft 1900 - 1960. In: Papcke, Sven (Hrsg.): Ordnung und Theorie. Beiträge zur Geschichte der Soziologie in Deutschland. Darmstadt: Wissenschaftliche Buchgesellschaft, 93-112.

Breed, Warren (1952): Newspaperman, News, and Society. Ph.D.Dissertation. Columbia University.

Breed, Warren (1973): Soziale Kontrolle in der Redaktion: eine funktionale Analyse. In: Aufermann, Jörg / Bohrmann, Hans / Sülzer, Rolf (Hrsg.): Gesellschaftliche Kommunikation und Information. Forschungsrichtungen und Problemstellungen. Ein Arbeitsbuch zur Massenkommunikation I und II. Frankfurt am Main: Atheneum Fischer, 356-378.

Briggs, Asa (1977): The Pleasure Telephone: A Chapter in the Prehistory of the Media. In: Ithiel de Sola Pool (Hrsg.): The Social Impact of the Telephone. Cambridge, London: MIT Press, S. 40-65.

Bruch, Rüdiger vom, Otto B. Roegele (Hrsg.) (1986): Von der Zeitungskunde zur Publizistik. Frankfurt am Main: Haag & Herchen.

Brunhuber, Robert (1907): Das moderne Zeitungswesen (System der Zeitungslehre). Leipzig: Göschen.

Bücher, Karl (1893): Die Entstehung der Volkswirtschaft. Tübingen: Laupp.

Bücher, Karl 1896-[5]1919): Arbeit und Rhythmus. Leipzig: Reinicke.

Bücher, Karl (1920/1981): Das Intelligenzwesen. In: Zeitschrift für die gesamte Staatswissenschaft 75, 326-345; Neudruck in: Bücher, Karl: Auswahl der publizistikwissenschaftlichen Schriften, eingel. und hrsg. von Heinz-Dietrich Fischer und Horst Minte. Bochum: Brockmeyer, 147-166.

Conze, Werner (1972a): Arbeit. In: Brunner, Otto / Werner Conze / Reinhart Koselleck (Hrsg.): Geschichtliche Grundbegriffe. Historisches Lexikon zur politisch-sozialen Sprache in Deutschland. Bd.1. Stuttgart: Klett-Cotta, S. 154-215.

Czitrom, Daniel J. (1982): Media and the American Mind. From Morse to McLuhan. Chapel Hill: North Carolina UP.

Dernbach, Beatrice: Die Zeitungsredaktion als organisiertes soziales System. Revisited by Mrs. Gates. In: Bentele, Günter / Hesse, Kurt R. (Hrsg.): Publizistik in der Gesellschaft. (Festschrift für Manfred Rühl). Konstanz: Universitätsverlag, 141-159.

Donsbach, Wolfgang / Jarren, Otfried / Kepplinger, Hans Mathias / Pfetsch, Barbara (Hrsg.) (1993): Beziehungsspiele - Medien und Politik in der öffentlichen Diskussion. Fallstudien und Analysen. Gütersloh: Bertelsmann Stiftung.

Dovifat, Emil (Hrsg.) ([2]1971): Handbuch der Publizistik. Bd. 1: Allgemeine Publizistik. Berlin: de Gruyter.

Engelsing, Rolf (1976): Der literarische Arbeiter. Bd. 1: Arbeit, Zeit und Werk im literarischen Beruf. Göttingen. Vandenhoeck & Ruprecht.

Giesecke, Michael (1991): Der Buchdruck in der frühen Neuzeit. Eine historische Fallstudie über die Durchsetzung neuer Informations- und Kommunikationstechnologien. Frankfurt/Main: Suhrkamp.

Groth, Otto (1948): Die Geschichte der deutschen Zeitungswissenschaft. Probleme und Methode. München: Weinmayer.

Grimme, Eduard W.P. (1991): Zwischen Routine und Recherche. Opladen: Westdeutscher Verlag.

Haacke, Wilmont (1965): "Es giebt eine Kunst, Zeitung zu lesen" Anzeige des Zeitungs-Collegii von A. L. Schlözer, Professor in Göttingen 1777. In: Publizistik 10, 504-514.

Haller, Michael (^{3}1993): Recherchieren. Ein Handbuch für Journalisten. München: Ölschläger.

Hardt, Hanno (1979): Social Theories of the Press. Early German & American Perspectives. Forword by James W. Carey. Beverley Hills, London: Sage.

Havelock, Eric A. (1963): Preface to Plato. Cambridge: MIT Press.

Hegel, Georg Wilhelm Friedrich (1807/1921): Phänomenologie des Geistes. Hrsg. v. Georg Lasson. Leipzig: Meiner.

Heinrich, Jürgen (1994): Medienökonomie. Bd. 1: Mediensystem, Zeitung, Zeitschrift, Anzeigenblatt. Opladen: Westdeutscher Verlag.

Heuß, Theodor (1954): Schattenbeschwörung. Randfiguren der Geschichte. Frankfurt am Main: Fischer.

Höhne, Hansjoachim ^{2}(1984): Report über Nachrichtenagenturen. 2 Bde. Baden-Baden: Nomos.

Jahoda, Marie / Paul F. Lazarsfeld / Hans Zeisel (1933/^{2}1975): Die Arbeitslosen von Marienthal. Ein soziologischer Versuch über die Wirkungen dauernder Arbeitslosigkeit. Mit einem Anhang zur Geschichte der Soziographie. Frankfurt am Main: Suhrkamp.

Kepplinger, Hans Mathias (Hrsg.) (1979): Angepaßte Außenseiter. Was Journalisten denken und wie sie arbeiten. Freiburg, München: Alber.

Kepplinger, Hans Mathias / Inge Vohl (1976): Professionalisierung des Journalismus? Theoretische Probleme und empirische Befunde. In: Rundfunk und Fernsehen 24, 310-343.

Kern, Bärbel / Kern, Horst (^{2}1990): Madame Doctorin Schlözer. Ein Frauenleben in den Widersprüchen der Aufklärung. München: Beck.

Knies, Karl (1853): Die Eisenbahnen und ihre Wirkungen. Braunschweig: Schwetschke.

Knies, Karl (1857): Der Telegraph als Verkehrsmittel. Mit Erörterungen über den Nachrichtenverkehr überhaupt. Tübingen: Laupp.

Köcher, Renate (1985): Spürhund und Missionar. Eine vergleichende Untersuchung über Berufsethik und Aufgabenverständnis britischer und deutscher Journalisten. München: Phil. Diss.

Kocka, Jürgen (1972): Angestellter. In: Brunner, Otto / Conze, Werner/ Koselleck, Reinhart (Hrsg.): Geschichtliche Grundbegriffe. Bd.1. Stuttgart: Klett-Cotta, Sp. 110-128.

Koszyk, Kurt (1974): Professionalisierung durch Wissenschaft. Journalistenausbildung zwischen Beruf und Berufung. In: Aus Politik und Zeitgeschichte, B 24/74, 27-37.

Kunczik, Michael (1988): Journalismus als Beruf. Köln, Wien: Böhlau.

Lewin, Kurt (1947a): Frontiers in group dynamics I. Concept, method, and reality in social science, social equilibria, and social change. In: Human Relations 1:1, 5-42.

Lewin, Kurt (1947b): Frontiers in group dynamics II. Channels of group life, social planning and action research. In: Human Relations 1:2, 179-193.

Lewin, Kurt (1963): Feldtheorie in den Sozialwissenschaften. Bern/Stuttgart: Huber.

Lilienthal, Volker (1984): Helden der Aufklärung? Auskunft über Journalisten: in der neueren Literatur. In: Medium 14:5, 27-32; 14:6, 42-47; 14: 7-8, 65-68.

Lilienthal, Volker (1989): Literatur als Zufluchtsort. Zensur in der Bundesrepublik im Spiegel von journalistischen Romanen. In: Publizistik 34, 133-145.

Lippmann, Walter (1922/1964): Die öffentliche Meinung. München: Rütten und Loening.

Littlejohn, Stephen W. ([5]1996): Theories of Human Communication. Belmont, Calif.: Wadsworth.

Locke, John (1690/[2]1977): Zwei Abhandlungen über die Regierung, hrsg. u. eingel. v. Walter Euchner, übers. v. H. J. Hoffmann. Frankfurt am Main: Suhrkamp.

Luhmann, Niklas (1965): Grundrechte als Institution. Ein Beirag zur politischen Soziologie. Berlin: Duncker & Humblot.

Luhmann, Niklas ([2]1996): Die Realität der Massenmedien. Opladen: Westdeutscher Verlag.

Mahle, Walter (Hrsg.) (1993): Journalisten in Deutschland. Nationale und internationale Vergleiche und Perspektiven. München: Ölschläger.

Marx, Karl (1844/1962): Pariser Manuskripte. In: Marx-Engels-Gesamtausgabe, Bd. 13. Berlin: Dietz.

Marx, Karl (1867/1980): Das Kapital. Kritik der politischen Ökonomie. Bd. 1. In: Marx-Engels-Gesamtausgabe, Bd. 23. Berlin: Dietz.

Mast, Claudia (1984): Der Redakteur am Bildschirm. Auswirkungen moderner Technologien auf Arbeit und Berufsfeld des Journalisten. Konstanz: Universitätsverlag.

Neuberger, Christoph (1994): Arbeitsplätze im Journalismus. Statistiken von Ämtern, Verbänden und Versicherungen. In: Rundfunk und Fernsehen 42, 37-48.

Neuberger, Christoph (1996): Journalismus als Problembearbeitung. Objektivität und Relevanz in der öffentlichen Kommunikation. Konstanz: UVK Medien.

Neumann, Sieglinde (1997): Redaktionsmanangement in den USA - Fallbeispiel „Seattle Times". München: Saur.

Neverla, Irene / Kanzleiter, Gerda (1984): Journalistinnen. Frauen in einem Männerberuf. Frankfurt am Main: Campus.

Parsons, Talcott (1939, 1964): Die akademischen Berufe und die Sozialstruktur. In: ders.: Beiträge zur soziologischen Theorie. hrsg. und eingel. von Dietrich Rüschemeyer. Neuwied, Berlin: Luchterhand, 160-170.

Prott, Jürgen (1976): Bewußtsein von Journalisten. Standesdenken oder gewerkschaftliche Solidarisierung? Frankfurt am Main, Köln: Europäische Verlagsanstalt.

Requate, Jörg (1995): Journalismus als Beruf. Entstehung und Entwicklung des Journalistenberufs im 19. Jahrhundert. Deutschland im internationalen Vergleich. Göttingen: Vandenhoeck & Ruprecht.

Roegele, Otto B. (1984): Der Publizist Karl Marx. In: Karl Marx (1818-1883). Eine Ringvorlesung der Universität München. Hrsg. u. eingel. v. Vernanz Schubert. St. Ottilien: EOS, 17-63.

Ronneberger, Franz/Rühl, Manfred (1992): Theorie der Public Relations. Ein Entwurf. Opladen: Westdeutscher Verlag.

Rühl, Manfred (1965): Zur sozialen Struktur des Zeitungsverlages. In: Festschrift für Otto Groth. Bremen, gleichzeitig in: Publizistik 10, 207-219.

Rühl, Manfred (1972): Zur Professionalisierung von Berufskommunikatoren (=Forschungsbericht 28 des Sonderforschungsbereiches 22 „Sozialisations- und Kommunikationsforschung", Universität Erlangen-Nürnberg: Sozialwissenschaftliches Forschungszentrum), vervielfältigt.

Rühl, Manfred ([2]1979): Die Zeitungsredaktion als organisiertes soziales System. Fribourg: Universitätsverlag.

Rühl, Manfred (1987): Journalistenschwemme in der Kommunikatorendürre. Anmerkungen zur Steuerungsproblematik in der Ausbildung von Berufskommunikatoren. In: Wilke, Jürgen (Hrsg.): Zwischenbilanz der Journalistenausbildung. München: Ölschläger, 65-88.

Rühl, Manfred (1991): Medienforschung zwischen Erkenntnis- und Verwertungsinteressen. Einige Leitthesen zur Markierung des Diskussionsfeldes. In: Roß, Dieter / Wilke, Jürgen (Hrsg.): Umbruch in der Medienlandschaft. Beziehungen zwischen Wissenschaft, Politik und Praxis. München: Ölschläger, 73-77.

Rühl, Manfred (1994): Duales System oder dysfunktionale Doppelhelix? Ein Aufriß des rundfunkpublizistischen Prozesses in Deutschland. In: Silke Holgersson/Otfried Jarren/Heribert Schatz (Hrsg.): Dualer Rundfunk in Deutschland. Beiträge zu einer Theorie der Rundfunkentwicklung. Münster, Hamburg: Lit, 35-61.

Rühl, Manfred (1994): Verstanden? Publizistische Freiheit und öffentliches Gebrauchsverstehen. In: Wolfgang Wunden (Hrsg): Öffentlichkeit und Kommunikationskultur. Beiträge zur Medienethik. Band 2. Hamburg, Stuttgart: Steinkopf, 65-77.

Rühl, Manfred (1995): Rundfunk publizistisch begreifen. Reflexionstheoretische Überlegungen zum Primat programmierter Programme. In: Publizistik 40, 279-304.

Rühl, Manfred (1998): Wirtschaftswissenschaften. In: Jarren, Otfried / Sarcinelli, Ulrich / Saxer, Ulrich (Hrsg.). Politische Kommunikation in der demokratischen Gesellschaft. Ein Handbuch mit Lexikon. Opladen: Westdeutscher Verlag.

Rühl, Manfred / Dernbach, Beatrice (1995): Studium und Ausbildung für publizistische Berufe - Rückblick und Ausblicke. Hrsg vom Lehrstuhl für Kommunikationswissenschaft / Journalistik. Bamberg: Lehrstuhl für Kommunikationswissenschaft / Journalistik.

Rühl, Manfred / Dernbach, Beatrice (1996): Public Relations - soziale Randständigkeit - organisatorisches Helfen. Herkunft und Wandel der Öffentlichkeitsarbeit für sozial Randständige. In: PR Magazin 27:11, 43-50.

Ruß-Mohl, Stephan (1997): Arrivederci Luhmann? Vorwärts zu Schumpeter! Transparenz und Selbstreflexivität: Überlegungen zum Medienjournalismus und zur PR-Arbeit von Medienunternehmen. In: Fünfgeld, Hermann/Mast, Claudia (Hrsg.): Massenkommunikation. Ergebnisse und Perspektiven (= Festschrift für Gerhard Maletzke). Opladen: Westdeutscher Verlag, 193-211.

Saxer, Ulrich (1992): Medienwandel - Journalismuswandel. In: Publizistik 38, 293-304.

Saxer, Ulrich, Schanne, Michael (1981): Journalismus als Beruf. Eine Untersuchung der Arbeitssituation von Journalisten in den Kantonen Zürich und Waadt. Bern: Eidgenössisches Justiz- und Polizeidepartement.

Schäffle, Albert (1874-1878/ ^{2}1896): Bau und Leben des socialen Körpers. 1. Auflage 4 Bde., 2. Auflage 2 Bde. Tübingen: Laupp.

Schlözer, August L. (1979-^{6}1806): Vorbereitung zur Weltgeschichte für Kinder. Göttingen.

Schlözer, August Ludwig (1777): Entwurf zu einem Reise-Collegio, nebst einer Anzeige seines Zeitungs-Collegii. Göttingen: Vandenhoek.

Schmidt, Siegfried J. (1996): Die Welten der Medien. Grundlagen und Perspektiven der Medienbeobachtung. Wiesbaden: Vieweg

Schmidt, Siegfried J. / Brigitte Spieß (1994): Die Geburt der schönen Bilder. Fernsehwerbung aus der Sicht der Kreativen. Opladen / Wiesbaden: Westdeutscher Verlag.

Schmitt, Franz Anselm (1952): Beruf und Arbeit in deutschen Erzählungen. Ein literarisches Lexikon. Stuttgart: Hiersemann.

Schneider, Beate / Schönbach, Klaus / Stürzebecker, Dieter (1993): Journalisten im vereinigten Deutschland. Strukturen, Arbeitsweisen und Einstellungen im Ost-West-Vergleich. In: Publizistik 38, 353-382.

Schönbach, Klaus, Dieter Stürzebecher, Beate Schneider (1994): Oberlehrer und Missionare? Das Selbstverständnis deutscher Journalisten. In: Neidhardt, Friedhelm (Hrsg.): Öffentlichkeit, öffentliche Meinung, soziale Bewegungen (= Kölner Zeitschrift für Soziologie und Sozialpsychologie. Sonderheft 34/1994). Opladen: Westdeutscher Verlag, 139-161.

Schulz, Rüdiger (1974): Entscheidungsstrukturen der Redaktionsarbeit. Eine vergleichende empirische Analyse des redaktionellen Entscheidungshandelns bei regionalen Abonnementzeitungen unter besonderer Berücksichtigung der Einflußbeziehungen zwischen Verleger und Redaktion. Rer.pol.Diss. Mainz.

Schwarzkopf, Joachim v. (1795/^{2}1993): Ueber Zeitungen. Ein Beytrag zur Staatswissenschaft. Frankfurt am Mayn: Varrentrapp und Wenner 1795; Neudruck München: R. Fischer.

Schwarzkopf, Joachim v. (1802/1976a): Ueber politische und gelehrte Zeitungen, Meßrelationen, Intelligenzblätter und über Flugschriften zu Frankfurt am Mayn, ein Beitrag zu der Geschichte dieser Reichs-Stadt. Frankfurt am Mayn: Jäger. Neudruck Leipzig: Zentralantiquariat der DDR.

Schwarzkopf, Joachim von (1803-^{2}1976b): Ueber politische Zeitungen und Intelligenzblätter in Sachsen, Thüringen, Hessen und einigen angränzenden Gebieten. Gotha: Ettinger. Neudruck Leipzig: Zentralantiquariat der DDR.

Smith, Adam (1776/1974): Der Wohlstand der Nationen. Eine Untersuchung seiner Natur und seiner Ursachen. Aus dem Englischen und mit einer Würdigung von Horst Claus Recktenwald. München: Beck.

Solomon, Howard M. (1972): Public Welfare, science, and propaganda in seventeenth century France. The innovations of Théophraste Renaudot. Princeton: Princeton UP.

Sporhan-Krempel, Lore (1968): Nürnberg als Nachrichtenzentrum zwischen 1400 und 1700. Nürnberg: Verein für die Geschichte der Stadt.

Studnitz, Cecilia v. (1983): Kritik des Journalisten. Ein Berufsbild in Fiktion und Realität. München, New York, London, Paris: Saur.

Weber Max (^{2}1926): Politik als Beruf. München, Leipzig: Dunker & Humblot.

Weischenberg, Siegfried (1992): Journalistik. Theorie und Praxis aktueller Medienkommunikation. Bd. 1: Mediensystem, Medienethik, Mediensituationen. Opladen: Westdeutscher Verlag.

Weischenberg, Siegfried (1995): Journalistik. Theorie und Praxis aktueller Medienkommunikation. Bd. 2: Medientechnik, Medienfunktion, Medienakteure. Opladen: Westdeutscher Verlag.

Weischenberg, Siegfried / Altmeppen, Klaus-Dieter / Löffelholz, Martin, unter Mitarbeit von Monika Pater (1994): Die Zukunft des Journalismus. Technologische, ökonomische und redaktionelle Trends. Opladen: Westdeutscher Verlag.

Weischenberg, Siegfried / Löffelholz, Martin / Scholl, Armin (1994): Journalismus in Deutschland. Opladen: Westdeutscher Verlag.

Weiß, Hans-Jürgen und Mitarbeiter (1977): Synopse "Journalismus als Beruf" - Schlußbericht. München: Arbeitsgemeinschaft für Kommunikationsforschung.

White, David Manning (1950/1964): The "Gatekeeper". A Case Study in the Selection of News. In: Journalism Quaterly 27, 383-390. Neudruck in: Dexter, Lewis Anthony, David Manning White (Hrsg.): People, Society, and Mass Communications. New York, London: Free Press - Collier Macmillan, 162-172.

Wilke, Jürgen (Hrsg.) (1984): Umbruch in der Medienlandschaft. Beziehungen zwischen Wissenschaft, Politik und Praxis. München: Ölschläger.

Zeiss, Michael (1981): Bewußtsein von Tageszeitungsredakteuren. Eine Studie über Bedingungen, Strukturen und Folgen journalistischen Berufsverständnisses. Berlin: Spieß.

Multimedia: Entwicklung der Kommunikationsberufe und ihrer Märkte

Werner Dostal

Was ist Multimedia?

Heute werden unter diesem Schlagwort alle Techniken der Informationsverarbeitung und ihrer Nahtstellen verstanden, dazu die erforderliche Software sowie die Dienste, die Geräte und Netze anwendungsgerecht anbieten. Dabei ist die traditionelle Informationsverarbeitung mit Papier und Telefon nur ein kleiner Teil von Multimedia, prägend für Multimedia ist die Integration einer Vielzahl von Techniken für spezifische Informationsbedürfnisse. An einem Beispiel soll dies verdeutlicht werden:

Es gibt heute die Möglichkeit, im Computer künstliche Welten (Virtual Reality) aufzubauen, sie über entsprechende Dateneingaben zu beeinflussen und sie über entsprechende Datenausgaben dem Menschen zu zeigen. Die modernste Form der Dateneingabe ist die Spracheingabe und der „Datenhandschuh", in dem Bewegungen der Hand umgesetzt werden in Eingabeinformationen für den Computer. Die modernste Form der Datenausgabe ist eine Einrichtung, die aus einem bewegten Stuhl und aus einem Datenhelm mit eingebauter Bild- und Tonausgabe besteht. So lassen sich virtuelle Welten aufbauen, die für den Menschen - bei steigender Leistung der Technik - immer wirklichkeitsnäher werden können.

Derartige Multimedia-Anwendungen sind zunächst spielerisch genutzt worden, indem Computerspiele sich zu Multimedia-Anwendungen erweitert haben. In einer zweiten Runde ergeben sich aber auch ernsthafte professionelle Anwendungen, wie beispielsweise die Rekonstruktion antiker Städte anhand der bekannten archäologischen Informationen, die Visualisierung von Gebäuden, bevor sie gebaut sind oder im Fahr- und Flugsimulator die Qualifizierung ohne besonderes Risiko auch in Grenzfällen. Die Breite der möglichen Anwendungen ist heute kaum einzugrenzen. Es kann sich um neue Aktivitäten handeln, die bisher nicht denbar waren, zukünftig aber möglich werden. Multimedia kann aber auch substitutiv wirken, wenn beispielsweise Bücher durch Videos abgelöst werden. Dieser Wandel ist vor nicht allzulanger Zeit angestoßen worden und wird uns in den nächsten Jahren intensiv beschäftigen. Die Frage nach den Arbeitsmarkteffekten wird in diesem Zusammenhang immer wieder aufgeworfen.

Multimedia - ein Jobknüller?

Mit Multimedia sind große Hoffnungen auf neue Arbeitsplätze verbunden. So hat beispielsweise Roland Berger erklärt, Multimedia würde bis zum Jahr 2000 etwa 5 Mio. neue Arbeitsplätze schaffen. Er geht von Umsatzprognosen aus, die für alles, was Telekom-orientiert ist - Infrastruktur (Leitungen, Vermittlungsstellen, Netze), Endgeräte (PC's, Telefongeräte, Faxgeräte) und Dienstleistungen (Reparaturen, Datenbanken, Informationsanbieter) - eine Verdreifachung des Umsatzes voraussagen. Die Informationsindustrie soll nach dieser Prognose die heutige Rolle der Autoindustrie übernehmen, die knapp zehn Mio. Arbeitsplätze bereitstellt. Eine andere Prognose beschreibt ein stark steigendes Marktpotential bis zum Jahr 2000. Hier wird ein Marktpotential geschätzt, das dann in Arbeitsplätze umgerechnet werden kann. Auch andere Fachleute beschwören immer wieder die Bedeutung der Informationsstechnik für die Beschäftigung, doch meist werden keine Zahlen angegeben.

Ohne Zweifel sind aber heute bereits sehr viele Erwerbstätige in jenen Berufen und Tätigkeiten zu finden, in denen die Verarbeitung von Informationen - mit oder ohne neue Medien - dominant ist. Eine Untersuchung, die Beschäftigungsentwicklungen auf der Basis von Berufe-/Wirtschaftszweig-Matrizen über einen langen Zeitraum berücksichtigt, kommt zum Ergebnis, daß seit etwa 1950 die Zahl der in Informationsberufen Beschäftigten massiv angestiegen ist auf einen derzeitigen Wert von etwa 50 Prozent und daß dieser Anteil noch weiter steigen wird. Damit wächst das Potential des Einsatzes von Multimedia, wenn diese Informationsberufe im Vordergrund der Einsatzmöglichkeiten stehen.

So sind die Aussagen sehr positiv. Doch die Erkenntnisse der beschäftigungsorientierten Innovationsforschung sind eindeutig: Stimmige und eindeutige Beschäftigungsbilanzen einzelner technischer Entwicklungen lassen sich nicht aufstellen. Technik wirkt immer gemeinsam mit anderen Einflüssen, beispielsweise mit veränderten Organisationsstrukturen, mit neuen Kostenrelationen, mit verschobener Akzeptanz und/oder anderen Bedarfslagen. Eine Isolation der Wirkungen von Technik insgesamt oder einzelnen Techniken ist praktisch nicht möglich. Aus diesem Grunde sind die Experten sehr vorsichtig, wenn es um die Frage nach den quantitativen Beschäftigungseffekten geht. Nur eine Aussage scheint sicher zu sein: Verschlafen Unternehmen die Entwicklung, indem sie keine Innovationen realisieren, dann müssen sie ihre Mitarbeiter entlassen und können keine neuen einstellen. Nur wenn sie innovativ sind und mit ihren Konkurrenten Schritt halten oder sie sogar überholen, dann können sie die Beschäftigung sichern oder sogar noch ausbauen. Multimedia könnte diese Basisinnovation für die Sicherung oder den Ausbau von Arbeitsplätzen sein. Doch genaueres kann heute noch nicht prognostiziert werden.

Neue Berufe und veränderte Qualifikationen

Während die quantitative Seite der Beschäftigungswirkungen von Multimedia kaum bestimmt werden kann, ist es mit den qualitativen Aspekten etwas einfacher. Berufe und Qualifikationen lassen sich technischen Trends eher zurechnen. Es ist durchaus verständlich, daß Computer als Arbeitsmittel Berufsinhalte und instrumentelle Qualifikationen beeinflußt haben. Speziell mit der breiten PC-Anwendung in den Büroberufen haben sich neue Arbeitsteiligkeitsformen entwickelt. Dadurch ausgelöst verschoben sich die Qualifikationsstrukturen und mit ihnen die Berufe.

Die komplexen Beziehungen zwischen den Spezialisten der Informationstechnik auf der einen Seite, also den Entwicklern, den Herstellern, den Vermarktern und den Betreibern, und den Nutzern auf der anderen Seite, haben sich noch nicht endgültig geklärt. Es ist sinnvoll, die folgenden Berufe gegeneinander abzugrenzen:

- Multimedia-Spezialisten
- Infrastrukturberufe im Umfeld von Multimedia
- Multimedia-Nutzer.

Die *Multimedia-Spezialisten* sind die wirklich neuen Berufe. Sie rekrutieren sich zwar aus benachbarten Berufen und haben sich meist ohne vorgegebene Qualifizierungsmuster nach Multimedia hin individuell spezialisiert. Sie zeigen aber eine neue Qualifikationsmischung, die nötig ist, um in diesem Umfeld erfolgreich beruflich tätig zu sein. Sie forschen, entwickeln, produzieren und warten die Geräte, sie erstellen die erforderliche Software, sie bauen die Infrastruktur auf und bieten die Dienste an. Hier sind die Strukturen noch sehr offen und unbestimmt. Es kann aber sein, daß sich die Berufe in einem weiteren Professionalisierungprozeß homogenisieren und standardisieren.

Als neue Berufsbezeichnungen werden beispielsweise genannt: Netzwerker(in), Medientechniker(in), Medienkünstler(in), Medieninformatiker(in), Informationsdesigner(in), Mediendidaktiker(in). Dennoch dürften heute die meisten Multimedia-Spezialisten ihre frühere Berufsbezeichnung weiterführen, wie Softwareentwickler(in), Marketingfachmann/frau, Telekommunikationsspezialist(in) u.ä. Die meisten neuen Berufsbezeichnungen „verschmutzen" die Berufelandschaft: Oft werden auch minimale Veränderungen vorhandener Berufe als neue Berufe hochstilisiert - da die Medien so nahe an diesem Berufsfeld angesiedelt sind, zeigen sie dafür eine besondere Sensibilität und ein besonderes Interesse - denn der Erwartungsdruck ist groß und viele Akteure können sich diesem nicht entziehen. Besonders aktiv sind in diesem Bereich die privaten Bildungsanbieter, die heute nicht mehr wie früher Teilqualifikationen mit der Sache, beispielsweise „Erstellen von Internet-Seiten" bezeichnen, sondern mit einer Berufsbezeichnung auf den Markt gehen, beispielsweise „Internet-Seiten-Gestalter". Damit haben sie einen neuen Beruf kreiert, der dann von anderen breitgetreten wird und die Berufswähler verwirrt. Dieser Spuk läßt sich damit aufheben, daß genau geprüft wird , was und wieviel neue Inhalte in derartig neu angegebenen Berufsbezeichnungen und Berufsbeschreibungen - soweit sie überhaupt existieren - auftauchen.

Nach heutigen Erfahrungen zeigt sich nämlich eine klare Trennung der konzeptionell-inhaltlichen Tätigkeiten auf der einen Seite und der Tätigkeiten in der Hard- und Softwareentwicklung auf der anderen Seite. In beiden Aufgabenbereichen dürfte eine besondere Fähigkeit zur Kooperation von Bedeutung sein, darüber hinaus aber auch die Bereitschaft zu Teamarbeit und Projektarbeit. Immer wieder wird die Kundenorientierung als sehr wichtig eingeschätzt.

Diese beiden deutlich unterscheidbaren Berufsfelder sollten getrennt definiert werden; Elemente aus beiden Bereichen lassen sich kaum auf einen Menschen hin integrieren, da völlig unterschiedliche Persönlichkeitsmerkmale für diese Tätigkeiten erforderlich sind. Während in den konzeptionellen, inhaltlich orientierten Aufgaben eher extrovertierte, kontaktfreudige und offene Menschen die Aufgaben gut leisten können, sind es bei den Hard- und Softwarespezialisten eher introvertierte, auf das Spezialgebiet konzentrierte und von der Sache begeisterte Menschen, die sich in Details auskennen müssen. Mischberufe, „Alleskönner", wie sie immer wieder gewünscht werden, wird es hier nicht geben. Zwar ist bei dieser Arbeitsteiligkeit eine Grundfertigkeit der Zusammenarbeit erforderlich, doch sie darf nicht überhand nehmen und als Flucht vor einer Festlegung wirken. Wie diese Kooperationsfähigkeit aber vermittelt werden sollte, darüber gehen die Meinungen auseinander.

Spezielle Ausbildungsgänge werden derzeit kaum angeboten. Multimedia ist zwar ein dominantes Schlagwort in der Arbeitsplatzdiskussion, doch im Bildungsbereich ist Multimedia eher als Verfahren und Methode relevant, weniger als Bildungsziel. Wenn Multimedia als Bildungsziel auftaucht, dann handelt es sich dabei vor allem um Fortbildungen oder Umschulungen, die auf bereits bestehenden Qualifikationen aufbauen. Dennoch gibt es einige einschlägige Aktivitäten auch in der Grundausbildung: Fachhochschulen sind schon früh aktiv geworden. So bietet die FH Furtwangen seit 1990 eine Ausbildung zum Medieninformatiker an. Aber auch universitäre Hochschulen planen Ausbildungsgänge wie beispielsweise „Interaktive Medien".

Sicherlich werden die Multimedia-Spezialisten zukünftig eine solide Grundausbildung benötigen, um langfristig in diesem schnell veränderlichen Gebiet ihre Position halten zu können. Ein Hochschulabschluß ist zwar nicht Bedingung, wie dies auch in anderen kreativen Bereichen erkennbar ist, doch zusätzlich zu den Basisqualifikationen Offenheit und Kreativität ist ein abgeschlossenes Studium immer nützlich. Die Studienfachrichtung läßt sich heute kaum abgrenzen: Eigentlich sind viele Fachrichtungen sinnvoll und nützlich, von der Elektrotechnik über die Informatik und Betriebswirtschaft bis hin zu künstlerischen, philologischen und pädagogischen Studiengängen. Wichtig ist die Bereitschaft, ausgehend von der im Studium erworbenen Fachqualifikation zusammen mit

Fachleuten anderer Fachgebiete kooperativ neue Gebiete zu erschließen und zielorientiert auszugestalten.

Die Berufsgruppe der echten Multimedia-Spezialisten wird aber längerfristig nur den Kern der im Umfeld von Multimedia neu entstehenden Arbeitsplätze bilden. Quantitativ bedeutsamer sind die beiden anderen Gruppen:

In den neuen Unternehmen und Branchen, die von Multimedia leben, entstehen zusätzliche Arbeitsplätze für traditionelle Berufe, die hier als *Infrastrukturberufe im Umfeld von Multimedia* bezeichnet werden. Hierzu gehören beispielsweise die Schauspieler, die bisher in Filmen aufgetreten sind und nun in interaktiven Videos auftauchen, die Sekretärinnen in den Vorzimmern der Multimedia-Unternehmer oder die Betreiber von Multimedia-Spielezentren. Zwischen diesen Gruppen der Infrastrukturberufe und der Spezialisten wird es einen ständigen Austausch geben, die jeweiligen Barrieren lassen sich durch gezielte Qualifizierungen begrenzten Umfangs überwinden.

Die *Multimedia-Nutzer* bestehen einerseits aus professionellen Nutzern, die am Arbeitsplatz diese Systeme verwenden, andererseits aus „Endkunden", sind also in ihrer Eigenschaft als Nutzer nicht erwerbstätig. Durch Multimedia gibt es zwischen diesen Gruppen neue Abgrenzungen: Die schon seit längerer Zeit erkennbaren Tendenzen, über Kundenselbstbedienung bisher professionell angebotene Dienstleistungen an den Kunden auszulagern, um Kosten zu sparen und möglicherweise neue Märkte zu finden, werden durch Multimedia noch verstärkt. Die guten Möglichkeiten komfortabler Benutzerunterstützung, die in Multimedia-Systemen angelegt sind, erlauben es, die Selbstbedienung auch dort einzuführen, wo bisher Qualifikations- und Kontrolldefizite dem entgegenstanden. Es ist also zu erwarten, daß im Nutzerbereich Arbeitsplätze abgebaut und durch Mitarbeit des Kunden substituiert werden.

Insgesamt wird diese neue Technik erhebliche Ergänzungen vorhandener Qualifikationenen erforderlich machen. Auch werden viele Systeme eine derart hohe Komplexität erreichen, daß nur jene Personen die Aufgaben bewältigen, die in der Lage sind, abstrakte Problemlagen zu beherrschen. Vor allem in den Berufen der Multimedia-Spezialisten dürften deshalb Personen mit höheren Bildungsabschlüssen begünstigt sein. Die derzeitige Höherqualifizierung ist für die Multimedia-Entwicklung Begleiterscheinung und wird zukünftig zur Bedingung.

Neue offene Arbeitsformen durch Multimedia

Multimedia kann als Instrument zur Veränderung der Erwerbsarbeit genutzt werden. Bei dieser Betrachtung ist es sinnvoll, in die Vergangenheit zurückzugehen und vorindustrielle Arbeitsformen auf ihre heutige Relevanz zu prüfen. Erst mit der Dampfmaschine war es nötig, die arbeitenden Menschen in großer Zahl räumlich und zeitlich zusammenzubringen, da nur so die spezifische Leistung dieser Dampfmaschinen genutzt werden konnte. Im Unterschied dazu war die

Arbeitsleistung in der Landwirtschaft und im Handwerk jeweils von den Gegebenheiten der Natur und des Bedarfs abhängig, sodaß weder eine räumliche Konzentration noch eine zeitliche Gleichmäßigkeit erforderlich waren. Erst die Industrie hat das sogenannte Normalarbeitsverhältnis definiert und für ihre Mitarbeiter auch außerhalb der direkten Produktionsaufgaben eingeführt. So entstand auch für Leitungs- und Verwaltungsaufgaben das Büro mit festen Arbeitszeiten und einer differenzierten Hierarchie.

Heute ist dieser räumliche und zeitliche Zwang zumindest für Informationsverarbeitungsaufgaben nicht mehr relevant. Multimedia erlaubt sowohl die zeitliche als auch die räumliche Entkopplung. Wenn heute Sachbearbeiter über ihren PC alle relevanten Informationen abrufen können und wenn sie auch ihre Kommunikation, möglicherweise auch Bildkommunikation, ebenfalls über entsprechende Terminals betreiben können, dann besteht - zumindest von der funktionalen Seite her betrachtet - keine Notwendigkeit der räumlichen und zeitlichen Abstimmung in direkter Interaktion mit Kollegen, Vorgesetzten oder Mitarbeitern.

Derartige neue Möglichkeiten werden unter dem Stichwort „Telearbeit“ bereits seit einem Jahrzehnt diskutiert. Es geht hier um Arbeitsformen räumlicher, evtl. auch zeitlicher Entkopplung bei der Informationsarbeit mit Computer- und Telekommunikationsunterstützung. Funktional gibt es dabei keine Probleme, machbar sind diese Arbeitsformen bereits seit längerer Zeit, wenn sie auch nicht allzu komfortabel und immer auch recht kostspielig waren. Mit Multimedia und Preisverfall bei Geräten und Diensten können diese Arbeitsformen mittlerweile komfortabler und wirtschaftlicher werden. Da tendenziell Büroräume und Transport von Menschen teurer, Informationstechnik und -dienste kostengünstiger werden, ist es abzusehen, wann derartige Telearbeit billiger sein wird als die überkommenen starren Arbeitsformen.

Aber es ist nicht nur die räumliche und zeitliche Allokation, die zur Disposition steht. Es sind vielmehr die in den letzten 100 Jahren um die abhängige Erwerbsarbeit herum entstandenen Systeme sozialer Sicherheit und die Einbindung dieser Erwerbsarbeit in das Gefüge von Staat und Gesellschaft. Heute ist der Arbeitsplatz viel mehr als die Ableistung einer definierten Arbeit: Am Beispiel der Arbeitslosigkeit wird schnell deutlich, daß unser Leben ganz überwiegend durch die Erwerbsarbeit bestimmt wird und daß außerhalb der Erwerbsarbeit gesellschaftliche Systeme der Einbindung der Menschen ausgetrocknet sind. Nur über Erwerbsarbeit nimmt das Individuum teil an Pflichten und Segnungen der Gesellschaft, während Arbeitslosigkeit Ausschluß aus vielen Lebensbereichen bedeutet. Aus dieser Problematik heraus wird immer wieder ein Recht auf Arbeit gefordert, mit dem aber nicht so sehr die Erbringung der Arbeitsleistung allein gemeint ist, sondern der Zugang zu dem System der abhängigen Erwerbsarbeit mit all ihren Rahmenstrukturen, also Einkommen und damit finanzielle Absicherung, Kontakte mit anderen Menschen am Arbeitsplatz, soziale Einbindung und soziale Sicherung.

Die industriell geprägten Arbeitsformen haben sich also funktional und von ihren Rahmenbedingungen her überlebt und der Weg ist frei für nachindustrielle Arbeitsformen, die aller Voraussicht nach folgende Charakteristiken aufweisen:

1. Die selbständige Arbeit ist dominant. Sie wird einzeln oder in Gruppen (Netzwerken) geleistet. Arbeitsort, Arbeitszeit und Leistungsdichte werden individuell festgelegt. Aus dem Arbeitsmarkt wird ein Markt für Güter und Dienstleistungen. Dieser Markt wird in Informationssystemen transparent gemacht. Gleichzeitig wird überwacht, ob die gesetzlichen Rahmenbedingungen eingehalten werden.
2. Diese Selbständigen können Arbeitsort und Arbeitszeit weitgehend frei wählen, müssen sich aber nach dem Bedarf richten. Sie können auch ihre Leistungsdichte selbst bestimmen. Auch der Umfang der übernommenen Arbeit kann individuell festgelegt werden. Arbeitspakete können auf Unterauftragnehmer verlagert werden.
3. Erwerbsarbeit wird überwiegend aufgabenbezogen in befristeten Phasen (vielleicht etwa 6 Monate) geleistet. Eine Dauerbeschäftigung muß von Phase zu Phase neu kontrahiert werden. Zwischen diesen Arbeitsphasen können Zeiten der Nichterwerbstätigkeit beliebiger Länge eingeschoben werden, die für Erholung, Muße, Betreuung von Kindern oder Alten, Qualifizierung oder andere Aktivitäten eingesetzt werden können.
4. Arbeiten und Lernen sollten immer wieder abwechseln, wenn sie sich nicht integrieren lassen. Bestandene Prüfungen werden wie Erwerbsarbeit honoriert. Allerdings nur soweit sie für die Erwerbsarbeit erforderlich sind. Lernphasen dürfen nicht lückenlos aneinander gereiht werden, sie müssen durch Erwerbsphasen unterbrochen werden. Qualifikation und Erfahrung werden zertifiziert. Ein Umstieg in andere Aufgaben und Tätigkeiten ist möglich und wird oft realisiert.
5. Erwerbsarbeit wird "pur" geleistet, Steuern und Abgaben werden auf die Erwerbsarbeit nicht erhoben. Einkommen wird nur auf tatsächlich geleistete Arbeit gewährt. Es kann frei ausgehandelt werden. Mindesteinkommen sind nicht festgelegt. Steuern und Abgaben werden verbrauchsorientiert, beispielsweise auf Rohstoffe, Energie, Kapitalerträge, Nutzung der Infrastruktur etc. erhoben. Sie dürfen den Faktor Arbeit nicht belasten und beeinflussen, und höchstens indirekt verteuern.
6. Die soziale Sicherung beschränkt sich auf eine Grundsicherung und umfaßt alle Bürger eines Landes. Sie ist unabhängig von der Erwerbsintensität und vom Besitz. Weitergehende Absicherungen erfolgen auf individueller Basis.

Dieses Szenario ist bewußt extrem gestaltet, um die Distanz zu den heutigen Arbeitsstrukturen zu verdeutlichen. Hier sind gravierende Veränderungen zu erwarten. Zugleich ist es wichtig, Wege in diese zukünftigen Strukturen zu finden. Die heutigen Strukturen sind rechtlich abgesichert, Besitzstände sind erworben, unsere Gesellschaft ist auf das heutige Modell abhängiger Erwerbsarbeit zugeschnitten, Institutionen sind darauf eingestimmt, Werte entsprechend gesetzt, so daß es sehr schwierig werden dürfte, kurzfristig und umfassend die Arbeitsformen zu verändern. Aus diesem Grunde bedarf es kreativer, solider und abgestimmter Konzepte für neue Arbeitsstrukturen.

Multimedia ist Auslöser für diese Umstrukturierungen: Die alternativen Möglichkeiten sind so massiv und überzeugend, daß es schwierig werden wird, die überkommenen Strukturen zu erhalten. Sie werden auch heute schon kritisch hinterfragt, stoßen immer wieder an ihre Grenzen, und Modifikationen sind überfällig. Vor dem Hintergrund von Multimedia lassen sich die Details der Erwerbsarbeit neu ordnen und den aktuellen Bedürfnissen anpassen. Allerdings erfolgt dies in einem Umfeld, in dem eine Vielzahl von Interessen und Zwängen wirken, die auch zu Statusverlusten führen können. Neues enthält immer auch Risiken und Unwägbarkeiten. Vielleicht kann Multimedia im Rahmen von Simulationen diesen Entwicklungsprozeß transparenter und gestaltbarer machen.

Internationalisierung der Erwerbsarbeit durch Multimedia

Die räumliche und zeitliche Entkopplung, die durch Multimedia möglich ist, unterstützt und fördert die Internationalisierung der Erwerbsarbeit. Bereits heute gibt es eine enge internationale Kooperation, in der Arbeitsvolumen global vernetzt geleistet wird. Durch Multimedia sind die Kommunikationsbeziehungen gesichert, so daß es möglich ist, weltweites Teleconferencing zu betreiben, Entwicklungsarbeiten arbeitsteilig vorzunehmen und auf Informationen global zuzugreifen. Weltweite Netze wie das Internet revolutionieren derzeit die Informationswirtschaft auf dieser Erde.

Zusammenfassende Wertung

Multimedia wird die Arbeitslandschaft verändern. Dies erfolgt aber nicht plötzlich und nicht vollständig. Die Entwicklung der Informationstechnik hin zu Multimedia läuft schon seit längerer Zeit, so daß manche Tendenzen bereits erkennbar sind und auch schon diskutiert werden. Multimedia ist lediglich ein aktueller Begriff für einen Prozeß, der schon länger im Gange ist. Möglicherweise wird er zukünftig vom Begriff „Cyberspace" abgelöst. Auch die Diffusionsmöglichkeiten und -grenzen lassen sich an vergleichbaren Beispielen abschätzen. Neue Verhaltensweisen benötigen Zeit, möglicherweise sind sie erst bei der nächsten Generation zu erwarten. Viele Menschen verhalten sich konservativ. So sind auch heute noch nicht alle Haushalte verkabelt, nicht alle Menschen haben ein Fernsehgerät und auch an der derzeit boomenden Mobilkommunikation nehmen noch lange nicht alle teil. Es gibt viele Gründe, warum diese Veränderung hin zu Multimedia erhebliche Entwicklungszeiten benötigt und wohl nie flächendeckend erfolgen wird.

Die folgenden Tendenzen lassen sich aber heute erkennen:

- Quantitative Beschäftigungseffekte wird es zwar geben, sie lassen sich aber nicht allein auf Multimedia zurückführen und isolieren, parallel ablaufende Veränderungen wirken sich ebenfalls aus. Die Beschäftigungsbilanz ist zusätzlich abhängig von vielen anderen Faktoren.
- Es wird neue und veränderte Aufgaben und Tätigkeiten geben, allerdings werden kaum neue Berufe entstehen. Vorhandene Berufe sind flexibel genug, neue Inhalte aufzunehmen und obsolete abzustoßen. Neue Möglichkeiten multimedialen Lernens werden in die Erwerbstätigkeit integriert werden und auch andere Schulungs- und Bildungsbereiche massiv verändern.
- Die derzeit dominante abhängige Erwerbsarbeit wird sich mit Multimedia öffnen, und es werden neue aufgabenorientierte Arbeitsstrukturen entstehen, die räumlich und zeitlich entkoppelt, individualisiert und nicht auf Kontinuität angelegt sind. Damit erhalten die Phänomene Arbeitsplatz, Beschäftigung, Arbeitslosigkeit, Freizeit, Beruf und Berufsqualifikation eine neue Struktur und Bedeutung. Das „Normalarbeitsverhältnis" wird es mit Multimedia kaum mehr geben.
- Multimedia fördert die Internationalisierung. Damit werden die Konkurrenzbeziehungen stärker, die Spezialisierung kann weiter zunehmen und die Kostenrelationen für Güter und Dienste werden ausschlaggebend für Beschäftigungsmöglichkeiten sein. Gleichzeitig ergeben sich neue Anforderungen und Möglichkeiten für jene, die sich in globale Strukturen einpassen können und weltweit ihre Ziele durchsetzen wollen.

Braucht die Multimedia-Gesellschaft Berufskommunikatoren?

Aufgaben und Anforderungen im Wandel

Beatrice Dernbach

Die Vision vom globalen Dorf ...

Lautlos per Mausklick können Deutsche und Amerikaner, Japaner und Südafrikaner in Sekundenschnelle recherchieren, sich informieren und miteinander kommunizieren. Niemand muß vor Ort gewesen sein, um Bescheid zu wissen. Die klassischen und die neuen (Massen)Medien liefern via Kabel oder Satellit und digitaler Datenkompression Sekundärerfahrungen, die den Eindruck vermitteln, an Ereignissen überall in der Welt unmittelbar teilhaben zu können.

Aber ist die - in diesem Zusammenhang regelmäßig zitierte - Vorstellung vom globalen Dorf nicht eine Utopie? Gaukelt uns die Medienwirklichkeit nicht nur die absolute Information und Informiertheit vor? Neil Postman, Professor für Media Ecology an der New York University, hat in den 80er Jahren eindringlich und populär unter dem Titel „Wir amüsieren uns zu Tode" (1985) auf die Kontextlosigkeit und damit Sinnlosigkeit der Informationen aufmerksam gemacht: Was nutzen sie, wenn sie nicht zu sinnvollem Handeln anregen? Wir nehmen zur sie Kenntnis und vergessen wieder. Informieren wir uns - auf bisweilen unterhaltsame Weise - zu Tode?

Von der lebensnotwendigen Information zur Massenware

Nun beginnt also - oder hat es längst begonnen? - das Zeitalter der Informationsgesellschaft - von Politikern und Ökonomen meist euphorisch begrüßt (oder herbeigeredet?), von Kulturwissenschaftlern eher skeptisch beäugt. Der Begriff der Information wird von allen benutzt, aber kaum hinterfragt.

Noch vor wenigen Jahrzehnten haben die Menschen nach Informationen gesucht, die sie für ihr Überleben und Fortkommen brauchten. Sie überwanden vor allem mit Hilfe der Technologie die Grenzen von Raum und Zeit. „Während Informationen einmal eine wichtige Ressource waren", schreibt Neil Postman (1995, 9), „mit deren Hilfe wir unsere gegenständliche und unsere symbolische

Welt kontrollieren konnten, haben wir mit unserem technischen Erfindergeist die Informationen in eine Art Abfallprodukt und uns selbst in Müllsammler verwandelt. Wir ersticken beinahe an der Informationsschwemme, besitzen aber kein Mittel, das uns davon befreien könnte."

Informationen sind nicht mehr selbstverständlich gleichzusetzen mit etwas Neuem, Überraschendem, mit Mitteilungen, die Unwissen in Wissen wandeln oder zumindest reduzieren. Nicht umsonst spricht man heute in Katastrophenmetaphern von der Informationsflut oder -schwemme. Die Dämme sind gebrochen. Jeder kann Informationen erzeugen und verbreiten - ob sie Sinn haben (oder neudeutsch „machen") und den geistigen Horizont erweitern, ist zweitrangig. Informationen sind zur Massenware mutiert, die - manchmal ohne Rücksicht auf ihren Nutzen - ge- und verkauft werden.

Im Zuge der Über-Produktion und nahezu grenzenlosen Verteilung der Informationen ist ein Ungleichgewicht zuungunsten der Informationsverarbeitung entstanden: Die Kapazitäten kognitiver Systeme, Informationen auszuwerten und anzuwenden, sind begrenzt. Sie haben verschiedene Möglichkeiten, zu reagieren, von denen hier drei genannt werden:

- Verschließen und/oder spezialisieren: Verarbeitet wird nur, was den eigenen Neigungen entspricht, um damit kognitive und emotionale Turbulenzen auszuschließen;
- Informationsüberlastung führt zu Leistungsabfall - deshalb muß ein Teil der Informationsverarbeitung nach „außen" gegeben werden, d.h. die Selektion wichtiger Daten und Fakten wird anderen überlassen, deren Hauptfunktion gerade darin besteht, die Realität zu redigieren; zum Beispiel Journalisten, Professoren und Lehrer;
- Techniken zu nutzen, die eingehende Informationen automatisch kanalisieren, filtern, aufbereiten (sogenannte „intelligent agents") (vgl. Noam 1995).

Die Rolle der Publizistik in diesem Prozeß

„Fast jeder kann Informationen erzeugen. Viel schwieriger ist es, sie zu verringern" (Noam 1995, 37).

Das Geschäft mit der Information bzw. deren Selektion ist keine Erfindung der Neuzeit: Vor Jahrtausenden begannen Gelehrte und Geistliche, Informationen zu sammeln, aufzubewahren, zu verbreiten und neue zu erzeugen. Später fand dies organisiert in Klöstern und Universitäten statt (vgl. Noam 1995; Rühl 1993). Ihnen wurde im Zuge der Technologisierung und Elektronisierung zum Großteil die Funktion des Veröffentlichens von dem sich zunehmend ausdifferenzierenden gesellschaftlichen Teilsystem Publizistik abgenommen (vgl. Blöbaum 1994; Marcinkowski 1993; Rühl 1980). Es traten professionelle Kommunikatoren auf - zum Beispiel Mitte des 19. Jahrhunderts die Nachrichtenagenturen -, die keine andere Leistung erbrachten, als von Organisations wegen Informationen zu sammeln, auszuwerten, aufzubereiten und zu verbreiten (siehe Höhne 1977).

Seither wuchs und wächst der Markt - das heißt vor allem das Angebot an Nachrichten - exponentiell. Eine aktuelle Tagesausgabe der New York Times enthält mehr Mitteilungen als ein Durchschnitts-Engländer im 17. Jahrhundert im Laufe seines ganzen Lebens zu hören bekam, schätzt Professor Eli Noam von der Columbia University (1995, 39).

Presse und Rundfunk, organisiert in Zeitungs- und Zeitschriftenverlagen, öffentlich-rechtlichen und privaten Fernseh- und Hörfunkanstalten, in Archiven, in Abteilungen und Agenturen für Public Relations, fungieren allerdings nicht ausschließlich als Sammler und Vermittler. Ihre vordringlichste Aufgabe besteht in der Selektion von Informationen und in der Reduktion von deren Komplexität. Sie haben zu diesem Zweck spezifische Standards, Strukturen und Muster entwickelt und entscheiden aufgrund organisatorischer Programme (vgl. Rühl ²1979)[1].

Den Prozeß der Selektion haben Wissenschaftler in den 50er Jahren als Gatekeeping bezeichnet. Der Begriff bzw. das Modell stammen von dem Psychologen Kurt Lewin, der in den 40er Jahren das Einkaufsverhalten amerikanischer Hausfrauen analysiert hat. David Manning White hat die Metapher des „Gatekeepers" in die Kommunikationsforschung übertragen. Im Laufe der Jahrzehnte wurde sein individuum-zentriertes Modell unter systemtheoretischer und kybernetischer Perspektive kritisiert und umgebaut. Heute gelten Organisationen bzw. organisierte Redaktionen als Gatekeeper, die nach standardisierten Mustern Nachrichten zur Bearbeitung und Verbreitung in und für eine spezifische Umwelt (publizistische Öffentlichkeit bzw. spezifisches Publikum) auswählen (vgl. Joch-Robinson 1973; Rühl 1989).

Braucht die Informationsgesellschaft professionelle Gatekeeper?

Den Medien als den professionalisiertesten, organisierten (korporativen) Kommunikatoren werden in einer demokratisch verfaßten Gesellschaft bestimmte Aufgaben zugeschrieben: Neben einigen anderen gehören die Informations-, die Bildungs-, die Orientierungs- und die Artikulationsfunktion zu den wichtigsten (vgl. Ronneberger 1971; im Überblick: Burkart 1995, 159ff). Die Funktion der Medien ist es, in einem systemtheoretischen Verständnis, Themen für den Kreislauf der öffentlichen Kommunikation bereitzustellen (Rühl 1980). In den vergangenen Jahrzehnten hatten die klassischen Print- und Rundfunkmedien eine Monopolstellung dafür inne. Ist sie im künftigen „free flow of information" noch zu halten? Oder wird sie ihnen durch die neuen multimedialen und multifunktio-

---

1 Zum Beispiel auf der Basis von Nachrichtenwerten, die sich je nach Identität und Gesamtprogramm des Mediums unterscheiden, also: die FAZ bewertet den Faktor Seriosität höher als die BILD-Zeitung; Aktualität ist für die Deutsche Presse Agentur wesentlicher als für GEO.

nalen Techniken streitig gemacht? Bedarf es im Zeitalter der Computerisierung der Arbeits- und der privaten Lebenswelt nicht mehr der professionellen Kommunikatoren, die recherchieren und sortieren, auswählen, ergänzen und redigieren, formulieren und vermitteln, informieren, bilden, kritisieren und kontrollieren? „Kann der Journalismus“, fragt die Journalistikprofessorin Claudia Mast (1996, 58), „den Strukturwandel im Mediensystem - verkürzt auf das Schlagwort „Multimedia“ - unbeschadet überstehen? (...) Worin ändern sich die Anforderungen an einen Berufsstand, der in unserer Gesellschaft mit der Wahrnehmung einer „öffentlichen Aufgabe“ betraut ist?“[2]

Siegfried Weischenberg (1995, 552f) argumentiert auf einer anderen Ebene: „Wenn die Verfügbarkeit von Informationen prinzipiell kein Problem mehr ist, stellen sich Probleme der Zugänglichkeit als Probleme des Verstehens und somit der Kommunikation: Probleme der Erschließung, der Aufbereitung, der Organisation und Präsentation zunächst undimensionierter Daten und Fakten, der Herstellung von Zusammenhängen, kurz: der Umsetzung von Information in Wissen (...), und zwar durch professionelle Kommunikatoren in einer arbeitsteiligen Gesellschaft. Das ist der Stoff, aus dem die politische Kommunikation des mündigen Bürgers entsteht; Informationen als ‘technische Rezepte’ sind da wohl wertlos, Techniken, die Informationen in großem Umfang und über weite Strekken verfügbar machen, zunächst nur Hilfsmittel.“

Der Informationsgesellschaft wird zum einen Demokratisierung (jeder kann sich jederzeit via Internet über alles informieren), zum anderen Individualisierung (jeder sitzt alleine vor seinem Gerät und kommuniziert mit vereinzelten anderen) zugeschrieben. Mit dem PC scheint sich für jeden die Welt zu öffnen, zu dem fast schon sprichwörtlichen Dorf zu werden.

Skeptiker warnen allerdings vor Gefahren: Nicht jeder kann und will in den Online-Informationsjahrmarkt einsteigen, sei es aus ökonomischen oder ideologischen Gründen (siehe Berghaus 1994). Und können diejenigen, die einen Anschluß an das weltweite Informationsnetz haben, sich nicht allzu leicht darin verirren?

Journalisten wird angesichts dieses Szenarios die Funktion von „Pfadfindern“, „Navigatoren“ oder „Lotsen“ zugeschrieben. Die Metapher des Gatekeepers

---

2 Claudia Mast spitzt diese Frage in ihrem Beitrag noch zu: „Die Journalisten, die selbst Agenten des Wandels sind, werden nun Betroffene einer Entwicklung, die das Berufsverständnis wie auch die Qualifikationsprofile ändert. (...) Journalisten waren bislang die Gatekeeper der öffentlichen Kommunikation in der Gesellschaft und genossen beruflich eine Sonderstellung. Das Mediensystem bietet nun immer speziellere Leistungen an, die nur zum Teil oder überhaupt nicht journalistisch bearbeitet werden. (...) Der Journalismus verliert seine Macht als Gatekeeper, als Schleusenwärter der gesellschaftlichen Kommunikation. Überspitzt formuliert: Der Journalist verliert nicht seinen Job, die Fluten zu kanalisieren. Allerdings gibt es Schleichwege, zum Teil schon Autobahnen an ihm und seiner Aufgabe vorbei. Wie kann er seine Zukunft sichern?“ (1996, 58ff) Diese Aussagen machen deutlich, daß die Bewertung der künftigen Entwicklung stark abhängt von dem jeweiligen journalistischen Berufsbild. Die Anhänger eines hehren Bildes der Journalisten als Aufklärer und Investigatoren mit gesellschaftlicher Sonderstellung sehen in der Zukunft eher eine Bedrohung des Berufsstandes bzw. der Aufgaben der Journalisten als Gruppe von Individuen (und Individualisten) als eine Chance zum Verlassen einbetonierter Pfade. Unberücksichtigt bleibt somit auch immer die Möglichkeit eines Strukturwandels innerhalb des gesamten Mediensystems (unter Berücksichtigung gesellschaftlicher Entwicklungen).

scheint passé. „Wir brauchen im Netz keine Schleusenwächter", schreibt ein Online-Journalist, „weil es keine Schleusen gibt. Hören wir also auf, ständig von Journalismus zu reden. Kein Mensch braucht Journalisten im Netz." (Polatschek/Ankowitsch 1996, 12) Der Aussage letzter Teil ist zu widersprechen.

Ein Berufsbild wandelt sich

Die Publizistik, insbesondere deren Teilsystem Journalismus wird die öffentliche Aufgabe, zu informieren und zur Meinungsbildung beizutragen, nicht einbüßen. Aber sie wird künftig nicht nur über die klassischen Massenmedien wie Zeitungen, Zeitschriften, Hörfunk und Fernsehen, sondern parallel mittels neuer multimedialer Kommunikationsformen wie zum Beispiel Chats (elektronische Gespräche), Newsgroups (Foren nach Interessengruppen), Electronic Mail u.a., aber auch mittels des Interaktiven Fernsehens, Digital Audio Broadcasting (siehe Fischer in diesem Band), der Zeitungen und Zeitschriften im Internet (E-Zines) sowie sonstiger publizistischer Angebote (z.B. Geschäftsberichte, Unternehmenspräsentationen im World Wide Web und auf CD-ROMs) erfüllt. In diesen Bereichen werden professionelle Kommunikatoren gebraucht.

Selbst wenn sich momentan viele Organisationen (von der Kommune bis zum Chemiegiganten, von Amnesty International bis zum World Wildlife Fund for Nature) im Internet präsentieren, werden die Anbieter bald zur Kenntnis nehmen müssen, daß die Rezipienten (= User) ein von professionellem Journalismus „ausgebildetes" Verhalten an den Tag legen: Sie wollen schnell, übersichtlich, seriös, sachlich, umfassend und noch dazu unterhaltsam informiert werden. Sie erwarten Service, Ratschläge und Orientierungshilfen. Manches Unternehmen wird schon morgen per Anzeige dafür journalistische Profis suchen, die im Umgang mit den klassischen journalistischen Fähigkeiten und Fertigkeiten ausgebildet und erfahren sind.

Die Publizistik (Journalismus und Public Relations) ist kein monolithischer Berufszweig, sondern auf der Basis der im Grundgesetz garantierten und gesicherten Freiheiten (Art. 5) ein offen zugängliches Berufsfeld. Aufgrund der oben genannten Aufgaben haben sich in den vergangenen Jahrzehnten relativ stabile Strukturen herausgebildet: Publizistik wird in der Regel in Organisationen hergestellt, in Zeitungs- und Zeitschriftenverlagen (inklusive Anzeigenblätter, Kunden- und Mitgliederzeitschriften etc.), in Hörfunk- und Fernsehanstalten (öffentlich-rechtlich und privat) und in Presseabteilungen von Wirtschaftsunternehmen, Behörden, Verbänden und Vereinen. Wer in diesen Medienorganisationen haupt- oder freiberuflich (mindestens 50 Prozent der Einkünfte) an der Erarbeitung und Verbreitung von Informationen, Meinungen und Unterhaltung mittels Wort, Bild und Ton beteiligt ist, kann sich nach dem Verständnis des Deutschen Journalistenverbandes Journalist nennen[3]. In Ergänzung zu dem Berufsbild von 1984 hat der DJV (1996) in die aktuelle Fassung die Arbeitsfelder On- und Offline-Medien/Digitale Mehrwertdienste aufgenommen. Allerdings wird die Entwicklung sehr zurückhaltend formuliert:

„Ob und in welchem Ausmaß On- und Offline-Dienste sich neben dem vorhandenen, an traditionelle Medien anknüpfenden Angebot zu eigenständigen journalistischen Medien entwickeln, ist noch nicht absehbar. Elektronische On- und Offline-Medien wenden sich mit aktuellen, allgemeinen beziehungsweise spezialisierten Inhalten an einen unbegrenzten Benutzerkreis oder an eine Teilöffentlichkeit mit speziellen Interessen. Dies geschieht durch Übermittlung digitalisierter Texte, Grafiken, Zeichnungen, Töne, stehender und bewegter Bilder sowie durch Kombination dieser Elemente. Maßstab für die Entwicklung eigenständiger journalistischer Angebote in On- und Offline-Medien und für journalistische Arbeit in diesen Medien sind die Inhalte dieses Berufsbildes“ [4]

Zu den journalistischen Tätigkeiten zählt der Verband die Recherche (Sammeln und Prüfen), die Auswahl sowie die Bearbeitung des Materials, dessen medienspezifische Aufbereitung in journalistischen Genres wie Bericht und Kommentar, die Vermittlung der so hergestellten Informationen sowie disponierende Tätigkeiten im Bereich von Organisationen, Technik und Personal (ebd.). Im Zuge der Arbeitsteilung haben sich in den Redaktionen spezifische Arbeitsrollen ausdifferenziert: Der Chefredakteur übernimmt die administrativen Aufgaben, der Chef vom Dienst überwacht die Produktion, die einzelnen Ressortleiter sind für die Strukturierung der Inhalte, die von spezialisierten Lokal-, Politik-, Wirtschafts-, Sport- und Kulturredakteuren bzw. -journalisten her- und bereitgestellt werden, verantwortlich, der Reporter liefert im idealistischen Verständnis die „Stories aus dem Leben“, und der Redakteur bearbeitet Texte von Nachrichtenagenturen, freien Mitarbeitern, Pressemeldungen aus Unternehmen, Behörden usw. sowie die Beiträge von Kollegen.

Schaffung neuer und Erhaltung bestehender Arbeitsfelder

Im Zuge der Multimedia-Euphorie war häufig die Rede von Hunderttausenden neuer Arbeitsplätze und einem guten Dutzend neuer Berufe. Wie groß der Arbeitsmarkt tatsächlich wird, ist noch nicht absehbar, und ob bestehende Tätigkeitsfelder bzw. Arbeitsplätze nur erhalten, umstrukturiert oder ob tatsächlich neue Arbeitsfelder entstehen und damit neue Qualifikationen gefordert werden, ist ebenso spekulativ. In der Diskussion sollte in jedem Fall deutlich zwischen

3 Im Gegensatz zur ungeschützten Bezeichnung Journalist steht die des Redakteurs, für den das Absolvieren einer Ausbildung (Volontariat) und eine Festanstellung in einer Medienorganisation in der Regel Voraussetzung ist.

4 Der Berufsverband, in dem rund 20000 Journalisten organisiert sind, läßt hier wegweisende Meinungsführerschaft vermissen. Wer, wenn nicht eine Berufsorganisation, sollte die Entwicklungen des Berufsfeldes analysieren, bewerten und in entsprechende Perspektiven formulieren? In diesem Falle werden die Grenzen eines ausschließlich praktizistisch (mikroperspektivisch) orientierten Berufsbildes offenkundig.

zwei möglichen Entwicklungen unterschieden werden: der Schaffung neuer Berufsfelder durch den Einsatz digitaler Techniken bei der Konzeption und der Umsetzung medialer Inhalte sowie die Veränderung klassischer Berufsfelder durch den Einsatz neuer Techniken bei Beibehaltung der traditionellen Aufgaben der Informationsherstellung, -bearbeitung und -vermittlung.

Für den ersten Bereich liegt eine Pilotstudie („Qualifikationsanforderungen in der professionellen Multimediaproduktion") vor, die - aufgrund einer repräsentativen Branchenbefragung - schätzt, daß in 600 bis 800 Unternehmen derzeit rund 7500 feste und 5000 freie Mitarbeiter beschäftigt werden (siehe Michel 1996, 16). Das Kerngeschäft dieser Unternehmen konzentriert sich auf die CD-ROM-Produktion. In der Studie werden des weiteren aus Dutzenden neuer Multimedia-Berufsbezeichnungen vier „Kernberufe" herauskristallisiert: Multimedia-Konzeptioner (Konzeption und Entwicklung von Multimedia-Anwendungen), Screen-Designer (Entwurf und Umsetzung der grafischen Gestaltung), Multimedia-Programmierer (Umsetzung multimedialer Produktionen auf PCs) und Multimedia-Projektleiter (verantwortlich für die Realisierung eines Multimedia-Projekts inklusive Kundenberatung) (ebd., 17). Wesentlich scheint hier die Aufgabenteilung im Team zwischen Planern und Konzeptionierern sowie den Technikern, zuständig für konkrete Gestaltung und Realisation, zu sein (siehe Wolf 1997, 40f; Götzenbrucker 1997).

Verlassen wir diese vage Prognostik und kehren zu den klassischen publizistischen Berufsfeldern zurück. Hier werden sich die Anforderungen an organisierte, professionelle Kommunikatoren auf zwei Ebenen ändern: der Ebene der Berufsinhalte sowie der Ebene der Arbeitsausübung und Beschäftigungsstrukturen.

1. Die Leistungen des Journalismus werden sich immer weniger auf die Chronistentätigkeit und Kommentierung von Ereignissen einengen lassen, sondern sich darauf konzentrieren, die Materialflut zu bändigen und sie zu nutzenbringenden[5] Informationen umzubauen und zusammenzufassen.
2. Auf journalistische Organisationen trifft in Zukunft das Bild des „Gatekeepers" noch weniger als bisher zu. Die Tätigkeiten eines Torhüters beschränken sich darauf, Unerwünschtes außen vor zu lassen. Dem Journalismus dagegen obliegt es - um im Bild zu bleiben - die Rezipienten wohlbehalten durch die - meist von anderen verursachte - Informationsflut zu schippern (damit sie nicht im Cyberspace verlorengehen), deren Wogen er selbst etwas geglättet hat. Insofern sind Metaphern wie Navigator oder Lotse für Berufskommunikatoren treffender.
3. Veränderungen durch Multi-Medien ergeben sich vor allem auf der Zeitachse: Produktion und Rezeption publizistisch gestalteter Angebote überlappen sich zeitlich, da die Dauer der Diffusion erheblich verkürzt ist.
4. Die bereits aufgezählten journalistischen Leistungen sind nicht mehr in den bisher üblichen und bewährten Systemen wie Zeitungsredaktionen zu erbrin-

5 Hierzu zählen Beiträge zur politischen Meinungsbildung ebenso wie unterhaltende Programme.

gen[6]. Es werden sich andere Arbeitsformen wie zum Beispiel virtuelle Redaktionen etablieren. Die arbeitsrechtliche Selbständigkeit und die organisatorische Unabhängigkeit sowie die räumliche Trennung von journalistisch Tätigen werden zunehmen. Kommunikation findet dann nicht face-to-face, sondern via elektronischer Post und digitaler Datenkompression statt. Das heißt: Der Journalist muß künftig nicht mehr physisch in dem Redaktionsbüro anwesend sein, sondern er kann - vorausgesetzt er verfügt zu Hause oder wo auch immer über die entsprechende Verkabelung bzw. eine taugliche Hard- und Software - online recherchieren, selektieren, redigieren und transferieren[7]. Die Folgen für die Organisation, der Einfluß auf deren Identität, auf die Integration und die Solidarität der Mitglieder, sind noch nicht absehbar.

An der Fakultät für Massenkommunikation der Virginia Commonwealth University in Richmond wird zur Zeit ein „Nachrichtenzentrum des 21. Jahrhunderts" installiert. Das zehn Millionen Dollar teure Projekt soll 1999 eröffnet werden. Dort ist geplant, Journalisten für Arbeitsplätze auszubilden, an denen der technische Zugang zu Informationen unbegrenzt ist. Die virtuelle Redaktion besteht aus flexiblen Sitz- und Konferenzplätzen, in denen sich Redakteure zu Arbeitsgruppen zusammenfinden können; jeder Redakteur besitzt einen tragbaren Computer, der an E-Mail, Datenbanken und Agenturnetze angeschlossen ist, sowie ein tragbares Telefon. Jeder kann also mit jedem zu jeder Zeit an jedem Ort kommunizieren. Der Stand der aktuellen Produktion, fertige Artikel und Termine sind auf großen Informationstafeln abruf- und ablesbar (vgl. Northrup 1997).

Aus dem eben Genannten sind für die Berufs- und Arbeitsrolle (fokussiert auf einen Zeitungsredakteur) folgende Schlußfolgerungen zu ziehen, wobei die Kernqualifikationen - recherchieren, selektieren, aufbereiten - dieselben bleiben werden:

1. Journalisten in der Informationsgesellschaft sind nicht mehr nur Experten in einem Segment (zum Beispiel als Umweltberichterstatter) einen Beitrag zu einem großen Ganzen (als Reporter, Layouter, Umbrecher etc.), sondern sie werden zu Produktmanagern: Sie planen, layouten, füllen und vermarkten ihr Angebot in Personalunion. Haben sich in den vergangenen Jahrzehnten die Arbeitsrollen in den Organisationen ausdifferenziert, so fließen sie in der multimedialen Informationswelt wieder ineinander: Der Journalist ist gleichzeitig Texter, Layouter, Graphiker, Anzeigenakquisiteur, Marketing- und Vertriebsleiter und manchmal auch Servicetechniker in einer Person.
2. Multimedia-Publizisten müssen flexibel sein, denn die Produktion, die Präsentation und die Rezeption sind zeitlich nicht mehr scharf zu trennen. Veränderungen am Produkt sind jederzeit möglich, da es keinen Redaktions-

6 Dieser Aspekt ist zweidimensional: Die lokale Ortsgebundenheit wird aufgehoben. Zur Herstellung multimedialer Publizistik bedarf es nicht mehr großer Bürogebäude mit Sanitäreinrichtungen, Kantinen etc. Desweiteren werden dadurch möglicherweise Hierarchien und starre Produktionsabläufe aufgelöst.

7 Skeptiker wie Claudia Mast (1996, 64) sehen darin eher negativ eine Form des Outsourcing - einzig für die Medienunternehmen eine Möglichkeit, Kosten zu reduzieren und sich von den Fesseln restriktiver Personalpolitik zu lösen. Mast sieht mit der Wandlung des Journalisten zum „gewinnorientierten Unternehmer" die publizistischen Leistungen ernsthaft in Gefahr.

schluß im engeren Sinne gibt. Darin liegen Chancen - zum Beispiel hinsichtlich der Aktualität - und auch Risiken - die Produktion kann zu einer „never-ending-story" ausarten.

3. Multimedien erfordern eine hohe (technische) Medienkompetenz der Berufskommunikatoren: Sie müssen gleichermaßen mit Text-, Bild- und Tondokumenten umgehen und sie sinnvoll miteinander zu einem inhaltlich und optisch ansprechenden Ganzen verknüpfen können. Ein Beispiel: Die Berichterstattung über ein Theaterstück erschöpft sich nicht mehr in einer Textkritik geschmückt mit einem Foto, sondern bietet vertonte Videoausschnitte sowie eine Adresse, bei der online Karten für die nächste Vorstellung bestellt werden können.
4. Für die Journalisten ändern sich die Recherchewege: Sie suchen selbst online nach Informationen, zum Beispiel in Datenbanken. Die Ausstattung mit entsprechend notwendiger Elektronik in Form von Handys, Modems und leistungsstarken Computern und die Bereitschaft, diese zu nutzen, halten sich in den Redaktionen bzw. bei den Journalisten noch in Grenzen (siehe Förster 1995; Schöhl 1995).
5. Der Kontakt zum Rezipienten verändert sich: Meldete dieser sich früher sporadisch per Leserbrief oder Telefonanruf, so kann er künftig noch während der Nutzung des multimedialen Angebots (z.B. im Internet) seinem Ärger Luft machen, Wünsche und Anregungen mitteilen. Die direkte Kommunikation zwischen „Autor" und „Leser" ist möglich. Das erfordert eine hohe soziale und kommunikative Kompetenz der Redakteure. Wolfgang Schöhl (Prof. für Medienwissenschaft und Datenbanken an der FH Darmstadt) warnt sogar (1995, 45): „Journalisten müssen sich in Zukunft vorsehen. Immer mehr elektronisch informierte Leser und Zuschauer werden überprüfen können, was die Journalisten aus ihrer Gatekeeper-Funktion gemacht haben: ob sie Nachrichten nur verdichtet oder aber verfälscht haben." Claudia Mast (1996, 58) sieht hierin einen Wandel vom „Anbieter-" zum „Abrufjournalismus".
6. Journalisten im multimedialen Zeitalter stehen mit anderen Informationslieferanten verstärkt in Konkurrenz um Aufmerksamkeit, Zeit und Budgets des Publikums. Deshalb müssen sie einerseits ihr eigenes Angebot so attraktiv wie möglich gestalten, um den User aufmerksam zu machen und ihn bei sich zu behalten. Dafür ist ein spezielles Web-Design nötig, also eine besondere Sprache (meist jünger, flapsiger, amerikanischer) und ein spezifisches Seitenlayout (der User sieht immer nur eine Seite auf seinem Bildschirm). Andererseits werden dem Nutzer ständig in Form von sogenannten Links (also Verweisen auf andere Web-Seiten) Fluchtwege angeboten. Die Kunst liegt womöglich darin, ihm das Gefühl der Freiheit zu vermitteln und ihn dennoch zielstrebig zu führen[8].

---

8 Diese Innovationen begannen bereits vor einigen Jahren im Printsektor: Neue Titel und Konzepte wie „Focus" oder „Die Woche" haben mit den sogenannten farbigen Infographiken, Tabellen und Schaubildern „Trends eingeläutet und dann Standards gesetzt" (Karle 1996, 27). Eine übersichtliche und vor allem

7. Interaktion im Internet erfordert Moderatoren: Elektronische Unterhaltung (sogenannte Chats) wird schon heute beispielsweise von Politikern als Kommunikationsforum genutzt. Journalisten kommt hierbei die Rolle zu, eingehende Fragen zu sortieren, kritisch zu hinterfragen, zu strukturieren usw.

Im audiovisuellen Bereich zeichnen sich ähnliche Trends ab. Fernseh- und Hörfunkprogramme bzw. -sendungen werden im World Wide Web angeboten (z.B. http://www.tagesschau.de). Generell soll das Internet als eine Art Begleitmedium fungieren, in dem die Fernsehzuschauer Wissenswertes über Programme und Inhalte erfahren können. In einem Archiv sind beispielsweise alle Tagesschau-Sendungen abrufbar, und vor allem für Lehrzwecke interessante Materialien (wie Begleittexte, Fotos, Grafiken oder Arbeitsbögen) sollen per Mouseklick zu haben sein (siehe Baumgärtel 1997, 13; Schröter/ Ewald 1996, 478ff). Über „Chat-Foren", Diskussionsgruppen und Gästebücher sind Rundfunkredaktionen direkt und schnell erreichbar. Keine Frage, daß das Informationsmaterial, soll es sinnvoll genutzt werden können, von Berufskommunikatoren gesammelt, selektiert und aufbereitet werden muß, und daß Profis die Regie in den Online-Gesprächen übernehmen sollten[9].

Burda und Pro Sieben haben die Firma „Starwatch Navigation" gegründet, in der 30 feste Mitarbeiter Online-Projekte für Pro Sieben, Videotext für den Sender und externe Auftraggeber, Audiotext und interaktives Fernsehen planen und realisieren (siehe Karle 1996, 26). Gesucht werden für diese Tätigkeit „qualifizierte Leute", die „journalistisches Know-how und technisches Verständnis" mitbringen (ebd.). Gefordert sind Spezialisten (Online-Redakteure, Informationsbroker oder Infographiker) wie Generalisten gleichermaßen. Derzeit noch typisch für die dynamische Branche: Das Durchschnittsalter der Multimedia-Journalisten liegt „deutlich unter 30 Jahren" (ebd.). Ältere Publizisten haben Chancen in den neuen Feldern, wenn sie sich weiterqualifizieren, also vor allem lernen, Informationen mit Hilfe der neuen Techniken zu sammeln und zu verarbeiten.

Das Berufsbild wird sich ausweiten, und Multimedia-Publizistik kann zum Auffangbecken für heterogene Gruppen werden, die in anderen Beschäftigungsbereichen keine Chance haben. Gleichzeitig wird unter Umständen ein Prozeß der inneren Differenzierung stattfinden zwischen den journalistischen Profis und den publizistischen Autodidakten.

---

schnell zu rezipierende Präsentation rückte in den Vordergrund - und bisweilen verdrängte und verdrängt sie die Inhalte.

9 In den ersten Befragungen von Onlinenutzern hat sich gezeigt, daß Orientierungshilfen gewünscht sind, um informative und gleichzeitig unterhaltsame Angebote schnell finden zu können (siehe Grüne/ Urlings 1996).

Skeptischer Blick in die Zukunft ...?

Skeptiker wie Peter Glotz (1995, 3) sehen den Journalismus in die Krise schlittern: Werden die Berufskommunikatoren zu Bediensteten einer Unterabteilung der Unterhaltungsindustrie? Gunter Haake (1996, 3) von der IG Medien befürchtet, daß ethische Normen im Journalismus noch stärker unter Druck geraten. „Ohnehin ohne Verbindlichkeit, verlieren diese Werte umso schneller an Bedeutung, je beliebiger und kommerzieller ein Medium ist." Andere wiederum befürchten, daß Qualitätsstandards verfallen, und daß sich nur die Info-Elite qualitativ hochwertigen Journalismus leisten wird. Der Blick auf die Fernsehprogramme, die vor allem private Veranstalter als Empfehlung für den Start ins Multimedia-Zeitalter geben, könnte in der Tat ernüchtern. Aber: Die Informationsgesellschaft wird die bisherige durch Vielfalt gekennzeichnete journalistische Praxis nicht auflösen. Sie wird sich verändern und das Berufsfeld um einige neue Titel (wie Online-Redakteur und Screen-Designer) und neue Tätigkeiten (Redakteur für ein E-Zine, eine Zeitschrift, die nur im Internet erscheint) erweitern.

Das heißt für die Ausbildung ...

Die künftigen Multi-Media-Programme werden stärker auf Dienstleistungen hin ausgerichtet sein als die bisherige Publizistik. Nach Ansicht des Kommunikationswissenschaftlers Heinz-Werner Stuiber (siehe Dernbach 1995) kann für die Erfüllung künftiger Aufgaben nicht auf die journalistischen Mitarbeiter bestehender Organisationen zurückgegriffen werden, da diese sich eher nicht als Dienstleister verstünden und zudem eher technikfeindlich eingestellt seien. Angesichts dessen, daß mittlerweile viele Zeitungsverlage und Rundfunkanstalten Informationen im Internet anbieten, die meist von Personal aus den eigenen Reihen gestaltet werden, kann diese These Stuibers bezweifelt werden.

Nichtsdestotrotz wird sich die journalistische Ausbildung - an den Hochschulen ebenso wie in den klassischen Volontariaten - den sich abzeichnenden Veränderungen anpassen müssen, indem sie die rasante Entwicklung vorausdenkt und Trends setzt. Was nicht heißen soll, daß das bisherige Verständnis deutscher Publizisten als Informatoren, Kritiker und Kontrolleure in die Archive verbannt wird; als weitere Schwerpunkte publizistischer Tätigkeit sollten zum einen technische Kompetenzen sowie zum anderen die Ratgeber-, Service- und Orientierungsfunktion ausgebaut werden.

Amerika geht den Weg vor: An der Columbia Graduate School of Journalism werden seit 1994 Multimedia-Journalisten ausgebildet. Kern des Kursprogramms „Neue Medien" ist: Die angehenden Publizisten sollen nicht mehr nur in *einem* Medium versiert sein, sondern über Kenntnisse in allen Sparten des Mediengeschäftes verfügen. Geschult wird also die Integration bisher getrennter Medien, die Produktion für die Verbreitung in digitalen Netzen und die zielgruppenspezifische Produktion von Inhalten vor allem für die individuelle Nutzung über Bildschirmoberflächen (siehe Schütte 1996, 19). In Ansätzen wird derartiges auch in Deutschland umgesetzt: Volontäre des Burda-Verlags beispielsweise machen während ihrer Ausbildung Station in der Multimedia-Redaktion, und Gruner&Jahr hat Online-Kurse ebenfalls auf den Lehrplan gesetzt (siehe Karle 1996, 26f). Realität ist allerdings auch häufig noch: Learning by doing (vgl. Taglinger in diesem Band).

Für die neuen publizistischen Arbeitsfelder werden unisono akademische Basisqualifikationen gefordert. Die in einer Studie befragten Experten aus Multimedia-Unternehmen (siehe Michel 1996, 18) „erklären die ausgeprägte Präferenz für Hochschulabsolventen vor allem mit in dieser Branche unverzichtbaren Anforderung an alle Mitarbeiter, komplexe Sachverhalte durchdringen und mit der ständigen Veränderung der inhaltlichen, gestalterischen und technischen Anforderungen Schritt halten zu können. Hochschulabsolventen haben „das Lernen gelernt" - eine der wichtigsten Voraussetzungen für die Arbeit in einer dynamisch-innovativen Branche."

Publizistische Kernkompetenzen werden nicht obsolet: Informationen recherchieren, selektieren, bewerten, verarbeiten, redigieren, texten, vertonen, bebildern und publizieren werden auch künftig zum Alltagshandeln gehören. Aus einer Expertenbefragung ermittelten Weischenberg, Altmeppen und Löffelholz (1994, 207ff) vier Basisqualifikationen für den „Journalismus 2000": Sachkompetenz (ermöglicht, einen inhaltlichen Zugang zu Themen zu finden), Fachkompetenz (gewährleistet eine effektive Aneignung von Sachkompetenz und eine angemessene Vermittlung der Inhalte), Vermittlungskompetenz (wird den differenzierten Publikumserwartungen und den komplexen Themen gerecht) und die soziale Orientierung (führt zu einem möglichst autonomen, reflektierten journalistischen Handeln in redaktionellen Zusammenhängen).

Was bleibt ...

...ist die Zuversicht, daß die Informationsgesellschaft nicht auf professionelle Publizisten verzichten kann. „Die totale Information" macht eine Instanz, die sinnvolle Selektionsentscheidungen trifft, notwendiger denn je; 'Gatekeeper'[10] dürften deshalb in der Informationsgesellschaft nicht substituiert werden." (Weischenberg 1995, 548)

10 Der Begriff des Gatekeepers hat bis heute nicht an Beliebtheit eingebüßt - klarer ist er allerdings nicht geworden. Es wäre für moderne Gesellschaften fatal, gäbe es tatsächlich „Schleusenwächter" - seien es Individuen oder Organisationen - die Informationsprozesse steuern (unter Umständen bis hin zur Nachrichtenunterdrückung). Weischenberg ist sicherlich ein konstruktiv-positives Verständnis von Gatekeepern im Sinne von neutralen Vermittlern zu unterstellen, die zum Zwecke der Übersichtlichkeit und Orientierung Nachrichten kanalisieren, selektieren und bearbeiten, zumal es in modernen Gesellschaften zahlreiche Möglichkeiten der Informationsherstellung und -vermittlung gibt, auch solche außerhalb der klassischen journalistischen Medienorganisationen.

Die Funktion der Publizistik, die Gesellschaft und deren Teilsysteme zu beobachten und zu deren Integration beizutragen, indem sie Themen aus der öffentlichen Kommunikation aufgreift bzw. solche herstellt und sie in spezifischen Formen verbreitet, um wiederum öffentliche Kommunikation zu initiieren, wird bestehen bleiben. Allein: Die Strukturen, in denen die Leistungen (in der gesamten Branche) und die Aufgaben (in den einzelnen Unternehmen) erbracht werden, unterliegen dem Wandel. Aber warum sollte schließlich ein gesellschaftliches Teilsystem, das den Wandel in anderen Systemen beobachtet, analysiert und beschreibt, von Veränderungen ausgenommen sein? Die spannenden Fragen sind: Wie wird es mit den Umweltveränderungen umgehen, wie darauf reagieren? Und wie wird es sein Leistungsangebot umstrukturieren, um in Konkurrenz zu anderen Informationssystemen bestehen zu können?

Literatur

Baumgärtel, Tilmann (1997): Nach der Sendung zum Cyber-Chat. In: sage & schreibe 5/1997. S. 12-13.

Berghaus, Margot (1994): Multimedia-Zukunft. Herausforderungen für Medien- und Kommunikationswissenschaft. In: Rundfunk und Fernsehen 3/1994. S. 404-412.

Blöbaum, Bernd (1994): Journalismus als soziales System. Opladen.

Burkart, Roland (² 1995): Kommunikationswissenschaft. Grundlagen und Problemfelder. Wien/Köln/Weimar.

Dernbach, Beatrice (1995): Wo bleibt die digitale Revolution? Ergebnisse eines Nürnberger Symposiums zur Kommunikationswirtschaft. In: BJV-Report 2/1995. S. 22-23.

Deutscher Journalisten-Verband (1996): Berufsbild Journalistin/Journalist (unveröff. Manuskript).

Förster, Uwe (1995): Wozu noch Redaktionsräume? In: sage & schreibe special 2/1995. S. 12-15.

Glotz, Peter (1995): Wenn nicht . . . Sieben Thesen zu einer integrierten Informationspolitik. In: epd/Kirche und Rundfunk 19/1995. S. 3-5.

Götzenbrucker, Gerit Bettina (1997): Neue Mediendramaturgien - neue Angebotsformen - neue Qualifikationsanforderungen. Zum Wandel der Berufe und Dienstleistungen im Kommunikationssektor. In: Informationsgesellschaft - von der organisierten Geborgenheit zur unerwarteten Selbständigkeit? Forschungsergebnisse im Überblick. Ein Almanach junger Wissenschaftler. Köln. S. 94-95.

Grüne, Heinz/Urlings, Stephan (1996): Motive der Onlinenutzung. Ergebnisse der psychologischen Studie „Die Seele im Netz“. In: Media Perspektiven 9/1996. S. 493-498.

Haake, Gunter (1996): „Stände Online-Journalismus . . .“ In: sage & schreibe special 5/1996. S. 3.
Höhne, Hansjoachim (1977): Report über Nachrichtenagenturen. Baden-Baden.
Joch-Robinson, Gertrude (1973): 25 Jahre Gatekeeper-Forschung. Eine kritische Rückschau und Bewertung. In: Aufermann, Jörg/Bohrmann, Hans/Sülzer, Rolf (Hrsg.): Gesellschaftliche Kommunikation und Information. Frankfurt/M. S. 345-355.
Karle, Roland (1996): Alles fließt. In: Journalist 6/1996. S. 26-30.
Marcinkowski, Frank (1993): Publizistik als autopoietisches System. Opladen.
Mast, Claudia (1996): Multimedia: Neue Anforderungen an den Journalismus. In: Journalist 9/1996. S. 58-64.
Michel, Lutz P. (1996): Modernes Berufsfeld. In: Journalist 12/1996. S. 16-18.
Noam, Eli (1995): Visionen des Medienzeitalters: Die Zähmung des Informationsmonsters. In: Multimedia. Eine revolutionäre Herausforderung. Hrsg. v. Alfred Herrhausen Gesellschaft für internationalen Dialog. Stuttgart. S. 35-62.
Northrup, Kerry J. (1997): Reisende durch Raum und Zeit. In: MediumMagazin 2/1997. S. 36ff.
Polatschek, Klemens/Ankowitsch, Christian (1996): Zwiegespräch über die überflüssigen Schleusenwächter. In: sage & schreibe special 5/1996. S. 12-13.
Postman, Neil (1985): Wir amüsieren uns zu Tode. Urteilsbildung im Zeitalter der Unterhaltungsindustrie. Frankfurt/ M.
Postman, Neil (1995): Die multiplen Gefahren der multiplen Medien. In: Multimedia. Eine revolutionäre Herausforderung. Hrsg. v. Alfred Herrhausen Gesellschaft für internationalen Dialog. Stuttgart. S. 7-20.
Ronneberger, Franz (1971): Sozialisation durch Massenkommunikation. In: ders. (Hrsg.): Sozialisation durch Massenkommunikation. Der Mensch als soziales und personales Wesen. Band IV. Stuttgart. S. 32-101.
Rühl, Manfred (²1979): Die Zeitungsredaktion als organisiertes soziales System. Freiburg (Schweiz).
Rühl, Manfred (1980): Journalismus und Gesellschaft. Mainz.
Rühl, Manfred (1989): Organisatorischer Journalismus. Tendenzen der Redaktions-Forschung. In: Kaase, Max/Schulz, Winfried (Hrsg.): Massenkommunikation. Theorien, Methoden, Befunde. Opladen. S. 253-269 (Kölner Zeitschrift für Soziologie und Sozialpsychologie, Sonderheft 30/1989).
Rühl, Manfred (1993): Das mittelalterliche Kloster - beobachtet im Lichte der Theorie der Organisationskommunikation. In: Bentele, Günter/Rühl, Manfred (Hrsg.): Theorien öffentlicher Kommunikation. München. S. 314-324.
Schöhl, Wolfgang (1995): Die vier großen C werden verschmelzen. In: sage & schreibe special 2/1995. S. 44-45.
Schröter, Christian/Ewald, Karl (1996): Onlineangebote von Rundfunkveranstaltern in Deutschland. Öffentlich-rechtliche und private Initiativen im neuen Medium. In: Media Perspektiven 9/1996. S. 478-486.

Schütte, Georg (1996): Kontrollierter Blindflug. In: sage & schreibe special 5/1996. S. 19.

Weischenberg, Siegfried (1995): Journalistik. Band 2: Medientechnik, Medienfunktionen, Medienakteure. Opladen.

Weischenberg, Siegfried/Altmeppen, Klaus-Dieter/Löffelholz, Martin (1994): Die Zukunft des Journalismus. Opladen.

Wolf, Fritz (1997): Auf dem Weg zur Professionalisierung. sage & schreibe 1+2/1997. S. 40-41.

Netz mit doppeltem Boden

Ein naiver Vorschlag zur Ausbildung im Stufenmodell

Harald Taglinger

Die deutschsprachige Online[1]-Szene hat sich dem weltweiten Trend entsprechend auf das World Wide Web konzentriert und entwickelt sich weiterhin dynamisch. Auch an die Universitäten wird von Seiten der Studenten und deren potentiellen Arbeitgebern die Forderung nach einer fundierten Ausbildung für dieses Medium herangetragen. Das bisherige Seminarsystem ist nicht auf den Erwerb praktisch verwertbarer Online-Erfahrung ausgerichtet. Einen Ausweg könnten andere Seminarformen bieten, die über Stufen Interessierte schrittweise innerhalb bestehender Studiengänge an dieses dynamische Medium heranführt.

Online in Deutschland 1997

Zielgruppen und Quantität

Spricht man im Sommer 1997 von der deutschen Online-Szene, dann ist auch in diesem Land das World Wide Web als Teil des Internets[2] gemeint. Weitere Dienste wie E-Mails und Chat-Foren, deren Hauptnutzung immer noch über die Onlinedienste[3] AOL und CompuServe erfolgt, addieren den technischen Grundboden für alle juristischen, sozialpolitischen, ästhetischen und arbeitstechnischen Überlegungen.

> *„4,7 Prozent der Bevölkerung ab 14 Jahren haben 1997 schon einmal einen Online-Dienst genutzt (1996: 2,8 Prozent). 1,3 Prozent der Bevölkerung sind regelmäßige Nutzer von Online-Diensten, gegenüber 0,4 Prozent im Vorjahr. 3,5 Prozent nutzen Online-Dienste mindestens einmal pro Woche, in der Altersgruppe der 20- bis 29-*

---

1 Unter „online" versteht man in diesem Zusammenhang generell die dezentrale Verarbeitung von Daten, die über Medien der Telekommunikation von einem Server (meistens eine größere Computer-Einheit) zu einem Client (meistens eine kleinere Computer-Einheit) übertragen werden.

2 Das Internet ist der weltweit größte Zusammenschluß zahlreicher Computernetze, die über ein einheitliches Datenübertragungs-Protokoll synchronisiert sind. Das World Wide Web geht auf eine Entwicklung des CERN-Physikers Tim Berners-Lee zurück, der Mitte der 80er Jahre diese maussteuerbare Datenoberfläche im Internet etabliert und damit einen beispiellosen Boom ausgelößt hat.

3 „Online-Dienste" besitzen Daten, die nur Nutzern mit Zugangsberechtigung und oft gegen nicht unerhebliche Gebühr offenstehen. Der Inhalt des Internets ist hingegen in der Regel für jeden Nutzer offen.

jährigen sogar 7 Prozent. Zu diesen Ergebnissen kommt eine bayernweite Untersuchung, die heute in der Funkanalyse Bayern '97 veröffentlicht wurde. Die Ausstattung der privaten Haushalte mit PC oder Home Computer ist zum Vorjahr um 5 Prozentpunkte auf 36 Prozent gestiegen. 6,3 Prozent der Bevölkerung ab 14 Jahren verfügten 1997 privat über einen Internet-Zugang (1996: 2,4 Prozent). Bei Online-Anschluß wird der PC in den Haushalten täglich 35 Minuten genutzt.“[4]

Was zuerst einmal verblüfft, sind die trotz aller gesellschaftlichen Aufmerksamkeit geringen Surfer- und Nutzungszahlen in diesem Land. Zwei Gründe lassen sich dazu vermuten:

- Online-Nutzung ist mit Kosten von zirka 10,- DM pro Stunde zu veranschlagen (Basis: Kosten für Datendienst + Telefonkosten);
- Online-Nutzung setzt Computer voraus, deren Handhabung vor allem im Crashfall nicht banal ist.

Dementgegen entwickelt sich die Zahl der Nutzer trotzdem weiter stark nach oben.

Die absolute Zahl deutscher Anbieter hat hier ähnliche Tendenzen aufzuweisen.

„Anzahl der Domains[5] *unterhalb DE (Stand: Jul 01, 1997)*
Domains: 69024
Domains reserviert (RES): 5686
Domains mit Mailzugang (MX): 16468
Domains mit vollem IP-Zugang und Nameserverunterstützung (NS): 46870“[6]

Über den Daumen gepeilt kommt also in Deutschland eine Domain im Moment auf 100 Rezipienten. Der Verdrängungswettbewerb, der nun vor allem unter den rein weborientierten kommerziellen Angeboten wächst, wird die daran beteiligten Unternehmen zunehmend zwingen, kostenorientiert und -minimiert ihre Angebote über das World Wide Web zu verbreiten. Ähnlich sieht es bei der kommerziellen Entwicklung der Online-Werbung aus.

„Online advertising is growing by leaps and bounds, pulling in a hefty US$129.5 million in the first quarter of 1997, according to a new report by the Internet Advertising Bureau. But the record-breaking sales still aren't enough to feed the media masses trying to make a buck on the Web.
"More and more advertisers are going online, but there is a vastly greater inventory than there are advertisers who want to spend," said Bill Bass, analyst at Forrester Research. His firm forecasts $400 million in revenues this year, with growth continuing at about 250 percent annually through 2000.“[7]

---

4 http://www.wuv.de: Nachrichtenticker vom 25.6.1997, Meldung 3.

5 Eine Domain ist die Benennung einer mehrstelligen IP-Nummer, die sich am besten mit einer Telefonnummer vergleichen läßt. Nach einem hier analogen Verfahren besitzt jeder Internet-Server eine IP-Nummer. Da diese schwer zu merken ist, sollen Domains den Umgang mit diesen Adressierungen erleichtern. Eine typische Domain ist zum Beispiel http://www.d-werk.de. Aufgeschlüsselt bedeutet sie: „Gehe per Hypertexttransferprotokoll im World Wide Web zu dem IP-Zugang, der unter d-werk angemeldet ist, und der sich in Deutschland (de) befindet.“

6 http://www.nic.de/Netcount/netStatOverview.html

7 http://www.wired.com/news/news/business/story/4441.html am 13.6.1997

Unter der Bedingung, daß Werbung überwiegend die stetig wachsenden Angebote des Webs finanzieren soll, wird auch dieser Anstieg nicht ausreichen, um die benötigten finanziellen Mittel für die einzelnen Sites auf lange Sicht hin zu generieren. Im Gegenteil: Die Masse der angebotenen Werbeflächen wird den Preis pro Ad-Click[8] eher sinken lassen.

Die Konsequenz: Schlanke Sites[9] mit möglichst geringem Personalaufkommen werden weder die Mittel, noch die Ressourcen an Mitarbeitern und Gerät haben, um langfristig und fundiert im Haus Nachwuchskräfte auszubilden. Da der Markt aber immer noch nach Online-Redakteuren verlangt, müssen diese Ausbildungsleistungen von Drittanbietern angeboten und letztendlich auch finanziert werden.

Tendenzen für ein nächstes Jahrtausend

Dem World Wide Web werden wie keinem zweiten Medium stark in die Zukunft gerichtete Erwartungen entgegengebracht. Vor allem Fürsprecher wie Niklas Negroponte[10] und ähnliche Propagandoren sprechen von unglaublich großen Surfergemeinden, einem überall präsenten Internet abseits eingefahrener Publishing-Strukturen und der Plattform für finanzielle Transaktionen schlechthin. Hier gilt es zu glauben oder zu zweifeln. Weder der Beweis, noch ein Gegenbeweis lassen sich hier bisher anbringen.

Die aktuellen Entwicklungen deuten aber an, daß zumindest versucht wird, möglichst günstige Ausgangspositionen für eine über den bisherigen Grad hinausgehende Verbreitung zu finden.

Als aktuelle Hotspots der Entwicklung lassen sich nennen:

- Die Entwicklung des Push-Prinzips durch Pointcast, Microsoft und Netscape
- Etablierung neuer Broadcast-Techniken mit klaren Schnittflächen zum WWW
- Personalisierung von Contents
- rechtliche und medienpolitische Basisarbeit durch Initiativen der Bundesregierung zum Schutz des Bürgers vor Datenmißbrauch
- aber auch Zwangsvernetzung in Staaten wie Singapur.

Der Reihe nach. Mit einer simplen aber durchschlagenden Idee hat das Unternehmen Pointcast[11] den Reigen der Push-Technologie im Internet schon 1996 eröffnet. Mittels einer kostenfrei zur Verfügung gestellten Software[12] lassen sich gewünschte Themenbereiche und die Zeit des Updates einstellen. Je nach Wunsch werden dann die aktuellen News zu den Themen online upgedatet und

---

8 Darunter versteht man das Aufrufen einer werblichen Site durch Mausklick auf eine Anzeige, die sich auf einer anderen Website befindet.

9 Eine „Site" läßt sich im journalistischen Kontext am ehesten mit „Medieneinheit" paraphrasieren.

10 Seine Zugehörigkeit zum MIT in Boston, eine Kolumne in der „Wired" und zahlreiche Referate in aller Welt haben ihn zu einer der Leitfiguren in der Cyberszene gemacht.

11 http://www.pointcast.com

12 Beim Laden dieser Software über das Internet sind die Onlinekosten trotzdem zu berücksichtigen und betragen zwischen 10,- und 20,- DM

offline angezeigt. Da hier auch Werbung mitgeladen wird, kann dieser Dienst trotz seiner Kostenfreiheit für die Nutzung schwarze Zahlen schreiben. Die Hersteller der verbreitetsten Browser-Software[13]-Marken „Explorer“ und „Navigator“, die Firmen Microsoft[14] und Netscape[15], werden ein ähnliches Verfahren anbieten, mit dem die proprietäre Software in der Art von „Pointcast“ umgangen werden kann. Statt dessen wird über den Einsatz von CGI-Scripts[16] und ähnlichen bereits vorhandenen Standards der Browser zu einem Push-Medium umfunktioniert. So können zum Beispiel sogenannte „Channels“ im „Explorer 4.0“ definiert werden, dessen Inhalte automatisch aktualisiert werden und jedem User dann ähnlich zu einem täglichen Fernsehprogramm oder einer Tageszeitung zur Verfügung stehen.

Auf der anderen Seite startete der Fernsehsender ARD[17] zur Funkausstellung 1997 in Berlin sein digitales Angebot, das sämtliche Sendungen eines Abends parallel anbieten soll und thematisch zueinander ähnliche Inhalte per Hyperlink so vernetzt, daß ein Tastendruck zu verwandten Contents führt. Das Grundverfahren ist dem des Webs dadurch sehr ähnlich. Nicht weit davon entfernt ist der - vorerst als gescheitert zu bewertende - Versuch von DF1[18] zu sehen, der vor allem mit einer frei verfügbaren Mehrkamera-Aufzeichnung eines Sportereignis und eigenen Spielfilmangeboten wirbt. Das prognostizierte Zusammenwachsen von Web und TV scheint in den Startlöchern zu stehen und nach neuen technischen Wegen zu suchen, um den Datendurchsatz soweit zu erhöhen, daß auch im Hinblick auf die Endgeräte-Nutzung ein Unterschied auf lange Sicht hin entfallen kann. Die Vorstellung des ersten in Deutschland erhältlichen Kabelmodems im Kabelnetz der Stadt München durch Thyssen[19] und die Versuche, digitales Broadcasting über UKW-Frequenzen zu ermöglichen[20] kann man langfristig auch als Zusammenwachsen dieser Medienkanäle sehen.

Einher geht diese technische Evolution mit einer noch nicht abzuschätzenden Personalisierung innerhalb der abrufbaren Inhalte. Server wie Firefly[21] bieten ihren Nutzern an, sich nach ihren Interessen genau portionierten Inhalt abzurufen. Eine Abfrage der Interessen nennt zudem andere User, die ähnliche Themen bevorzugen. Suchmaschinen wie Infoseek[22] plazieren in bezug auf gewählte Suchworte des Users passende Werbebanner, die themenbezogen sind. Die Möglichkeiten scheinen hier schier unbegrenzt. Denkbar sind auch ähnliche Verfahren für redaktionelles Umfeld. Der Schlüssel zu diesen Innovationen ist ein soge-

---

13 „Browser“ setzen die übertragenen Daten des World Wide Webs in maussteuerbare Oberflächen auf den Bildschirm um.
14 http://www.microsoft.com
15 http://home.netscape.com
16 Diese Scripts lassen bei ihrem Aufruf durch das Internet auf dem betreffenden Server eine im Script definierte Art der Datenabgabe oder -aufnahme aus.
17 http://www.Das-Erste.de
18 http://www.df1.de
19 http://www.thyssen.de
20 Siehe dazu den Artikel von Andreas Fischer in diesem Reader.
21 http://www.firefly.com
22 http://www.infoseek.com

nanntes „Cookie“, das Angaben des Surfers speichert[23], um ihn bei seiner Wiederkehr entsprechend seiner bisherigen Nutzungsgewohnheiten zu bedienen.

Um die technischen Entwicklungen in ihren gesellschaftlichen und damit verbundenen rechtlichen Aspekten eingliedern zu können, hat es sich die Bundesregierung[24] zur Aufgabe gemacht, mittels eines Multimediagesetzes vor allem die Fragen der inhaltlichen Haftungen und der Gültigkeit von digitalen Unterschriften zu bestimmen. Auf diesem Weg soll die Rechtssicherheit innerhalb des Netzes steigen und somit eine Arbeitsbasis geschaffen werden, die den Weg für Finanzverkehr und allgemeine Arbeitstechniken freimacht. Daß diese Normierungen weltweit nicht nur zum Schutz der User führen muß, zeigen zwei Beispiele aus Asien. Während die Regierung von Singapur bis zur Jahrtausendwende möglichst 100 Prozent der Bevölkerung zwangsverinterneten will, ist - mit dem Sonderfall Hongkong - Surfen in China nur unter vorheriger Anmeldung bei der örtlichen Polizeibehörde möglich. Die anarchischen Freiheiten des Webs stehen in einem klaren Konflikt zu restriktiven Staatssystemen, können sich aber umgekehrt - man beachte den Bereich der Rechtsradikalismus im Netz - auch gegen eine freiheitliche Grundrordnung richten.

Arbeitsprofile für das Internet

Aus den hier genannten Parametern, in deren Einflußzone sich das Web entwikkelt, lassen sich bereits erste Profile ableiten, die bei der Ausbildung für Online-Arbeitnehmer zu beachten sind.

Als Journalist

Bereits gewohnte Strukturen prallen für Journalisten in der Arbeit mit dem Netz auf neue Erfahrungen, die dem gewohnten Bild der gelernten Arbeitsumgebung zum Teil widersprechen. Da „Geschichten“ im Internet hoch rekursiv durch direkte Verweise auf die Quellen via Hyperlink gestaltet werden können, ist es Redakteuren zum ersten Mal in einem Medium möglich, die „Wirklichkeit aus zweiter Hand“ in eine „Wirklichkeit per Mausklick“ zu wandeln. Allerdings wird hier die Quellensicherheit ein deutlich größeres Problem. Da einmal geschaltete Hyperlinks schon nach Minuten einen vollkommen anderen Inhalt beherbergen können, ist ein einmal aufgestellter Quellenbeleg nur bedingt verläßlich. Auch der Problemkreis der digitalen Fälschungen macht eine erhöhte Verifizierung der gefundenen Aussagen nötig, wenn sie aus dem Internet generiert werden sollten. Jeder Redakteur muß so neben seiner Kompetenz als Gatekeeper in einer erhöhten Art und Weise berücksichtigen, daß seine Filter durch eigenes Surfen von

23 Hier sind gemeint: Betriebssystem, Browser und IP-Adresse des Surfers, mehr nicht.
24 http://www.bundesregierung.de

jedem Nutzer überprüft, und den Ergebnissen widersprochen werden kann. Zudem birgt das komplexe Medium soviele Fallen und Fallstricke, daß eine Nichtkenntnis der Publikations-Mechanismen hier fatal wäre. Ein Zeitschriften-Redakteur, der den Druckprozeß nicht nachvollziehen kann, ist vielleicht ebenso vertretbar wie ein Radioredakteur, der nicht selbst vor dem Mikrophon sitzt.[25] Für einen Online-Redakteur ist es fast undenkbar, ohne Kenntnis von Computern, den Standardprogrammen und den Effekten und Inhalten des Webs zu agieren. Zudem erweist es sich als vorteilhaft, bereits in mehr als einem Medium journalistisch gearbeitet zu haben, um die dort gewonnenen Erfahrungen einfließen lassen zu können.[26] Die aufkommende Personalisierung des Webs und dessen Nähe zum Fernsehen lassen zudem neue Aufbereitungsformen für journalistische Inhalte suchen. Der rein lineare Artikel-Text ist hier nur noch im Ausnahmefall geeignet.

Als Webdesigner

Webdesigner beherrschen heute zum Beispiel folgende Arbeitsgeräte und Fertigkeiten:

- Computer mit den Betriebssystemen „Windows“ und/oder „MAC/OS“,
- HTML im Standard 3.2 und aktuelle Erweiterungen,
- graphische Software wie „Photoshop“ oder „Corel Draw“,
- alle gängigen Browser wie den „Navigator“ und den „Explorer“,
- Basis-Kenntnis in JavaScript oder einer ähnlichen Sprache,
- Textverarbeitungsprogramme wie „Word“ oder „Word Perfect“,
- Videoschnitt z.B. per „Quicktime Player“,
- Audioaufnahmen und Audioschnitt,
- Umgang mit digitalen Kameras und DAT/CD-Tonträgern,
- Onlinezugänge über mehr als einen Provider,
- Basiswissen über „Shockwave“ und damit „Flash 2“ oder den „Director“,
- graphisches, journalistisches und redaktionelles Basiswissen,
- unternehmerische Grundkenntnis (bei freier Arbeit für Auftraggeber).

Die Liste ließe sich noch fortsetzen. Je nach Entwicklung innerhalb der genutzten Softwarewelt verdoppelt sich hier die Liste der möglichen Tools durchaus auch im Jahresrhythmus.

---

25 Im TV-Bereich kann das hier eher als Normalfall gesehen werden. Nachrichtensprecher bei der „Tagesschau“ sind bekanntermaßen nicht in den redaktionellen Kontext eingebunden.

26 Bewerbungen für MSN im Herbst 1996 auf einen Producer-Posten sahen im idealen Fall Erfahrung als TV-Redakteur vor.

Lernprofile für das Internet

Jedem Lehrprogramm, das eine Ausbildung für den Online-Bereich versucht, stellen sich also folgende Problemkreise:
Studenten eines Seminars sollten

- im Umgang mit Computern, Internet und anderen Online-Diensten geschult,
- in journalistischen Grundtechniken und
- im Hinblick auf zukünftige Techniken ausgebildet sowie
- mit einer Allrounder-Ausbildung in Medientechnik versehen werden.

Und das in oft weniger als 20 Seminarstunden. Deshalb ist ein Kurs, der einen Einsteiger ohne Vorkenntnis in weniger als einer Arbeitswoche zum Profi machen will (sieht man von Vorbereitungs- und Nachbereitungszeiten ab), nur theoretisch machbar; die Fülle des Lernstoffs droht die Seminarteilnehmer zu erdrükken. Als Dozent gerät man hier schnell in eine eher unliebsame Rolle, weil man angesichts des Lehrplans schnell zum „Drücker" wird oder wegen gebotener Eile in den Ruch des „Dünnbrettbohrers" kommt. Jeder, der eine solche Veranstaltung besucht, darf sich sicher sein, daß das Unbehagen auf beiden Seiten zu finden ist. Allerdings bleibt die Frage, warum sich Dozenten immer wieder trotz dieser ihnen bekannten Problematik in eine solche Veranstaltung wagen.

Online-Ausbildung in Deutschland - vier Beispiele

Diese Arbeits- und Lernprofile sollten sich im Idealfall decken. Wohlgemerkt: „sollten". Weiche Faktoren wie „Eignung" „Motivation" und „Kreativität" sind notwendig, um aus den zum Teil gegensätzlichen Wissensstrukturen einen synergetischen Ring für die eigene Online-Arbeit zu schließen. Zum Jahr „3" des Internet-Booms in Deutschland bieten sich interessierten Beginnern, die ihren Lebensunterhalt in den Online-Medien verdienen wollen, dazu vier Modelle des Einstiegs an. Die folgenden, eher zufällig gewählten Beispiele stehen stellvertretend und haben eine Kernaussage gemeinsam: Es fehlen bisher Ausbildungsstandards und/oder Berufsausbildungen, die sich den „Online-Navigator" dezidiert zum Ziel gesetzt haben.

Europe Online: Learning by Doing

Ein besonders anschauliches Beispiel für „Learnung by Doing" ist bereits Online-Vergangenheit. Die Situation, in die Materie ohne Vorwarnung hineingeworfen zu werden, findet sich aber immer wieder.

Zum Juli 1995 nahm in München die 18-köpfige Redaktion von Europe Online[27] Deutschland die Arbeit auf. Es sollte unter der Vorherrschaft des Burda Verlags der erste europäische Online-Dienst mit Entsprechungen in Großbritannien, Frankreich und Luxemburg entstehen. Die gemeinsame Basis sollte die proprietäre Software Interchange bilden. Nach dem Zusammenbruch der Software-Endfertigung und weiteren internen Querelen wurde der Beschluß gefaßt, im World Wide Web zu starten. Die betroffenen Redakteure hatten nun die Aufgabe, vom 1.11.1996 bis zum 15.12.1996 den Start-Content in HTML zu erstellen. Wichtig dabei: Keiner der Redakteure war trotz vorheriger Online-Übungen bereits in HTML ausgebildet worden. Innerhalb von sechs Wochen lernten vier Mitarbeiter diese Skriptsprache[28] im Selbststudium. Der Mehraufwand an Zeit wurde in freiwilligen Überstunden erbracht. Externe Fortbildungen fanden bis zum Ende der Redaktionstätigkeiten von Europe Online nicht statt. Der Wissensaustausch zwischen den Redaktionsmitgliedern und eine per Word-Makro erleichterte Texteingabe waren die einzigen Stützen des redaktionellen Alltags. Die fehlende Ausbildung zeigte sich bei Krisensituationen trotzdem stabil, da die betreffenden Redakteure alle über ausreichende Computererfahrung und durchgängig über langjährig trainierte journalistische Arbeitsfertigkeiten verfügten. Es ist zu vermuten, daß das Fehlen einer dieser Stützen genügt hätte, um im Streß des täglichen Einsatzes die Aufgaben nicht mehr zu erfüllllen.[29]

RKS: Learning by Paying

Stellvertretend für die wachsende Zahl an kommerziell ausgerichteten Internet-Schulungen seien hier die Veranstaltungen der RKS des Verlags Rommerskirchen[30] erwähnt. Zusammen mit einer Arbeitskraft, die alle Kurse des Veranstalters organisiert, und einem partiell zur Verfügung stehenden Techniker haben im Jahr 1996 zwei Eintagesseminare in Köln stattgefunden, die gebührenpflichtig für Teilnehmer waren. Der überwiegende Anteil der Absolventen waren dabei freie Journalisten, die sich durch diese Weiterbildung ein neues Arbeitsfeld versprachen, und Redakteure, die den Bereich Internet in den eigenen Redaktionen übernehmen sollten. Die beiden Referenten[31] hatten die - unlösbare - Aufgabe vor sich, in einem Tag den überwiegend neu ins Medium steigenden Teilnehmern Fachwissen zu vermitteln, das hart an der Grenze der Überforderung stand, da der immer stärker werdende Soziolekt der Onliner[32] allein den sprachlichen

27 Auch heute noch erreichbar unter http://www.europeonline.com, jetzt allerdings als eingetragener Verein agierend mit Sitz in Luxemburg.
28 Der Autor dieses Beitrags war einer von ihnen.
29 In der Tat gab es Mitarbeiter, die sich hier sehr schwer taten, weil ihre Computerkenntnisse nicht immer ausreichten. Das gute Teamklima konnte hier ausgleichend wirken.
30 http://www.rommerskirchen.de
31 Der Autor übernahm hier den Bereich des Webdesigns, Detlef Borchers, freier Computerjournalist der „Zeit" und anderer Blätter, sprach über Recherche und Publizistik im Internet.
32 Ein Beispiel: Jemanden mit Flames im Chat so zuspammen, daß ihm sein Connect offline geht.

Einstieg schwer macht. Praktisches Arbeiten konnte den Teilnehmern nicht geboten werden, da die Bereitstellung von Technik im Tagungsraum eines Hotels die Unkosten so nach oben getrieben hätte, daß die Teilnahmegebühren nicht mehr attraktiv gewesen wären. Der Lerneffekt einer solchen Veranstaltung kann nicht allzu hoch sein, da das angebotene Wissen wie eine schwarze, undurchdringbare Wand auf die Inte-ressierten zukommt. Als Referent kann man zwei Abwehrhaltungen immer wieder beobachten: schnelle Ermüdung und Abschweifen bzw. Aggression gegen den Referenten.[33]

KMA: Learning by Helping

Die katholische Medienakademie besitzt mit dem Studio Ludwigshafen eine hochattraktive Basis für Redakteure kirchlicher Themen, um sich zu diversen Medien weiterbilden zu können. Im Bereich Online konnte der Autor zwei der mehrtägigen Veranstaltungen leiten. Die technischen Bedingungen sind hervorragend. Jedem der maximal acht Teilnehmer steht ein eigener PC mit entsprechender Software zur Verfügung. Die Absolventen sind in einem kirchlichen Haus untergebracht, werden versorgt und mit diversen Zusatzinformationen versehen. Auch die Kursgebühren sind konkurrenzlos günstig kalkuliert. Selbst bei diesen guten Bedingungen kann trotzdem nur ein minimaler Übungseffekt erzeugt werden. Die zwei oder drei Tage intensiven Unterrichts[34] stehen oft wie eine Insel im Arbeitsalltag dieser Menschen, da nach eigenen Aussagen in der heimischen Redaktion das Arbeitsumfeld noch nicht, oder vielleicht nie geschaffen ist, um die gewonnenen Fähigkeiten einzusetzen und weiterzuentwickeln. Die Redak-teure beginnen durch Spaß am Medium deshalb verstärkt, nach den Seminaren sich private Anschlüsse zu legen und eigene Seiten aufzubauen, aber das kann natürlich nicht Stützpfeiler einer Berufsausbildung sein.

Universität Bamberg: Learning by Hoping

Mit dem Wintersemester 96/97 nahm der Lehrstuhl für Kommunikationswissenschaft/Journalistik an der Universität Bamberg das Angebot von Online-Seminaren auf. Für die wenigen Plätze meldeten sich 100 Studenten an. Leider nahmen von den 15 zugelassenen nur zwölf teil. Von diesen zwölf erfüllten wiederum nur acht die Qualifikationen zum Erwerb eines Scheins. Online-Erfahrung war bis auf einen Fall nur durch die Anwendung von E-Mails und gelegentlichem Surfen vorhanden. HTML-Programmierung bildete ein bisher vollkommen unbeschriebenes Blatt bei den Absolventen. Trotz eingehender Warnung in der

33 Stellvertretend sei hier ein „Ausraster“ des PR-Referenten eines Autoherstellers erwähnt, er wolle jetzt endlich Prozentzahlen oder Formeln, woran man gute oder schlechte Seiten im Web erkennen könne.

34 Auf eigenen Wunsch der Studenten hin dauern die Seminarsitzungen oft bis in die späte Nacht hinein.

Ausschreibung waren auch vollkommene Anfänger in Computertechnik, aber auch in redaktioneller Arbeit darunter, die das Pensum des Seminars laut eigener Aussagen „wenn überhaupt, dann nur mit Angst im Bauch" überstanden. Bei harter Auslegung des nötigen Qualifikationsniveaus für diesen Beruf wäre es nicht zu mehr als drei Scheinvergaben gekommen.[35] Allerdings muß auf die fehlende Möglichkeit der Studenten hingwiesen werden, sich ausschließlich und dynamisch in die Online-Szene einzubauen. Da mehr als einmal auf die Notwendigkeit von Scheinen wegen der Zulassung zum Studienabschluß hingewiesen wurde und kaum freiwillige Aktivitäten auftraten, die zum Scheinerwerb nicht notwendig gewesen wären, steht hier wieder einmal offen das Dilemma zeitgemäßen Studierens im Mittelpunkt. Der kommerzielle und rechtliche Zwang, sein Studium in straffer Zeit durchzuführen und dieses Studium mit akademischen Techniken zuzubringen, obwohl der Abschluß vor allem zum Erwerb einer praktisch orientierten Stelle in der Berufswelt genutzt wird, steht im krassen Widerspruch zur Möglichkeit, sich nach seinen Interessen und Fähigkeiten selber in angemessener Zeit weiterzuentwickeln, um sich mit klaren Außenflächen im späteren Leben zu präsentieren.

Ein Stufenmodell als Alternative

Diese vier vorher genannten Beispiele, die natürlich im direkten Vergleich mehr wie Äpfel mit Birnen harmonisieren und deshalb nur das vorhandene Spektrum wiedergeben sollen, bieten Variationen an, in denen sich die Aus- und Weiterbildung zum Online-Profi bisher bewegt. Mit einem möglichen Arbeitsplatzverlust im Rücken sich dieses Thema schnell und pragmatisch aneignen zu müssen oder durch den Einsatz von Geld in Eintagesseminaren zumindest sein Gewissen zu beruhigen, das betrifft vor allem Medienprofis, die aus verschiedendsten Gründen umsteigen bzw. dazulernen wollen oder müssen. Eine wirkliche Reflektion der Gefahren und Chancen dieses Berufs kann dabei nicht stattfinden, da alle Energien auf den möglichst raschen Erwerb der Grundfähigkeiten ausgerichtet sind. Auf der anderen Seite hilft es nicht, wenn Kurse ohne praktische Anbindung ans Berufsleben frei im theoretischen Raum schweben. Zwar wäre hier eine universitär-akademische Reflektion über die Onlinewelt eher denkbar und auch wünschenswert, aber gerade diese neuen Medien sind ohne praktischen Kontakt mit ihnen oft nicht einschätzbar und besitzen noch keine ausreichenden Nutzungsklischees, die sie auch in der Theorie leicht erfaßbar machen.

Anstelle dieser oft fatalistisch und in Lemming-Manier absolvierten Angebote soll hier ein Modell gezeigt werden, das in der Ausbildungszukunft den Zugang zur Onlinewelt erleichtern könnte. Im Titel dieses Beitrags steht das Wort „naiv", denn bei allen Vorschlägen könnten Pragmatiker - oft zu Recht - Schwierigkeiten

35 Dieses Bild verdichtete sich durch Seminare des Autors in zwei anderen Fakultäten der LMU München.

in der Umsetzung anmelden. Trotzdem soll hier zuerst einmal das Modell möglichst ideal dargestellt sein. Zerleg- und prüfbar ist es dann immer noch.

Vom Anfänger zum Online-Akademiker

Gehen wir bei dem vorliegenden Vorschlag von einem klassischen Nullstart aus. Das bedeutet, daß bis zu diesem Punkt weder Computer- noch Medienkenntnisse, geschweige denn Erfahrungen im Online-Bereich vorhanden sind. Gehen wir weiter davon aus, daß das vorliegende Modell zum Beispiel an einer deutschen Universität durchgeführt werden soll. Die Kapitel dieses Aufsatzes bauen nicht nur gliederungstechnisch aufeinander auf. Sie verstehen sich als *Conditio sine qua non*. Eine Zulassung zu einem Online-Seminar „Vom Anfänger zum Online-Akademiker" und „Online Seminare ohne Zulassung" sollte deshalb ohne die folgenden Grundkenntnisse gar nicht erst erwogen werden, auch wenn sich eine prinzipielle Offenheit für alle Interessenten anbietet, da anderweitige Vorbildung und/oder maximale Lernmotivation auch denkbar sind.

Theoretischer und praktischer Einstieg

Zwei Dinge empfehlen sich für die späteren Erfahrungen im Online-Medium, ohne die ein Einstieg zwar denkbar, aber nicht wünschenswert scheint:

- erster theoretischer Kontakt mit den Grundkonzepten der Online-Medien
- und deren sozialen und medienpolitischen Auswirkungen,
- daraus abgeleitet erste praktische Vorführungen, was das Medium heute bereits kann, und was es morgen (wann auch immer) schon können wird.

Die Beschäftigungen mit Aufsätzen von Licklider[36], den theoretischen Entwürfen zu Hypertext-Medien[37] und Reflektionen zu modernen Medien wie etwa bei Villem Flusser[38] können dazu einen wichtigen Grundstock bilden. Ebenso empfehlen sich die für das universitäre Umfeld eher ungewöhnlichen Lektüren von Trivial-Literatur der Autoren Neil Stephenson[39] und William Gibson[40], da ihren in Kurzgeschichten und Romanen entstandenen Konzepten wesentliche Online-Umsetzungen entsprungen sind. So absurd es klingen mag, sind die Kenntnis von Fernsehserien/Filmen wie Star Trek und Blade Runner empfehlenswert. Die Visionen der Internet-Adicteds orientieren sich stark an den in diesen Medienprodukten transportierten Ideologien. Nur auf dieser Folie und auf fakultativ begleitender Lektüre von systemtheoretischen Schriften etwa von Luhmann[41]

36 Science and Technology 1968.
37 Grundlegender Aufsatz dazu: Vannevar Bush. As we may think. 1955.
38 Um nur ein Beispiel zu nennen: Lob der Oberflächlichkeit. Schriften: Band 1. 1995.
39 Snowcrash.1995.
40 Neuromancer. 1993.
41 Soziale Systeme. 1984.

lassen sich das Grundverständnis iterativ angelegter Mediensysteme und deren stark evolutionsorientierte Entwicklung verstehen.

In der Abteilung „Theorie &Vision" sollte der nächste Schritt zur Präsentation des Mediums im Hinblick auf weitere Entwicklungen führen. Es wird für die meisten Studenten einprägsam sein, zu sehen, wie stark die ihnen bekannte Alltagskultur aus Science Fiction, Techno-Musik und Pop-Kunst mit diesen Medien verbunden ist. Eine Vorstellung der Online-Kultur, die noch nicht zu einer praktischen Auseinandersetzung mit dem Internet führen soll, macht dann vor allem Sinn, wenn aktuelle technische Entwicklungen wie das Channel/Push-Konzept und die ersten transmedialen Anwendungen in einen zukunftsorientierten Zusammenhang gesetzt werden können. Der Grundfehler vieler Vorstellungen des Internets ist es, das Medium entweder als statisch zu präsentieren[42] oder mit den Visionen des Webs so stark in die Zukunft zu projezieren, daß die bereits vorhandenen Ansätze kaum noch darin aufzufinden sind.[43] Der passende Weg scheint vielmehr, aus den aktuellen Entwicklungen Vektoren für die Zukunft des Mediums deutlich zu machen. Es fördert die Transparenz der Entwicklungen zu wissen, daß das Channel-Konzept der neuen Browser von Microsoft und Netscape[44] deutlich in die Richtung von interaktivem Fernsehen weist. Solche Ansätze verhindern auch allzu unkritische Übernahmen von Alltagskritik über die Langweiligkeit des Mediums oder den Glauben, das Web würde auch in zehn Jahren noch so aussehen wie heute.[45]

Mit dieser Vision eines in sich entstehenden Mediums, die noch vor dem ersten Mausklick vermittelt wird, sollte eine fundierte Ausbildung an den Computern einhergehen, die es sich zum Ziel setzt, die Anwendung dieser Geräte so selbstverständlich werden zu lassen, daß moderne Betriebssysteme kein Streßmoment mehr darstellen. Als Mindestforderung sei hier der Umgang mit Windows 95 und Mac/OS gestellt. Als Basissoftware empfiehlt sich die fundierte Kenntnis von Standardsoftware wie „Office", „Photoshop", „QuarkXPress" und der Umgang mit Peripheriegeräten wie Scannern, digitalen Kameras und digitaler Tonaufzeichnung. Wohlgemerkt sprechen wir hier noch nicht von Online-Kompetenz. Allerdings wäre es jetzt schon ratsam, die Funktionsweise eines Modems zu verstehen und eventuell auftretende Fehler selbst beheben zu können. Durchaus denkbar sind hier praktische Aufgaben, die im Wiederherstellen abgestürzter Systeme und in der richtigen Konvertierung von Daten bestehen. Um die hier gewonnenen Erkenntnisse zu vertiefen, wären technische Dienste im Computerraum während des Semesters denkbar. Durch die Wartung der bereitstehen-

42 Der Spotbegriff „World Wide Wait" (1995) ist ein Beispiel dafür.

43 So macht es keinen Sinn, die Entwicklung eines Meta-Webs, das uns immer und überall mit Informationen bedient, zu propagieren, ohne auf aktuelle Entwicklungen wie der des Scall, der Verschickbarkeit von E-Mails per Handy oder auch der Verfolgbarkeit eigener Postsendungen per Internet hinzuweisen.

44 Siehe dazu Punkt 1.2 der Arbeit.

45 Das Internet besitzt mit einem Gesamtalter von etwas über 25 Jahren zum Beispiel erst seit sechs Jahren Browser, die Informationen per Mausklick vernetzt abrufen lassen. Die technischen Entwicklungsstufen beschleunigen sich weiterhin. Ein Ende dieser Tendenz ist nicht abzusehen. Es empfiehlt sich dazu die regelmäßige Lektüre von Sites wie http://www.webmonkey.com und http://www.hotwired.com .

den Geräte sind Studenten dann angehalten, ihr Wissen anzuwenden und damit zu vertiefen.

Medienkompetenz als Basis

Bevor der Einstieg in die Online-Welt gewagt werden soll, empfiehlt sich ein Umweg, der dic dritte Säule fundamentiert. Da es sich bisher im Bereich des Internet-Publishing nicht um ein neues Medium, sondern um eine Schnittmenge aller (!) bereits existierenden Medien handelt, ist über einen ersten praktischen Ausbildungsteil in klassischen journalistischen Techniken der Grundstock zu bilden, den Online-Redakteure in ihrer täglichen Arbeit benötigen. Idealerweise folgen einem Kurs über Nachrichtensprache, Recherche- und Interview-Techniken Einweisungen in mindestens ein AV-Medium (Fernsehen oder Hörfunk) und den redaktionellen Alltag eines Printmediums. Die spätere Arbeit in den Online-Medien, so die Idee dahinter, wird von einer größtmöglichen Sicherheit im Umgang mit den eigenen journalistischen Grundtechniken profitieren. Redakteure dürfen nicht erst dann lernen, wie Aufmacher zu stricken sind und zeilengenaues Schreiben funktioniert, wenn sie mitten im dynamischen Internet-Alltag stehen.

Diese beschriebenen Basisarbeiten können und sollten idealerweise in ein, besser zwei Semestern nebeneinander stattfinden. In einem journalistischen Ausbildungsgang[46] ist solches Grundwissen bereits integraler Bestandteil des Stundenplans. Die theoretische Erweiterung durch die Beschäftigung mit passender Literatur rundet dieses Kennenlernen der Arbeitsmittel ab. Bewußt wird hier von „Arbeitsmittel" gesprochen. Die bis zu diesem Zeitpunkt gelehrten Inhalte sind so selbstverständlich im täglichen Onlinc-Arbeiten, daß sie wie im Schlaf beherrscht werden müssen. Daß in dieser sehr kompakten Ausbildungseinheit bereits die ersten Studenten das sprichwörtliche Handtuch werfen werden oder das Klassenziel nicht erreichen, ist dabei durchaus einkalkuliert. An diesem Punkt, der eigentlich noch kein Arbeiten mit Online-Medien enthält, zu entdecken, daß hier zu hohe Basisanforderungen gestellt werden, ist sicher bitter, aber auch wünschenswerter als die gleiche Erkenntnis am Ende eines Studiums, das sich in Seminaren nur peripher mit Online beschäftigt und den angestrebten Beruf als kafkaeskes Schloß vor sich herträgt.

Surfkompetenz

Ausgestattet mit diesen Grundtechniken sollte nun ein stärkerer Kontakt mit den Inhalten des Mediums gepflegt werden. Ein Surfkurs führt die Studenten - wenn sie es nicht schon längst selbst getan haben - in die Funktionalitäten des

46 Gemeint sind dabei Journalistenschulen wie die in Berlin, Hamburg oder München.

Browsers, in ökonomische Suchstrategien und in die Bewertung der gefundenen Inhalte im Web und in angrenzenden Online-Diensten ein. Mit der angesprochenen Vorbildung dürfte es nun nicht mehr zu schwierig sein, Online-Content nach redaktionellen Erfordernissen und auf den (Zeit-)Punkt genau zu suchen, ihn zu verwerten und neu aufzubereiten. Die Simulation einer Online-Redaktion ist hier eine Möglichkeit, Studenten einen ersten Eindruck von ihrem zukünftigen Tätigkeitsfeld zu geben. Gerade das Scheitern in Einzelprojekten und die letztendliche Lösung über Teamarbeit führt weiterhin dazu, daß auch die Einsicht wachsen kann, neue Medien am besten arbeitsteilig bewerkstelligen zu können. Zudem hat das eigene Anlegen von Bookmarklisten, die später als Grundgerüst für weitere Recherchen dienen können, vorbereitenden Charakter für die aufbauenden Seminare. Zu wissen, wo man schnell und umfassend im Web die relevanten Informationen finden kann, ermöglicht erst eine sinnvolle Recherche im Internet. Wenn dieses Wissen wiederum Kommilitonen zur Verfügung gestellt werden kann, um ihnen bei eigenen Internet-Recherchen weiterzuhelfen, dann findet sich auch hier schnell wieder eine Brücke in vielleicht sogar tägliche Praxis, die die Wissensstrukturen festigt und erweitert.

Entwicklerkompetenz

Arbeit im Internet ist per se zweigeteilt und umfaßt die Konzeption und Benutzung von Online-Formaten. Es gibt in diesem Umfeld auch eine starke Wechselwirkung zwischen der Schaffung neuer Online-Formen und deren Füllen mit redaktionellen Inhalten. Ziel einer Ausbildung muß es also sein, den Studenten schon frühzeitig Arbeitstechniken in die Hand zu geben, die dazu befähigen, eigene Sites zu konzeptionieren und vielleicht sogar technisch zu erstellen.

Das eine muß dabei nicht zwangsläufig mit dem anderen zu tun haben. Durch die Kenntnis des Webs entwickelt sich auf jeden Fall ein solch fundierter Erfahrungshaushalt, daß auch ohne die Beherrschung der dort verbreiteten Programmiersprachen durchdacht werden kann, wie eine Seite sich aufbauen und in der Nutzung verhalten soll. Natürlich sollte aber die Fähigkeit, einfache (!) Seiten in HTML zu programmieren, auf keinen Fall fehlen. Bisher sind ernstzunehmende WYSIWYG-Editoren[47] nicht auf dem Markt. Daß in diesen Seminaren keine High-End-Programmierung geleistet werden kann, ist selbstverständlich. Um relative Sicherheit im Umgang mit HTML zu erhalten, müssen im Mittel vier bis fünf Monate intensiver Ausbildung und Übung angesetzt werden, die nicht in jedem Seminarplan Verwendung finden. Da sich auch hier das Web ständig erweitert und ändert, bleiben Updates und weitere Schulungen nicht aus, wenn sich das Lehrprogramm ernsthaft mit diesem Aspekt des Internets befassen will. Die Erfahrung in Redaktionen hat aber gezeigt, daß eine Nichtkenntnis des Auf-

47 Gemeint sind Programme, die nach dem Prinzip „What You See Is What You Get" Web-Seiten per Mausklick generieren, und dabei keinen einzigen HTML-Befehl als Eingabe brauchen.

baus und der Grundbefehle des Codes zu unlösbaren Problemen führen kann, wenn zum Beispiel Text- oder Bildteile nicht sauber dargestellt werden. Halten wir also fest, daß ein Redakteur mit geringen HTML-Kenntnissen das Mindestmaß sein muß, daß aber der utopische Idealfall in genauer Kenntnis dieser Skriptsprache und dem Wissen um die Erweiterungen durch Java Script und andere Sekundärsprachen besteht. Sollte sich dem Leser jetzt der Eindruck einer Forderung nach der voll flugfähigen, eierlegenden Wollmilchsau aufdrängen, so liegt er dabei nicht ganz falsch. Dieses Ausbildungskonzept ist deshalb so ultimativ in seinen Wünschen, weil hier Arbeitskräfte in der gesamten Bandbreite ihres Knowhows gefordert werden.

Im Verbund aus Surfkompetenz und ersten Kenntissen der notwendigen Publishingsprachen im Internet kann begonnen werden, eigene Websites zu konzeptionieren und zumindest anzuprogrammieren. Dabei kommen nun Fähigkeiten zum Einsatz, die bisher wenig eingefordert wurden[48]. Die Konzeption einer Site verlangt die Analyse der Zielgruppen, der Markterfordernisse und damit auch der möglichen Umsetzungen genauso wie einen ersten Entwurf von Optik und Handling anhand eventuell vorhandenen CI/CD-Vorgaben und redaktioneller Erfordernisse. Es mag nicht das Ziel dieser Ausbildung sein, stillschweigend noch Grafiker-Kenntnisse mit auf den Weg zu geben, aber fast jeder Online-Konzeptioner steht irgendwann vor dem Dilemma, daß er selbst dem verständigsten Grafiker mit Worten nur schwer vermitteln kann, wie die bestimmte Optik einer Site auszusehen hat. Zudem gehört es gerade für die Kosten-Kalkulation eines Online-Auftritts dazu, Dauer und Aufwand einer optischen Gestaltung verstehen und damit einschätzen zu lernen. Ähnliches gilt auch für Filmschnitt und Ton/Musik. Aufbauend zu den bereits beschriebenen Grundkenntnissen sollte es selbstverständlich sein, mit diesen AV-Materialien zumindest Skizzen zu produzieren, die dann von einem Profi nachbearbeitet werden können. Später wird nicht jeder der Studenten wirklich diese Medien einsetzen, aber sie werden zunehmend wichtiges Gestaltungsmittel im Online-Bereich und gehören deshalb zumindest in ein Seminar über Konzeption und Realisation einer Site. An dieser Stelle der Seminarstruktur kann den Studenten dann nur immer wieder angeraten werden, Praktika in Online-Redaktionen und -Agenturen zu suchen. Die Entwicklung des Webs ist so unberechenbar, daß der Kontakt zur Praxis nicht nur das alte Wissen fit hält, sondern auch das bisherige Knowhow komplett drehen kann, wenn Innovationen im Internet dazu zwingen.

Online-Seminare ohne Zulassung

Die bisher schon beschriebene große Stufe einer Ausbildung von Null ab ermöglicht erst einen weiteren Schritt hin zur Ausbildung. Natürlich kann man hier

48 In der Liste der Grundsoftware im Punkt 3.1.1 wurden nicht umsonst „Photoshop“ und „QuarkXPress“ aufgeführt.

einwenden, daß das weiter vorgeschlagene Modell stark an Elitenbildung erinnert. Dieser Vorwurf ist sicher nicht ganz unberechtigt, denn diese Stufen bauen klar auf einem „Killer-Prinzip" auf. Als Basis dient dazu die Überlegung, Eignungen für diesen Beruf differenzierter feststellen zu können und den Grad der eigenen Befähigung für diesen Bereich nicht erst im Crashfall eines verpatzten Berufseinstiegs gezeigt zu bekommen. Diese Eignungsevolution muß aus diesem Grund bei Null beginnen. Theoretisch sollten zur folgenden Seminarveranstaltung alle Studenten aller Semester Zugang erhalten. Erwartungsgemäß werden sich aber Beginner irgendwann so schwer tun zu folgen, daß sie bei schlichter Uneignung von einer weiteren Teilnahme abgeschreckt werden können oder die letztendliche Motivation erhalten, mehr für eine Teilnahme an der Veranstaltung zu arbeiten.[49]

Grundprobleme universitärer Strukturen

Dieser Ansatz widerspricht den bisherigen Gepflogenheiten an deutschen Universitäten. Aufbauend bieten sich Proseminare, Seminare und die vorbereitenden Kolloquien an, um universitäre Ausbildungen zu ermöglichen. Das Seminar dieser Stufe soll im idealen Fall aber für alle offen sein. Eine Maximalforderung, die mehr als ein Problem aufwirft. Vor allem dann, wenn als Seminarraum der Platz auf einem Internet-Server fungiert. Das heißt bei genauer Auslegung, daß theoretisch alle etwa 60 Millionen Surfer des Webs und deren weitere Kontaktpersonen Zutritt erlangen könnten. Theoretisch zumindest. Weitere Probleme ergeben sich in der Verifizierung der teilnehmenden Personen. Rechtliche Probleme eines Seminars im virtuellen Raum sind dabei noch gar nicht angesprochen. Schwierigkeiten in der Verfügbarkeit des Servers[50] und technische Limitierungen werden plötzlich zum Inhalt der Seminarplanung. Ein weiteres Problemfeld stellt die Bewertung der Seminararbeiten dar. Wie können Studenten zeigen, was sie gelernt haben? Welche Eigenschaften können wirklich abgefragt werden? Wie verhindert man, daß technische Fehler des Seminarleiters[51] Studenten ungerechtfertigterweise aus der Veranstaltung schleudern? Wie kann die Leistung von Teilnehmern, die es nur bis zu einem bestimmten Punkt im Seminar schaffen, bewertet und dokumentiert werden? Ein paar der ersten Antworten werden zum Januar 1998 möglich sein, wenn der Autor dieser Zeilen ein Seminar in der beschriebenen Art und Weise veranstaltet haben wird.[52]

49 Bei einer ursprünglichen Anmeldung von 100 Personen (Siehe dazu Fallbeispiel 4 in diesem Aufsatz) kann davon ausgegangen werden, daß wiederum nur zehn Teilnehmer letztendlich das Seminar mit einem Schein abschließen werden. Allerdings kann auch davon ausgegangen werden, daß hier die zehn motiviertesten und findigsten Teilnehmer einen Weg zu ihrem Schein finden werden, die sonst vielleicht durch das zufällige Auswahlverfahren oder durch ein „wer zuerst kommt" außen vor geblieben wären.

50 Was tun, wenn ein technischer Ausfall das Seminar unterbricht, ein Absturz den Seminarleiter aus der Veranstaltung kickt etc.?

51 Und davon muß ausgegangen werden!

52 Das Seminar wird im Fachbereich Journalistik der Universität Bamberg stattfinden. Hier schon einmal meinenherzlichen Dank an die Herausgeber dieses Readers für ihre Kooperation und Hilfe.

Stufe 1: In das Seminar gelangen

In die hier beschriebene Veranstaltung zu gelangen und in ihr auch zu bleiben, wird eines der durchlaufenden Themen des Seminars sein. Man sollte das positiv als Simulation des späteren Berufslebens sehen. Das Seminar geht davon aus, daß jeder Teilnehmer ausnahmslos an den Stufen teilnimmt und deshalb schon bei einer einzigen Nichtteilnahme den Anschluß im wörtlichen Sinn verliert.

Der Eintritt in die Veranstaltung besteht aus einer Mailadresse an den Seminarleiter, die nur bis zu einem bestimmten Stichtag den Zutritt zum Seminar ermöglicht. Auf diese Weise besteht eine einfache Möglichkeit, jedem Interessierten die Teilnahme zu gestatten, eventuellen Quereinsteigern aber den Weg abzuschneiden. Als Antwort soll jede Anmeldung eine Beschreibung der Lehrziele beinhalten und auf die Internet-Adresse verweisen, die als virtueller Seminarraum dienen soll. Es handelt sich dabei um eine Website, die als Textsammlung fungiert und mit einer speziellen Chat-Software ausgerüstet ist, um den Grad der Interaktion zu erhöhen.

Die angemeldeten Teilnehmer erhalten dann durch den Seminarleiter ein eigenes Verzeichnis, in dem ihre Arbeiten publiziert werden.[53] Sie erhalten weiterhin einen Termin, bis zu dem ein Text online abzuliefern ist, der kurz den Wissensstand zur Materie wiedergibt und weitere - freiwillige - Angaben zur Person enthält. Diese Texte sind die Aufnahmebestätigung ins Seminar. Sie können von allen Teilnehmern und von anderen Surfern im Web gelesen werden. Das Seminar bleibt öffentlich für Zuschauer. Allerdings findet eine nachträgliche Aufnahme nicht mehr statt. Als Beleg für die termingerechte Ablieferung der Mails und des Textes dienen die Übertragungsprotokolle. Es ist Aufgabe des Seminarteilnehmers, eine Übermittlung sicherzustellen. Eine Nachfrage des Seminarleiters gibt es nicht. Nachträgliche Anlieferungen entheben von der Teilnahme am Seminar.

Stufe 2: Recherche im Web

Per Mail wird die nächste Aufgabe des Seminars gestellt, die sich jederzeit auf der Website finden läßt. Zusatzinformation und Quellenverweise finden sich ebenfalls auf dieser Website. Eine erste Aufgabe für das Seminar könnte sein, bis zu einem bestimmten Zeitpunkt nach einer gestellten Frage im Web zu recherchieren und darüber einen etwa 10.000 Zeichen umfassenden journalistischen Text abzufassen. Mit der Hilfe eines Anforderungsprofils sind dabei die Texte schon web-spezifisch formatiert abzuliefern und bereits mit Hyperlinks zu versehen, wenn der Bezug auf eine Web-Site hergestellt werden soll.

53 Das beinhaltet aber keine Uploadrechte für die betreffenden Personen. Alle Uploads entstehen über die Person des Seminarleiters, um willkürliche Änderungen der Inhalte zu verhindern.

Als Anforderung wird an die Teilnehmer gestellt, daß sie einen geeigneten Text in eben dieser Zeichenzahl (Abweichung: 10 Prozent) zum festgesetzten Zeitpunkt per E-Mail senden und ihn notfalls in technischer Hinsicht überarbeiten, wenn er nicht den geforderten Standards entspricht. Der Seminarleiter wird diese Texte dann im bereitgestellten Ordner der Site publizieren, so daß nach dem Stichtag alle Teilnehmer sehen können, was sie im Vergleich zu anderen Teilnehmern abgeliefert haben und wie sie sich dort eingliedern.

Stufe 3: Eigenen Text in Hyperstruktur publizieren

Zu einem neuen Termin sollen dieses Thema und die entstandenen Texte zueinander in einer Hypertext-Struktur vernetzt werden. Die Überarbeitung wird die zweite Aufgabe sein, die die Studenten zu leisten haben. Auch hier sind Termin und technischer Standard exakt vorgeschrieben. Es ist Aufgabe, die Texte der anderen Teilnehmer zu lesen, nach Gemeinsamkeiten zum eigenen Text zu suchen und diese Überschneidungen in den zu überarbeitenden (!) eigenen Text als Hyperlink einzubauen. Geübt werden soll hier die Fähigkeit, die Linearität eines Beitrags weiter in die neuronale Vernetzung eines Content-Gewebes einzuarbeiten. Im idealen Fall entsteht so ein sehr dichtes Netz an aufeinander bezogenen Recherchen, die auf der Site bis zum Ende des Seminars nachgelesen werden können.[54]

Stufe 4: Fallen umgehen

Die Arbeit im Internet macht Redakteuren schnell klar, daß Online-Medien durch ihren digitalen Charakter und ihre unendliche Reproduzierbarkeit eine Menge an Fallen enthalten, die sich zum Teil sogar im Strafrecht auswirken können.[55] Es sollte daher auch Ziel des Seminars sein, als ständige Stufe (und nach vorheriger Warnung !!!) Fallen einzubauen, die die Teilnehmer durch quellenkritische Aufmerksamkeit umgehen müssen. Je nach Fehler in der Reaktion darauf, kann ein Nichterkennen einer Falle sogar zum Ausschluß aus dem Seminar führen. Zumindest sind aber unnötige Mehrarbeiten oder Fehler im abgelieferten Text für die Studenten als Konsequenz zu befürchten. Mögliche Fallen sind Mails mit „falschem" Absender, technisch unlösbare Aufgaben und gefälschte Quellen im Web.

---

54 Es empfiehlt sich daher ein Thema, das mit dem Web zu tun hat, um auch inhaltlich den Lerneffekt zu steigern.

55 Ein Beispiel: Europe Online-CVD Roland Metzler konnte durch seine Aufmerksamkeit im Februar 1996 verhindern, daß ein Verweis auf einer Website sich nicht als Nachricht über eine Kindesentführung in den News-Bereich des Dienstes mogelte. Hinter diesem Verweis waren Links auf Kinderpornographie versteckt. Deren sekundäre Einbindung in den Content von Europe Online hätte theoretisch eine Anzeige wegen Verbreitung von unerlaubter Pornographie, zumindest aber einen hohen Imageschaden erzeugen können.

Eine positive Falle soll an dieser Stelle aber auch erwähnt werden. Um die Echtheit der teilnehmenden Person zu testen, wird jeder der Studenten im Laufe eines der angesetzten Chats mit einer Frage nach der Matrikelnummer oder auch dem ledigen Nachnamen der Mutter überprüft. Nichtauskunft läßt zumindest vermuten, daß es sich hier um eine Ersatzperson handelt, die die virtuelle Anwesenheit nutzt, um unerlaubt an der Veranstaltung als Student teilzunehmen. Es sind auch wechselnde Passwörter denkbar, die zu jeder Lieferung der Texte beigesteuert werden müssen, um sich zu verifizieren.

Stufe 5: Eigene Teilsites entwickeln

Die nächste Aufgabe wird dann sein, die Gestaltung des eigenen Verzeichnisses zu übernehmen. Dabei haben Studenten einige Dinge zu beachten: Zum einen sollen sie die übergreifende Optik deklinieren und innerhalb der Steuerbuttons und einer weiterführenden Grafik weiterentwickeln. Zum anderen reichen zwei Texte nicht, die bisher in jedem Seminarordner anzutreffen waren. Es bleibt also der Fantasie der einzelnen Studenten überlassen, welche begleitenden Texte sie einarbeiten und strukturieren wollen. Es soll auf diese Art geübt werden, eigene Sites zu entwickeln. Die Nutzung von Graphikprogrammen und erste Tests mit HTML müssen hier vorausgesetzt werden. Natürlich fällt spätestens jetzt jedes Verzeichnis verschieden aus. Da Gemeinschaftsarbeiten noch nicht erwünscht sind, müssen zwangsläufig verschiedendste Variationen entstehen, die erst nach dem gestellten Termin live gestellt werden. Ein gegenseitiges Angleichen ist also nur dann möglich, wenn tatsächlich zusammengearbeitet wurde. Zwar soll eine Unter-der-Hand-Zusammenarbeit vermieden werden, aber ganz auszuschließen ist sie nicht. Allerdings dürfte der Aufwand, Unterschleif zu betreiben, hier größer sein, als die eigene Anstrengung.

Stufe 6: Umstrukturieren und Updaten

Die letzte Stufe im virtuellen Raum betrifft den Bereich des Rebrush einer Site. Da das Internet als „unstable Media"[56] ständigen Änderungen und Neuansätzen unterworfen ist, muß ein Seminar auch hier reagieren. Diese Stufe ist in zwei Teilstufen unterteilt. In der ersten Phase sollen die Vorschläge zur Neustrukturierung der Site einzeln vorgebracht werden. Ein reines Text-Dokument mit vielleicht gescribbelten Entwürfen soll hier als Einzelleistung genügen. Wichtig ist es dabei für die Studenten, mögliche Zielgruppen und dazu passende Contents der Site zu entwickeln. Das heißt, daß hier auch Strukturbeispiele und eventuell eine andere Art der Texte eingebracht werden müssen.

---

56 Siehe dazu die Aussagen von Fork (http://www.fork.de).

Über die Site als Kontaktbörse sollen sich dann Gruppen selbstverantwortlich finden, die je einen möglichen Relaunch der Site durchführen sollen. Diese Gruppen sollen sich treffen und eine andere Site vorschlagen. Wichtig ist es dabei zu vermitteln, daß das Medium sehr für Gruppenarbeit geeignet ist. Deshalb haben zwar alle Teilnehmer die Möglichkeit, ihren Vorschlag auch in Eigenregie zu bearbeiten, aber es wird empfohlen, sich in möglichst großen Gruppen bis zu einer Maximalgrenze von sieben Teilnehmern zu formieren, um sich durch Arbeitsteilung die abschließende Umsetzung der Site zu erleichtern.

Stufe 7: Weg in die „reale" Welt

Erst jetzt kann zu einem festgesetzten Zeitpunkt das Treffen der Studenten innerhalb des Gebäudes der Universität folgen. Da bis hierher auch jederzeit eine Parallelveranstaltung in einer anderen Universität denkbar wäre, müßte dazu notfalls eine zweite Veranstaltung angesetzt werden.

Im gemeinsamen Treffen, das aus den Namen Gesichter werden läßt, sollen die erarbeiteten Ergebnisse programmiertechnisch und graphisch umgesetzt werden. Da die Site als solche nicht sehr groß ist und die Vorarbeiten hier bereits erfolgt sind, ist noch Input vom Seminarleiter in der Form einer Programmierhilfe und eines graphischen Troubleshootings nötig. In dieser Ganztagessitzung und eventuell notwendigen Nachfolgesitzungen gewinnen die Studenten noch einmal an praktischer Arbeit in der gemeinsamen Umsetzung einer vorher konzipierten Site. Das Ergebnis dieser Sitzungen sollte dann wieder auf dem Server publiziert werden.

Wie jede der hier präsentierten Stufen kann der vorgenommene Arbeitsschritt solange wiederholt werden, bis sich Seminarleiter und alle Studenten einig sind, daß zum nächsten Punkt gegangen werden kann. Da alle Studenten riskieren, bei Nichtbewältigung der nächsten Aufgabe aus dem Seminar zu fallen, auf der anderen Seite eine wiederholte Mehrarbeit den Aufwand für das Seminar erhöht, kann von einem zutreffenden Stimmungsbild ausgegangen werden, wenn der nächste Schritt von Seiten der Studenten gefordert wird.

Das Seminar sollte unbedingt in einem gemeinsamen Gespräch enden, um die Erfahrungen auszutauschen. Die Grundsituation ist eine sehr aggressive. Studenten kommunizieren über lange Zeit nur mit einem Server, auf dem ein Dozent Nachrichten an sie hinterläßt. Durch den rein digitalen Arbeitsablauf gehen die sozialen Kontakte während eines Seminars verlustig, die solche Veranstaltungen sonst begleiten. Dieser Effekt muß sicher ausgeglichen werden. In einer Phase, in der sich solche Seminare auf die Mitglieder einer Fakultät beziehen, sind diese Effekte noch leicht steuerbar. Anders sieht es wahrscheinlich aus, wenn Mitwirkende aus anderen Universitäten dazukommen, die vielleicht nicht einmal im deutschen Sprachraum angesiedelt sind. Aber das ist mit Sicherheit Zukunftsmusik.

Und wieder sollte nach diesem Seminar die Möglichkeit zu praktischer Arbeit gegeben werden. Mit einer Möglichkeit zum Praktikum wäre den Studenten gut gedient. Sollte sich daraus eine ständige Mitarbeit entwickeln können, wäre der Idealzustand erreicht. Schwierig ist es für den Dozenten, allein die passenden Praktikumsstellen zu finden. Vor allem dann, wenn es sich bei den meisten Studenten um Einwohner einer kleineren Universitätsstadt handelt.

Ausblick und Frustration

Das Web im Jahr 2000

Dieses Modell ist vielleicht im Moment der Rezeption dieses Textes schon wieder veraltet, da sich täglich neue Strukturen im Online-Bereich auftun, die hier noch nicht berücksichtigt werden können. Vor allem die dynamische technische Entwicklung läßt es heute schon fragwürdig erscheinen, ob das Erlernen von HTML noch geraten werden kann, ob das Web überhaupt so eine Zukunft hat und ob es den Beruf des Online-Journalisten (!) in kurzer Zeit noch gibt. So könnte man hier auch neu ansetzen und von einer fehlenden Ausbildung der Journalisten im Bereich der PR sprechen, denn die Arbeit im Web hat heute für den Online-Redakteur oft mehr mit klassischem Herstellen von Öffentlichkeiten als mit gewohnter Berichterstattung zu tun. Diese Effekte mögen sich schon sehr bald vollkommen verschieben. Und niemand kann sagen, ob sich das Internet nicht doch bald aus technischen oder finanzbedingten Gründen von selbst erledigt. Wir wissen es nicht und können solche Extrem-Szenarien deshalb nicht einfach abtun.

Struktur in einer Struktur

Das vorliegende Modell soll keinen eigenen Ausbildungsgang ONLINE fordern, aber durchaus ein in sich stehender Teil eines Studiums sein. Der Autor dieses Beitrags sieht diese Medien mehr und mehr als Grundstock für publizistische Tätigkeiten wachsen. Es handelt sich hier abseits eines potentiellen neuen Berufsbilds um eine Grundfertigkeit, ohne die vielleicht schon in ein paar Jahren kein Studium mehr denkbar ist.

Allerdings darf auch nicht übersehen werden, daß die Universität deutschen Zuschnitts nach wie vor nur schwer für eine berufsvorbereitende Ausbildung geeignet ist. Immer noch existieren abseits der klassischen Studienfächer keine Alternativen für Studenten, die - ähnlich zu akademischen Künstlerausbildungen - die Arbeit in Online-Medien erlernen möchten. Es muß auch darauf hingewiesen werden, daß die schönste Ausbildung nicht den Erfahrungsschatz aus der Praxis ersetzen kann. Aber das ist ja auch nicht die Absicht.

Literatur

Anmerkung zum Quellenverfahren

Darf man einen Aufsatz zu diesem Thema allein mit Online-Zitaten und -Verweisen belegen? Zwei Dinge erschweren die Nachvollziehbarkeit der Belegführung. Zum einen die Verifikation der Quellen, zum anderen der schnelle Verfall der Angabe von Internet-Adressen. Trotzdem zwingt das Thema zum wiederholten und oft ausschließlichen Verweis in die Netzwelt. Zur Sicherheit sind die relevanten Zitate hier im originalen Wortlaut noch einmal wiedergegeben. Die Quellenlage im Printbereich ist so wenig aktuell, daß hier auf Verweise zur gedruckten Literatur verzichtet wurde. Das Problem bisher wenig verfügbarer Literatur zum vorliegenden Thema ist hier rekursiv. Bände wie der vorliegende Reader zum Thema sollen Quellen zum Thema ja erst verfügbar machen.

Bush, Vannevar (1945): As we may think. In: The Atlantic Monthly. 7/45.Vol 176.
Flusser, Villem (1995): Lob der Oberflächlichkeit.Schriften: Band 1., Stuttgart.
Gibson, Wiliam (1993): Neuromancer. Berlin.
Licklider, J.C.R (1968): Science and Technology. Washington.
Luhmann, Niklas (1980): Soziale Systeme. Frankfurt am Main.
Stephenson, Neil (1995): Snowcrash. München.

Internetadressen:

Websites (Betreiber, Standort und Webadresse):
ARD (Hamburg) http://www.Das-Erste.de
Bundesregierung (Bonn) http://www.bundesregierung.de
d-werk netzformate (München) http://www.d-werk.de
DF1 (München) http://www.df1.de
Europe Online (Luxemburg) http://www.europeonline.com
Firefly (Boston) http://www.firefly.com
Fork (Hamburg) http://www.fork.de
Hotwired (Boston) http://www.hotwired.com
Infoseek (Sunnyvale) http://www.infoseek.com
Microsoft (Seattle) http://www.microsoft.com
Netscape (Mountain View) http://home.netscape.com
Thyssen (Düsseldorf) http://www.thyssen.com
V. Rommerskirchen (Remagen) http://www.rommerskirchen.com
Universität Karlsruhe http://www.nic.de
Werben&Verkaufen (München) http://www.wuv.de
Wired (Boston) http://www.wired.com
Webmonkey (Boston) http://www.webmonkey.com

E-Mail an den Autor

Als *conditio sine qua non* scheinen mir Beiträge zum Thema Online/Internet ohne Feeedbackkanal nicht angebracht. Deshalb an dieser Stelle noch einmal der deutliche Hinweis auf meine E-Mail-Adresse:
tag@d-werk.de
Weitere Verweise abseits dieses Artikels finden sich über
http://www.d-werk.de/tag

II. Inhalte - Formen - Texte

Wohin wird das noch führen?
Wir ... verwirren ihre Sprache,
damit keiner mehr den anderen versteht.

Genesis 11, 6-7

Von fantastischen Medien und publizistischer Medialisierung

Manfred Rühl

Begrifflich tappt in Sachen *Medien* nicht nur der gesunde Menschenverstand (alias common sense) im dunkeln. Selbst die Wissenschaft ist dabei, die Sprache über Medien mehr und mehr zu verwirren. Sie behandelt Medien wie universell konsentierte Zauberwörter, ohne so recht zu wissen, was *die Medien*, was *Neue Medien* oder *Multimedien* sind - ganz zu schweigen von *Cyber-Medien*, *Inter-Medien* oder *Trans-Medien*. Es ist die *These* nachstehender Überlegungen, dass die um Medien rotierenden Fragen nicht zu beantworten sind, solange Medien nicht auf eine sachliche, soziale und zeitliche Umwelt, auf ein Ambiente oder Milieu bezogen werden.

Nehmen wir beispielsweise die juristisch bevorzugte Definition des Rundfunks als einem Medium, dann ist zu lesen: Beim Rundfunk handelt es sich um eine "für die Allgemeinheit bestimmte Veranstaltung und Verbreitung von Darbietungen aller Art in Wort, in Ton und in Bild, unter Benutzung elektromagnetischer Schwingungen ohne Verbindungsleitungen oder längs oder mittels eines Leiters".[1] In dieser Definition fehlen Hinweise auf die sozialen Zielsetzungen und kommunikativen Leistungen des Rundfunks, seine organisatorische Herstellung und Bereitstellung von Programmen durch publizistisch qualifiziertes Personal als "öffentliche Aufgabe". Kein Wort von politischen, wirtschaftlichen und rechtlichen Einflussgrössen durch Strukturierung eines "dualen Rundfunksystems in Deutschland", die Organisations- und Finanzierungsreformen eingeschlossen. Dabei weiss jeder: Seit den zwanziger Jahren ist Rundfunk in erster Linie als öffentlich-kommunikative Institution zur Produktion, Distribution und Rezeption

---

1 Vgl. § 2 Dritter Staatsvertrag zur Änderung rundfunkrechtlicher Staatsverträge (Dritter Rundfunkänderungsstaatsvertrag) vom 26.8./11.9.1996.

programmierter Programme in die Welt gekommen, wo er sich in Relation zu Familien und Haushalten, zu Kindern und Jugendlichen, zu Einrichtungen der Politik, der Wirtschaft, der Kunst und des Sports, kurz: in Wechselbeziehungen zur Gesellschaft publizistisch institutionalisieren konnte. Rundfunk hat seither viel zu tun mit Arbeit und Freizeit, mit Informationen, Sinn, Themen und Mitteilungen, mit Unterrichtung, Meinungsbildung und Unterhaltung, mit Werbung und Propaganda, mit Zeitansagen und vielen Formen der Lebenshilfe. Begreift man Rundfunk als Medium, dann kostet er vielen Menschen gültiges Geld, andernorts "einzusparende" Zeit, mehr oder weniger viel Aufmerksamkeit, und weitere, stets gesellschaftlich knappe Ressourcen. Rundfunk steht im Wettbewerb mit anderen Medien, namentlich mit Zeitungen, Zeitschriften, Büchern und Filmen. Er kann publizistisch für Journalismus, Public Relations oder für die Werbung genutzt, und nicht zuletzt auf diese Weise mit den genannten Ressourcen bezahlt werden (Rühl 1995a). Wird das Medium Fernsehen auf Dienstleistungen reduziert (EG-Kommission 1984: 105), dann stellt sich die Frage, ob auf den traditionell ökonomischen Begriff Dienstleistung einfach publizistische Merkmale draufzusatteln sind, oder ob der Begriff Dienstleistung für Fernsehen nicht doch andere Sachverhalte meint?

Medien technologisch-zweckhaft als *Communicationsmittel* zu denken, kennt man aus dem 19. Jahrhundert (für eine andere Medien-Geschichte: Faulstich 1997). Kaum verkehrt die erste Eisenbahn zwischen Nürnberg und Fürth (1835) und wird der Morse-Telegraf zwischen Baltimore und Washington ausprobiert (1843), da modelliert der historisierende Nationalökonom *Karl Knies* schon beide als Communikationsmittel. Unter dem Gesichtspunkt des Transportes untersuchte er sie - heute würden wir sagen - sozialökonomisch (Knies 1853, 1857). Ende des 19. Jahrhunderts spricht die phänomenologische Zeitungskunde von stark oder völlig determinierenden "Mitteln oder Trägern", und dem Chefredakteur *Wolfgang Riepl* wird nachgesagt, für "Mittel, Formen und Methoden" gar ein (testfähiges?) "Gesetz" formuliert zu haben (Riepl 1913/^{2}1972). Seit den sechziger Jahren heissen hierzulande Mittel zunehmend *Medien* oder *Massenmedien*. Zunächst als *Massenkommunikationsmittel*, dann als *Massenmedien*, bald nur noch in der Kurzform *Medien*, bilden diese Ausdrücke Dachbegriffe, unter denen Hörfunk und Fernsehen, Zeitung und Zeitschrift, Film und Video, Werbung, Public Relations und Propaganda versammelt werden. Diese gelten traditionell als die Leitmittel der Publizistik- und Kommunikationswissenschaft (Traub 1933, Dovifat 1934), um nach dem Zweiten Weltkrieg als Demonstrationsmittel zur Erläuterung der Kommunikationsmodelle von Harold D. Lasswell und Claude Shannon zu dienen (Lasswell 1948/1987; Shannon/Weaver 1949/^{2}1976). Der Ausdruck Medien wird hier für Kanäle, bald für Neuerungen der Fernsehtechnologie, auch für solche im Büro und im Orbit herangezogen, die man - wieder einmal - *Neue Medien* nennt (Ronneberger 1982). Seither registrieren wir allüberall eine galoppierende Medieninflation.

Im Kinderzimmer und in der Schule, am Arbeitsplatz und am Krankenbett, im Gottesdienst und im Wartesaal, auf Toiletten, in Aufzügen und in Leichenhallen, überall hören und sehen wir Medien, die etwas mit Kommunikation und mit der Publizistik zu tun haben können. Gilt deshalb für alle Medien die grundrechtlich geschützte Kommunikationsfreiheit? Diese Frage wurde bestimmt schon öfters gestellt. Eine Beantwortung steht noch aus - auch für folgende Sachfragen: Was haben Auflageformen von Zeitungen und Zeitschriften mit CD-Playern, was Rundfunksendungen mit Luftballons oder Sandwich-Männern zu tun? Weshalb heissen die einen "Primärmedien" und die anderen "Sekundärmedien", weshalb eignen sich welche zum "Media-Mix", während man anderen eine "Medien-Glaubwürdigkeit" zutraut? Leben wir in einer "Mediengesellschaft", weil die Medien "regieren"? Und wie tun sie das: durch "Medienrecht", durch "Medienpolitik", in welchem "Medienumfeld" oder in welcher "Medienrealität"? Sind es "Medien" oder "Media-Freaks", die "Media-Kids" zeugen? Was macht "Medienmogule" zu besonders finsteren Gesellen, dass sie landauf, landab für schuldig befunden werden, für die meisten öffentlich-kommunikativen Unzuträglichkeiten verantwortlich zu sein? Weshalb nennen "Medienpolitiker" gelegentlich "Medienwissenschaftler" auch "Medienversager"? Warum kriegen politische "Medienreferenten" die "Medien" und die Politiker die "Medienkonzentration" nicht in den Griff? Weshalb kommt es bei "Medien-Diskussionen" zu "mediensemantischen" Ausbrüchen von vulkanischem Ausmasse, die Unterscheidungsversuche niederwalzen und veraschen?

Medien sind fabelhaft! Werden sie ohne kultur- und gesellschaftsspezifische Umwelt gedeutet, dann kommt der ordnungssuchende Geist bestimmt nicht zurecht. Gelingt ihm dies, wenn er sich an das Medien-Durcheinander klassifizierend heranmacht?

Systematisierung fabelhafter Medien-Kakophonien

Angesichts des weltweiten Jagens, Sammelns und Häufelns von Medien fühlen wir uns ermutigt, nach einem transkulturellen Vorbild eine Medien-Klassifikation zu wagen. Wir übernehmen eine Taxonomie, die "einer gewissen chinesischen Enzyklopädie" entstammt. Sie half schon Jorge Luis Borges (1966: 212), über die allgemeine Sprachlichkeit nachzudenken, und Michel Foucault (1974: 17) versuchte mit ihr, die Wörter der Dinge zu ordnen. Diese altchinesische Taxonomie gruppiert die Tiere wie folgt: "a) Tiere, die dem Kaiser gehören, b) einbalsamierte Tiere, c) gezähmte, d) Milchschweine, e) Sirenen, f) Fabeltiere, g) herrenlose Hunde, h) in diese Gruppierung gehörige, i) die sich wie Tolle gebärden, k) die mit einem ganz feinen Pinsel aus Kamelhaar gezeichnet sind, l) und so weiter, m) die den Wasserkrug zerbrochen haben, n) die von weitem wie Fliegen aussehen". Diese Einteilung könnte sich eignen, auch die Medien zu sortieren - etwa in:

a) *zeitweilig innovative Medien*: das sind die, die früher Druck- und heute Print-Medien heissen, auch die Funkmedien (alias auditive Medien), das Fernsehen (alias das audiovisuelle Unterhaltungsmedium), die durch Lichtsatz produzierten Zeitungen und die direkt abstrahlenden Satelliten, die interaktiven Individualmedien, die Kästchen-Kinos, das Farbfernsehen, der digitale Rundfunk, die Speicher-, Verbreitungs-, Versorgungs- und Kultmedien, Enzensbergers (1970) unvollständige Medienbaukastenliste, Knillis (1979) Unterscheidung zwischen "Ortsmedien" (Kerbstock, Tonaufzeichnung) und "Zeitmedien" (Radiosendung, Tonbandwiedergabe), Online-Dienste (1997 auf dem Vormarsch?), interaktives Fernsehen (1997 auf dem Rückzug?), das Paradigma der Integration von Personalcomputer, Fernsehen/r und Telekom (erst im Kommen?), und all die Hyper-, Super-, Cyber-, Mega-, Giga- und weiteren Big-Words-Media;

b) *Vielzweckmedien*: das sind solche, die man tragen, einbauen, streuen, nebenherhören, selbstregulieren, deregulieren, regionalisieren, europäisieren, amerikanisieren, kontrollieren, generalisieren, kommerzialisieren, leasen und mit denen man Schwarzhören, Raubkopieren, telemedizinisch Operieren und volkstümelnde Musik-Hits paradieren lassen kann;

c) *sensorische Medien*: etwa taktile Medien (treffende Boxhandschuhe), olfaktorische Medien (Mittelfinger-Vorzeige), vulgärpsychologisierende Fernseh-ModeratorInnen, die öffentlich in der Privatheit anderer herumstochern, Benutzer kindlicher Zeichensprachen und knastlicher Klopfzeichensprachen, kinesische oder proxemische Körperkommunikationen (Birdwhistell 1970, Hall 1969), Medien, die heiß oder kalt durchmassieren können (McLuhan 1964), oder die medial medialisierende Medientrias tenoraler Fernseh-Kehlköpfe, wenn sie musikalische Ohrwürmer absondern;

d) *Medien als soziotechnische Artefakte*: Rauchzeichen, Buschtrommeln, unilineare Schriften, formatierte Radioprogramme, Federkiele, Schiefertafeln, Leselampen, Transistor-Radios, Joysticks, Jingles, Head Mounted Displays, das menschliche Leben verkabelnde Medien, Parsons (1980) symbolisch generalisierte Interaktionsmedien (media of interchange) für ein Geschäft Zug-um-Zug, Fritz Heiders (1926) Ding (ein Gedanke), das sich durch ein Medium (die Schrift) gestalten lässt, oder Luhmanns (1975) symbolisch generalisierte Kommunikationsmedien Sprache, Wahrheit, Geld oder Liebe;

e) *einseitige Instrumental-Medien*: Fugger-Zeitungen, Luthers (wahrscheinlich) angeschlagenes Thesenpapier, Meßrelationen, Flugblätter, elektrisches Licht (Marvin 1988), Musikträger, der Phonograph, die Schreibmaschine (Kittler 1985) - auch der Computer? (Höflich 1994);

f) *digitalisierte Alt- und Neumedien*: Texte, Grafiken, Datenbanken, statische oder dynamische Imaginationen, Programmzeitschriften, Einschaltquoten, zapping, Zeit- und Selbstkontrollen, Electronic News Gathering (ENG), Integrated Services Digital Network (ISDN), virtualisierte Realität (VR);

g) *Medien zum Aufspüren* von Publika, Monopolstellungen, Standorten, Übertragungsrechten, Öffentlichkeiten, Stiftungsgeldern, ökonomischen Dienstleistungen, Koproduzenten, Datenkompression, Tarif- und Staatsverträgen und von Medien-, Informations-, Kommunikations-, Risiko-, Erlebnis- oder informatisierten Industriegesellschaften;

h) *Medien unternehmerischer Verfüger*: zur Grundversorgung verpflichtete öffentlich-rechtliche Medienmanager, die mit den Medien viel Geld verdienenden Manager von Bertelsmann/CTL, Leo Kirch, Rupert Murdoch, Silvio Berlusconi, Time-Warner & Ted Turner, Bill Gates oder Walt Disney, Manager medien-imperialistischer Einheitsparteien oder medien-mafiöselnder Sektenunternehmen;

i) *hausinterne Medien*: Babies-per-Video-Überwachungssysteme, Hauszeitschriften und Betriebszeitungen, Fahrstuhl- und Toilettenbenützungs-Begleitmusik, Audio-Video-Vorlesungen, etc. pp.;

j) *hausexterne Medien*: Gartentor-per-Video-Überwachungssysteme, Direct-Mailings, Alarm- oder Sprechanlagen, Sozial- oder Öko-Bilanzen, marktfähige Offline- und Online-Dienste, usw. usf.;

k) *reale Wirklichkeitsmedien*: plazierte Produktwerbung in TV-Soap-Operas, wahrgenommene, reflektierte, mediale, dokumentarische, fiktionale, verwischte oder spielerische Fernseh-Wirklichkeiten (Doelker 1979), das wirkliche Reality-TV-Medienwirklichkeits- Erleben der virtual culture, die sich objektiv, faktisch, individuell, symbolisch, falsch, biologisch, kulturkreisförmig, individual oder kollektiv, subjektiv oder objektiv, sozial oder psychisch, kontinuierlich, lebensweltlich, vorgetäuscht, satirisch, nach erster oder zweiter Ordnung, generalisiert, operativ-fiktional, dokumentarisch, semi-dokumentarisch, einzig wahr, verzerrt, non-frequentiell (= nicht vorkommend), kognitiv-hypothetisch, babybilderecht, durch eine (idealistische oder marxistische) Abbildtheorie gefasst, lustbetont, verdrängt, als Selektion selektiver Selektionen begreifen oder nachspielen lassen;

l) *Sprech- und Sprachmedien*: cassettierte, diskettierte, ritualisierte, CD-(ver)Rom(te) Lexika, Märchen, Mythen, Sagen, Anekdoten, Steuererklärungs-Programme, Hymnen, Witze, Slogans, Leitsätze, Legenden, Parabeln oder Medien-Grundsätze, das Simultandolmetschen elf gleichberechtigter Sprachen im Europäischen Parlament (Feldweg 1996: 63) oder medial verknappte Sprachen, etwa Kurznachrichten, Videoclips, Lederhosen-Oberdeutsch, Fernseh-Schimpanzisch, Mainzelmännsisch;

m) *vielsinnige Medienwörter*: Mediamix, Medieninhalte von Mediensystemen, Medienvertrauen, Medienakzeptanz, Medienvielfalt, Mediengewalt, Medienwirkung auf Media-Kids, öffentliche und private Medien, eine Tageszeitung, die einen klugen Kopf verbirgt oder ein Nachrichtenmagazin, das nur Fakten, Fakten, Fakten wiederzugeben vorgibt;

n) *Medien-Partialwissenschaften*: Medienforschung, Medienrecht, Medienpsychologie, Medienpolitik, Medienökonomie, Mediensoziologie, Medienphilosophie, Medienkritik, Medienarchäologie, Medienästhetik, Medienhomöopathie oder Medienkitschologie (= wissenschaftlich bedachtes Nachkolorieren der Karl-Valentin-Filme);

o) *massenmediales Bewirken durch Medien bewirkende Massenmedien*: allmächtige, ohnmächtige, bedingt mächtige Massenmedien, die informieren, amüsieren, info-amüsieren, persuasieren, manipulieren, moralisieren, totalisieren, korrumpieren, trivialisieren, banalisieren, Gewalt popularisieren, Witze infantilisieren, Isolationsfurcht produzieren, und die Probleme der Geldanlage, des Verkehrsstaus, der Sexualität oder des Gummibärchenkonsums bewältigen helfen;

p) *Medien, die allerlei kosten*: journalistische Arbeit, Anzeigenpreise, Rundfunk- und Telekom-Gebühren, öffentliche Aufmerksamkeit oder Fernsehfilm-Genuss (dank Unterbrecherwerbung);

q) *Medien, die ganz toll simulieren*: sowohl das Anbahnen als auch das Scheiden von Ehen, das Fernsehen, das einen Torschuss aus fünf verschiedenen Perspektiven wiederholt, Medien, die sich privat nennen und öffentlich Profite machen, wenn media im business sind, consumer audiences zu producern (leicht germanisiert: Owen et al 1974), wenn wildfremde Menschen "liebe" Leser, Hörer oder Zuschauer genannt, um anschliessend mit talking, chatting, playing, gaming, gambling zugekleistert zu werden;

r) *langweilende Medien*: die darf es, messtechnisch gesehen, gar nicht geben, denn Langeweile ist nicht zu quotieren, und schliesslich repräsentieren nur monetenversprechende Medienquoten die Medienwirklichkeit - oder?;

s) *Medien-Medien-Medien*: das sind die Medien die Medien die Medien nennen, die selbst Menschen als Medien sehen (Flusser 1995; Sloterdijk 1993), wenn sie "Médiumunité" kreieren.

Viel von diesem grobsortierten Medien-Tohuwabohu kennt man aus den Medien Fernsehen, Zeitung, oder man hat ausserhalb der Medien hier oder da davon gehört. Deshalb neigt der (immer noch?) gesunde Menschenverstand dazu, sie alle für universell gültige Antworten auf die Frage zu halten: Was sind eigentlich Medien? Oberflächliches Medien-Bescheidwissen eignet sich augenscheinlich bestens, Medien zu mystifizieren, zu idealisieren oder zu dämonisieren. Ob Medien für Publizistik stehen? Ob sie etwas mit Publizistik zu tun haben? Wen interessiert das schon? Machen wir die *Medienperformanz* für ungelöste publizistische Probleme verantwortlich (McQuail 1992), dann ist allerdings zu fragen: Machen wir es uns nicht etwas zu einfach, Medien- und Publizistik-Performanz - ohne theoretisch-methodischen Aufwand - weithin gleichzusetzen?

Medien für die Publizistik?

Angesichts des in nahezu allen Sprachformen vorherrschenden definitorischen Medien-Wirrwarrs besteht bei begrifflich-sachbezogen differenzierenden Wissenschaftlern die Neigung, Medien als einen "nicht wissenschaftsfähigen" Begriff einfach fallen zu lassen. Trifft zu, dass Medien für die Emergenz der Publizistik unerlässlich sind, dann sollte sich die medienzentriert vorgehende Publizistikforschung selbst fragen, weshalb sie diesen Begriff in den Mittelpunkt stellt, ohne ihn semantisch abzuklären? Für begriffliche Missdeutungen stehen Tür und Tor offen (Saxer 1994). Es genügt nicht zu beteuern, wie wichtig und zukunftsträchtig die Medien für jeden und für die Gesellschaft sind, weshalb sie künftig eine Mediengesellschaft bilden sollen, und weshalb eine Medienpolitik Strategien und Taktiken entwickeln soll, die dazu anleiten, was Medien in der Mediengesellschaft sollten, dürften, faktisch tun müssten - oder das Gegenteil davon.

Ungeachtet seiner Vieldeutigkeit bezeichnet man mit dem Terminus Medien heutzutage überwiegend technologische Artefakte. In der Publizistikwissenschaft ist vorrangig von Apparaten, Gerätschaften, Kabeln, Frequenzen, Netzen, Multimedien etc. die Rede. Faktisch sind es freilich Texte über Medien, die über das Phänomen und die Problematik der Medien Auskunft zu geben bemüht sind, und die immer wieder öffentliche Resonanz suchen. Wenn der hier vertretene kommunikationswissenschaftliche Standpunkt nicht die Medien, sondern die Publizistik als Forschungsproblematik wählt, dann wendet er sich nicht grundsätzlich von den Medien ab, sondern relativiert Medien auf Fragestellungen, die mit Publizistik zusammenhängen.

Publizistik lässt sich beschreiben als jener gesellschaftliche Systemkreislauf öffentlicher Kommunikation, der im Umgang mit Auswahlen sinnmachender Informationen über durchsetzungsfähige Themen programmierte Programme reproduziert, die beabsichtigen, durch gesellschaftliche Re-Rezeption die öffentliche Kommunikation immer wieder anzuregen und auf ein verändertes Niveau zu heben (Rühl 1995a, 1995b). Dieses Publizistikverständnis distanziert die in der Mediendiskussion dominierende Transportidee, die Informationen, Mitteilungen bzw. Kommunikationen in Variationen durch Medien in Kanäle einbettet, um sie von Ort zu Ort zu verbringen - eine Metapher, die vor rund 150 Jahren ihre Karriere begann (Knies 1853, 1857). Mit Medien als Apparaten, Kanälen, Leitungen und dergleichen ist somit nicht zu erfassen, was da vorgeht, wenn sich Publizistik oder Massenkommunikation, unter Mitwirken von Internet, in und mit einer sozialen Umwelt ereignen (Jones 1997). Namentlich bleibt unbeachtet, dass bei jeder Publizistik eine Vielzahl und Vielfalt sozialer Gedächtnisse beteiligt sind, die zum Prozessieren programmierter Programme zwischen Produzenten und Rezipienten weltweit vernetzt leisten und gegenleisten. Ein weiterer Mangel der konventionellen medialen Transportmetapher ist darin zu sehen, dass sie ausserstande ist, die Vergangenheit der Publizistik und ihre Zukunft zusammenzuführen. Anders gesagt: ein Medien-Transportmodell fügt ihrer technologischen Basisidee soziale, politische, ökonomische, rechtliche, psychische, sachliche, zeitliche und andere wissenschaftlich unbefragte Aspekte unter der Hand hinzu. Auch Internet, zunächst auf eine technologische Kombination zur fantastischen weltgesellschaftlichen Information verkürzt, wird sachlich, sozial oder zeitlich immer "sinnüberschüssiger". Es ist zu sehen, dass ein rasch wachsender Teil der Menschheit mit unterschiedlichen Kultur- und Gesellschaftsprämissen mit und durch Internet kommuniziert - aber oft ausserhalb des Publizistiksystems. Nebenbei bemerkt: Internet hat durch seine weltgesellschaftlichen Funktionen und Leistungen bereits die heutigen Selbstbeschreibungen menschlicher Kommunikationsformen verändert (Littlejohn 51995), auch die der Sonderform Publizistik, wie die Beiträge in diesem Band an vielen Stellen belegen.

Die eingangs vorgestellte Taxonomie kakophoner Mediensemantiken unterstreicht, dass die Menschheit über Medien viel und schon sehr lange palavert. Nicht die zahlenmässig wenigen wissenschaftlichen Auseinandersetzungen mit Medien, eher das alltägliche Dahergerede, das die wissenschaftliche Mediendiskussion nicht unbeeindruckt lässt, unterstellt die Idee von einer heimlichen Einheit der Medien. "Den Medien" verleiht man ein diffuses Image, das zahlreiche Einzelbilder aufweist und dennoch ständig zu einer unspezifischen semantischen Gewissheit verdichtet wird. Marshall McLuhan kann dann noch als der zeithistorische Gewährsautor herangezogen werden, der kognitiv Tragfähiges zu Medien geschrieben hat. Wie erinnerlich: McLuhan (1968, 21970) behauptet, die menschlichen Sinnesleistungen befinden sich von Natur aus im Gleichgewicht, und die Medien sind die organischen Fortsetzungen des Menschlichen. Das Alphabet oder der Buchdruck werden zu Medien deklariert, die das biologische Gleichgewicht menschlicher Sinne kommunikativ optimieren könnten - es faktisch jedoch destabilisieren. Und da er die aristotelische Logik wegen Unilinearität ablehnt, bedient sich McLuhan der Erkenntnishilfe eines logically butterflying, wenn er eine Medientheorie aus einem Gespinst aus wissenschaftlichen, technikkritischen, mystischen und trivialen Gedankenfäden verknüpft. Sein technologisch-determinierender Naturalismus (Czitrom 1982) charakterisiert eine Argumentationsform, mit der eine kommunikationswissenschaftliche Auseinandersetzung über Medienprobleme nicht geführt werden kann.

So verwirrend sich das allgemeine Verstehen von Medien auch präsentiert, die Begeisterung und die in Medien gesetzten Hoffnungen nötigen Erstaunen, sogar Respekt ab. "Neue Medien", "Multimedien", "Datenautobahnen", "Internet" und anderes medial Gebotene findet Entsprechungen in dem Enthusiasmus, mit dem man Mitte des 15. Jahrhunderts dem Buchdruck begegnete. Der neue Buchdruck erschien vielen Zeitgenossen als das Medium müheloser Informationsgewinnung und Volksaufklärung, das prinzipiell alle Kommunikationsprobleme zu lösen vermag (Giesecke 1991; Eisenstein 1979). Dieser weltgesellschaftlich verbreiteten Innovation waren andere, folgenreiche Brüche und Transformationen durch den Umbau oraler Diskurse auf vertextete Kommunikationen im gesellschaftlichen Wandel Europas des 11. und 12. Jahrhunderts vorausgegangen (Stock 1983). Gutenbergs Buchdruck löst allerdings in besonderer Breite die sachlichen, sozialen und zeitlichen Dimensionen der literalen und oralen Kommunikationskultur Europas aus (Giesecke 1991; Eisenstein 1979). Umso überraschender, dass es in Deutschland erst im Verlaufe des 19. Jahrhunderts zu einer "Lese(r)-revolution" kam, zusammen mit den politischen, wirtschaftlichen, rechtlichen und religiösen Veränderungen der bürgerlichen Gesellschaft, beschleunigt und zeitlich verdichtet durch drucktechnologische Erfindungen wie Schnell- und

Rotationspresse, Fotografie und Film, Maschinensatz, Eisenbahn, Telegraf, Telefon, Elektrizität und Automobil (Marvin 1988; Czitrom 1982; Briggs 1977, Rühl 1995b).

Wie ist Medialisierung der Publizistik möglich?

Was immer Gegenstand oder Problemfeld einer Wissenschaft sein mag, was immer begrifflich, theoretisch und methodisch erkannt und erklärt wird, im Vergleich zu anderen Disziplinen hat es die Kommunikationswissenschaft besonders schwer. Ihr Gegenstand bzw. ihre Problematik, die menschliche Kommunikation in all ihren sozialevolutionären Formen und Varianten, kann nur durch Humankommunikation erläutert, erforscht, diskutiert und publiziert werden. Die Sonderform Publizistikforschung kommuniziert in erster Linie mit der problematischen Kommunikationsform *publizistikwissenschaftliche Sprache* über eine sozial, sachlich und zeitlich anders strukturierte Kommunikationsform des Publizistiksystems, die in der *Sprache der publizistischen Praxis* ausgedrückt wird. Kompliziert wird diese Beziehung, weil die Sprache der Kommunikationswissenschaft die Sprache der praktischen Publizistik vielfältig "verwissenschaftlicht" hat. Eine dritte, übergreifende Sprachform, steht nicht zur Verfügung.

Damit sind zahlreiche Schwierigkeiten verbunden, die oft unterschätzt werden. Beobachtet die Kommunikationswissenschaft eine ihrer Untersuchungsproblematiken, etwa die Publizistik als System in und mit der Gesellschaft in der oben beschriebenen Zirkularität, dann operiert sie, genau besehen, durch Sprachen - nicht durch Publizistik, auch nicht durch dinghafte Medien, durch gegebene Ereignisse oder durch selbstgemachte Pseudo-Ereignisse. Kybernetisch gesagt: die Kommunikationswissenschaft unterscheidet zwischen festen und losen Sprachkopplungen über Publizistik als Thema der Forschung und der Lehre. Sie arbeitet nicht als Beobachterin naiver Sammler irgendwelcher Informationen, Ereignisse oder Nachrichten. Vielmehr geht jede Publizistikforschung von "vorgeformten" publizistikpraktischen Texten aus, vor allem von Texten, Tönen und Bildern als den gestern und vorgestern veröffentlichten "Inhalten" von "Nachrichten", "Meldungen" oder "Berichten" der Agenturen, der Presse oder des Rundfunks. Kurz und bündig: Die Publizistikforschung arbeitet aus dem eigenen Systemgedächtnis, teils mit der publizistikpraktischen Sprache, teils mit der Sprache der Kommunikationswissenschaft. Sie gestaltet Zukunft durch In-Form-bringen der Vergangenheit.

In der Praxis wird publizistisch "Altes" als "Neues" bewusst kommuniziert, und zwar durch dezentral organisierte Redaktionen, die anhand interner, zeitlich vorab programmierter Entscheidungsprogramme, die Inhalte eigener und fremder Zeitungen, Zeitschriften, Rundfunkprogramme mit solchen der Agenturen, Korrespondenten, der freien Mitarbeiter usw. umbauen, um morgige als neu anzubieten. Publizistisch-programmlich ausgewählte, neu versprachlichte, vertonte und verbilderte Themen und Mitteilungen sind nicht neu im Sinne des kosmologischen Urknalls. Publizistisch Neues entspringt auch keiner urigen Weltsauce und geht von keiner gegebenen Welt aus, der frühaufstehende Journalisten lediglich das Neueste abluchsen müssen. Publizieren hat mit Informieren zu tun, mit einem erneuten textlichen In-Form-bringen eines aktualisierten öffentlich-kommunikativen Erwartungshorizontes, den die Publizistik selbst hergestellt hat, und mit dem produzierende Publizisten fest rechnen. Geläufig ist die unbelegte Behauptung, die publizistisch thematisierten Mitteilungen und die sinnhaften Informationen neuer Publikationsformen würden "den Bedürfnissen unserer Leser, Hörer und Zuschauer" entgegenkommen oder entsprechen. Zutreffender ist, dass Publizistikproduzenten ständig Publizistikrezipienten als Publikum antizipieren, ein Potential an Aufmerksamkeit, Zeit, Geld etc. investieren mit dem Versprechen, dafür Neues zu leisten. "Echt Neues" können sie gar nicht anbieten - es sei denn, sie könnten darüber berichten, dass Himmel und Hölle auf die Erde gestürzt sind (Günther 1980).

Die Hinwendung zur Publizistik als einer kommunikationswissenschaftlichen Forschungs- und Lehrproblematik ist ein entscheidender Grund, weshalb "die Medien" in ihrem Sinnüberschuss in jedem Einzelfalle auf publizistische Relevanz zu testen sind - besonders als Technologien in Relation zu den publizistischen Techniken Recherche, Moderation, Präsentation usw. (Rühl 1988). Statt Medien als technologische Objekte einer gegebenen Welt hinzunehmen, die von Subjekten wie Gatekeepern oder Vielsehern genutzt werden, suchen wir in systemischer Orientierung nach publizistischen Problemen im Lichte der sozialen Bezugssysteme Haushalt, Organisation, Markt, sowie in Relation zu gesellschaftlichen Funktionssystemen wie Familie, Politik, Wirtschaft, Sport, Recht, Wissenschaft usw. usf.

In diesem Zusammenhang kommt der *Medialisierung* als der Gesamtheit der Regeln zur Steuerung der Produktion und der Rezeption im Kreisprozess gesellschaftlicher Publizistik ein besonderer Leistungsbereich zu. Medialisierung wird auf der operativen Ebene des Publizistiksystems verstanden, wo sie das programmierte Prozessieren publizistischer Programme (programmed programme processing of public communication), die Prämissen der Herstellung, der Annahme, der Verarbeitung und des Weiterkommunizierens übernehmen. Versteht sich die konventionelle Publizistikwissenschaft als eine Zweck/Mittel-Lehre für die praktische Publizistik, um das Bewirken von Rezipienten durch Kommunikatoren zu erforschen, dann erinnert dies an eine Wirtschaftsforschung, die allein das Konsumverhalten für interessant hält. Wir wollen publizistische Probleme aufspüren durch Re-Produktion der publizistischen Literalität der Welt von gestern, und ihre Re-Rezeption von morgen untersuchen, in ihren Herstellungs-, Annahme- und Verarbeitungsformen. Aus Kapazitätsgründen können in der Forschung immer nur systemisch rekonstruierte Einzelprobleme der Publizistik bestimmter Gesellschaften untersucht werden. Allein mit der Frage nach der publizistischen Ordnung, deren politische, rechtliche, ökonomische und ethische Steuerung durch Medialisierung, kann die von Thomas Hobbes, Immanuel Kant, Max Weber, Niklas Luhmann und bestimmt noch von anderen gestellte "Wie ist möglich?"-Frage bearbeiten. Mit der Ordnungsfrage als Leitfrage kann die soziohistorisch wandelbare gesellschaftliche Funktion der Publizistik als Identifikationskriterium formuliert und - je nach veränderter Umwelt und ihren Bedingungen - die Publizistik publizistikpolitisch befragt werden (Rühl 1995b). Dieser funktionale Zugang kann unter anderem fragen: Wie ist Internet in und mit der publizistischen Ordnung von heute möglich?

Literatur

Birdwhistell, Ray L. (1970): Kinesics and Context. Essays on Body Motion Communication. Philadelphia: University of Pennsylvania Press.

Borges, Jorge Luis (1966): Das Eine und die Vielen. Essays zur Literatur. München: dtv.

Briggs, Asa (1977): The Pleasure Telephone: A Chapter in the Prehistory of the Media. In: Ithiel de Sola Pool (Hrsg.): The Social Impact of the Telephone. Cambridge, London: MIT Press, S. 40-65.

Czitrom, Daniel J. (1982): Media and the American Mind. From Morse to McLuhan. Chapel Hill: North Carolina UP.

Doelker, Christian (1979): "Wirklichkeit" in den Medien. Zug: Klett & Balmer.

Kommission der europäischen Gemeinschaften (Hrsg.) (1984): Fernsehen ohne Grenzen. KOM (84). Brüssel.

Eisenstein, Elisabeth L. (1979): The printing press as an agent of change. Communication and cultural transformations in early-modern Europe. 2 Bde. Cambridge, London, New York, Melbourne: Cambridge UP.

Enzensberger, Hans Magnus (1970/1997): Baukasten zu einer Theorie der Medien. In: Kursbuch 20, März 1970, Neudruck in: Glotz, Peter (Hrsg.): Baukasten zu einer Theorie der Medien. Kritische Diskurse zur Pressefreiheit. München: R. Fischer, 97-132.

Faulstich, Werner (1997): "Jetzt geht die welt zugrunde ...". "Kulturschocks" und Medien-Geschichte: Vom antiken Theater bis zu Multimedia. In: Ludes, Peter/ Werner, Andreas (Hrsg.): Multimedia-Kommunikation. Theorien, Trends und Praxis. Opladen: Westdeutscher Verlag, 13-35.

Feldweg, Erich (1996): Der Konferenzdolmetscher im interantionalen Kommunikationsprozeß. Heidelberg: Goss.

Flusser, Vilém (1995): Kommunikologie. Schriften Bd. 4. Mannheim.

Foerster, Heinz von (1993): Wissen und Gewissen: Versuch einer Brücke. Übersetzung von Wolfram K. Köck, hrsg. von Siegfried J. Schmidt. Frankfurt am Main: Suhrkamp.

Foucault, Michel (1974): Die Ordnung der Dinge. Eine Archäologie der Humanwissenschaften. Frankfurt am Main: Suhrkamp.

Giesecke, Michael (1991): Der Buchdruck in der frühen Neuzeit. Eine historische Fallstudie über die Durchsetzung neuer Informations- und Kommunikationstechnologien. Frankfurt am Main: Suhrkamp.

Günther, Gotthard (1980): Die historische Kategorie des Neuen. In: Günther, Gotthard: Beiträge zur Grundlegung einer operationsfähigen Dialektik. Dritter Band. Hamburg: Meiner, 183-210.

Heider, Fritz (1926): Ding und Medium. In: Symposion 1, 109-157.

Hall, Edward T. (1969): The Hidden Dimention. New York: Doubbleday.

Höflich, Joachim R. (1994): Der Computer als "interaktives Massenmedium". Zum Beitrag des Uses and Gratifikation Approach bei der Untersuchung computer-vermittelter Kommunikation. In: Publizistik 39, 389-408.

Jones, Steven G. (1997): The Internet and its social landscape. In: Jones, Steven G. (Hrsg.) Virtual culture. Identity and communication in cybersociety. London, Thousand Oaks, New Delhi: Sage, 7-35.

Kittler, Friedrich A. (1985): Aufschreibsysteme 1800 / 1900. München: Fink.

Knies, Karl (1853): Die Eisenbahnen und ihre Wirkungen. Braunschweig: Schwetschke.

Knies, Karl (1857): Der Telegraph als Verkehrsmittel. Mit Erörterungen über den Nachrichtenverkehr überhaupt. Tübingen: Laupp.

Lasswell, Harold D. (1939/[2]1948): General framework: Person, personality, group, culture. In: ders.: The analysis of political behavior. An empirical approach. London: Routledge and Kegan Paul, 195-234.

Littlejohn, Stephen W. (1983/[5]1996): Theories of Human Communication. Belmont, Calif.: Wadsworth.

Luhmann, Niklas (1975): Selbst-Thematisierungen des Gesellschaftssystems. Über die Kategorie aus der Sicht der Systemtheorie. In: ders.: Soziologische Aufklärung 2. Aufsätze zur Theorie der Gesellschaft. Opladen: Westdeutscher Verlag, 72-102.

Marvin, Carolyn (1988): When old technologies were new. Thinking about electric communication in the late nineteenth century. New York, Oxford: Oxford UP.

McLuhan, Marshall (1968): Die Gutenberg Galaxis. Düsseldorf, Wien: Econ.

McLuhan, Marshall ([2]1970): Die magischen Kanäle. Düsseldorf, Wien: Econ.

McQuail, Denis (1992): Media performance. Mass communication and the public interest. London, Newbury Park, New Delhi: Sage.

Owen, Bruce M./Jack H. Beebe/Willard G. Manning, Jr. (1974): Television Economics. Lexington, Mass., London: Lexington Books.

Parsons, Talcott (1980): Zur Theorie der sozialen Interaktionsmedien. Hrsg. und eingel. v. Stefan Jensen. Opladen: Westdeutscher Verlag.

Riepl, Wolfgang (1913/[2]1972): Das Nachrichtensystem des Altertums, mit besonderer Rücksicht auf die Römer. Hildesheim, New York: Olms.

Ronneberger, Franz (1982): Neue Medien. Vorteile und Risiken für die Struktur der demokratischen Gesellschaft und den Zusammenhalt der sozialen Gruppen. Eine Literaturstudie. Konstanz: Universitätsverlag.

Rühl, Manfred (1988): Zur Technisierung freiheitlicher Publizistik - jenseits von Neuen Medien und Neuer Technik. In: Bungard, Walter/ Hans Lenk (Hrsg.): Technikbewertung. Philosophische und psychologische Perspektiven. Frankfurt am Main: Suhrkamp, 343-377.

Rühl, Manfred (1993): Ökonomie und publizistische Leistungen. Wer bezahlt und vor allem: wie? - Eine nicht nur wirtschaftliche Problematik für die Publizistikwissenschaft. In: Heinz Bonfadelli/Werner A. Meier (Hrsg.): Krieg, Aids, Katastrophen ... Gegenwartsprobleme als Herausforderung der Publizistikwissenschaft. Festschrift für Ulrich Saxer. Konstanz: Universitätsverlag, 307-326.

Rühl, Manfred (1995a): Rundfunk publizistisch begreifen. Reflexionstheoretische Überlegungen zum Primat programmierter Programme. In: Publizistik 40, 279-304.

Rühl, Manfred (1995b): Arbeiten an einer Theorie der Publizistik und der Publizistikpolitik. In: Germanistik und Kommunikationswissenschaft in Bamberg. Hrsg. v. Rolf Bergmann (= Forschungsforum. Bericht aus der Otto Friedrich-Universität Bamberg, Heft 7). Bamberg: Otto Friedrich-Universität, 137-141.

Saxer, Ulrich (1994): Begriffe als Denkzeug. Festrede bei der "Kommunikativen Hommage" anlässlich des 60. Geburtstages von Manfred Rühl am 11. Februar 1994 in der Otto Friedrich-Universität Bamberg. In: Publizistik 39, 205-209.

Shannon, Claude E./Warren Weaver (1949/^{2}1976): Mathematische Grundlagen der Informationstheorie. München, Wien: Oldenbourg.

Sloterdijk, Peter (1993): Medien-Zeit. Drei gegenwartsdiagnostische Versuche. Stuttgart: Cantz.

Stock, Brian (1983): The implications of literacy. Written language and models of interpretation in the eleventh and twelfth century. Princeton: Princeton UP.

Traub, Hans (1933). Zeitung, Film, Rundfunk. Die Notwendigkeit ihrer einheitlichen Betrachtung. (Erweiterte Antrittsvorlesung zur Erlangung der Lehrberechtigung für Zeitungswissenschaft an der Universität Greifswald, gehalten am 2. November 1932). Berlin: Weidmann.

Zeitungen Online

Was fasziniert Printmedien am weltweiten Computernetz?

Katja Riefler

Zeitungsangebote im Internet erleben geradezu einen Boom. Im August 1997 präsentierten bereits mehr als 100 Tageszeitungen und ein halbes Dutzend Wochenzeitungen eigene Seiten im World Wide Web (WWW).[1] Anfang 1995 war noch keine einzige deutsche Tageszeitung im Internet zu finden gewesen. Ab Mai 1995 konnten User erstmals aktuelle Texte aus den jeweiligen Printausgaben der Berliner „tageszeitung", der „Schweriner Volkszeitung" und der „Welt" abrufen.

Heute reicht das Spektrum der Zeitungsangebote im Internet von einer "Homepage" mit Eigenwerbung für das jeweilige Printprodukt über eine Replikation der gedruckten Zeitung im ganzen oder in Ausschnitten bis hin zu kompletten Online-Diensten mit Information, Unterhaltung und Serviceteilen, die von einer eigenen Redaktion erstellt werden und die mit der gedruckten Zeitung kaum noch etwas gemein haben. Es gibt kostenlose und kostenpflichtige Online-Archive, Kleinanzeigen. Ja ganze Stadtinformationssysteme, wie etwa der Kölner „Columbus City Guide", werden von Zeitungsverlagen getragen. Fast wöchentlich kommen neue Angebote hinzu.

Diese einhellige Faszination einer ganzen Branche erstaunt angesichts der Tatsache, daß Online-Dienste bei uns nach wie vor weit davon entfernt sind, ein Massenmedium zu sein. Schätzungen gehen in Deutschland von vier bis sieben Millionen Online-Usern aus. Die Zahl der Online-Anschlüsse in den Haushalten steigt von Jahr zu Jahr beachtlich, doch flacht die Zuwachsrate bereits leicht ab. Wie viele Menschen tatsächlich für welche Zwecke die neuen Medien nutzen, versuchen Marktforschungsinstitute mit verschiedenen Ansätzen herauszufinden.[2] Noch sind Internet-User - abgesehen von groben demographischen Profilen

---

1 Eine Dokumentation der Autorin bis Anfang August 1997 bekannt gewordenen Angebote von Tages- und Wochenzeitungen findet sich im vom Bundesverbandes Deutscher Zeitungsverleger herausgegebenen Jahrbuch „Zeitungen '98", das im Oktober 1997 erscheint. Eine Liste mit Online-Zeitungsangeboten findet sich auch auf der Homepage des BDZV im Internet (http://www.bdzv.de)

2 Aktuell gibt es drei Hauptrichtungen der Online-Marktforschung. Die Hamburger Firma Fittkau & Maaß wurde mit der bereits seit mehreren Jahren halbjährlich durchgeführten W3B-Befragung bekannt: Jeder Internet-Nutzer kann einen Fragebogen ausfüllen, auf den auf vielen Web-Angeboten hingewiesen wird. So kommen hohe Fallzahlen zustande allerdings nur von Usern, die ein aktives Interesse am Ausfüllen des Fragebogens haben. Die Gesellschaft für Konsumforschung (GfK) möchte vergleichbar der Fernsehfor-

- weitgehend unbekannte Wesen. Harte Daten gibt es im Prinzip nur für die Zahl der im Internet erreichbaren „Domains“ (= Adressen) und - in eingeschränktem Umfang - für die Zahl der Online-Anschlüsse in den Haushalten. Gemessen werden kann ferner die Häufigkeit, mit der bestimmte Seiten im Internet von bestimmten IP-Nummern aus angesteuert wurden. Welche Individuen dahinterstekken, ist in den seltensten Fällen bekannt. Es bleibt als Mittel also die Befragung. Die Wertung und Interpretation der ermittelten Daten ist dann nochmals ein Kapitel für sich. Wie definiert man zum Beispiel einen „häufigen Nutzer“? In der im halbjährlichen Rhythmus durchgeführten *W3B-Befragung* des Hamburger Unternehmens *Fittkau & Maaß* werden darunter User gefaßt, die Online-Medien mindestens einmal in zwei Wochen nutzen. In der *Funkanalyse Bayern 1997* von *Infratest Burke* dagegen fällt in diese Kategorie, wer Online-Dienste an vier bis sieben Tagen in der Woche nutzt. Entsprechend schwanken die Angaben über die tatsächliche Akzeptanz von Online-Medien in der Bevölkerung erheblich.

Wie viele aktive Online-User es zur Zeit in Deutschland auch immer geben mag und als wie beliebt Verlagsangebote von den Befragten im Vergleich zu anderen Informations- und Unterhaltungsangeboten auch immer eingestuft werden mögen - an einem simplen Faktum kann augenblicklich niemand rütteln: verglichen mit der täglichen Gesamtauflage der deutschen Tageszeitungen von gut 25 Millionen Exemplaren[3], die im Durchschnitt von deutlich mehr als einer Person gelesen werden, ist die Nutzung der Online-Medien allgemein und der Tageszeitungsangebote im speziellen verschwindend gering. Entsprechend zurückhaltend ist die Wirtschaft bislang noch mit Werbeinvestitionen. Von den Usern Geld für allgemeine Informationsangebote im WWW zu bekommen, hat sich mit wenigen Ausnahmen (etwa dem Online-Dienst des Wall Street Journal, für den seit Mitte 1996 jährlich 49 US $ bezahlt werden müssen) als kaum praktikabel erwiesen. Besser stellt sich die Situation nur bei Spezialinformationsdiensten dar, die für User wie für Werbetreibende einen höheren Nutzwert bieten.

In den Augen des Großteils der User sind Gebühren nichts anderes als ein „Schaden im System“, wie es Josh Bernoff, Unternehmensberater beim renommierten US-Marktforschungsinstituts Forrester Inc., einmal spitz formulierte. Solange es so viele kostenfrei zugängliche Angebote und eine so große Konkurrenz um die Aufmerksamkeit der User gebe, werde niemand bezahlen. Folgt man dieser Argumentation, entwickelt sich Online zu einer Art Kabelfernsehen. Die Nutzer sind bis zu einem gewissen Umfang bereit, für den Zugang zu bezahlen, nicht aber für jedes einzelne Angebot. Allenfalls eine kostenfreie Registrierung

schung ein Online-Panel einrichten, doch fehlte es bei Redaktionsschluß dieses Beitrags dafür noch an Sponsoren. Vielversprechend erscheint der Ansatz der AGOF-Befragung von Infratest-Burke. Dabei wird jedem n-ten Nutzer einer Web-Site ein Fragebogen präsentiert. So erhält man auch Informationen über die „Verweigerungsquote“ der Online-User und damit Daten über die Qualität der Befragung.

3 Die IVW-Auflage der deutschen Tageszeitungen in den alten und neuen Bundesländern lag im II. Quartal 1997 bei 25.165.999 täglich verkauften Exemplaren, von denen der überwiegende Teil (20.941.804 Exemplare) in den alten Bundesländern abgesetzt wird. In dieser Zahl sind die lokalen und regionalen Abonnementzeitungen, die überregionalen Zeitungen und die Kaufzeitungen enthalten. Rechnet man noch Sonntagszeitungen und Wochenzeitungen hinzu ergibt sich eine Gesamtauflage von 31.683.932 Exemplaren. Quelle: BDVZ Zeitungsmarkt 7/97 vom 01.08.1997

wird akzeptiert, aus der dann Daten zur Nutzung des Web-Angebots gewonnen werden können. Diese Daten sind zwar prinzipiell für die Werbewirtschaft interessant, doch müssen bei deren Nutzung die strengen Auflagen des deutschen Datenschutzgesetzes beachtet werden. An Wirtschaftlichkeit ist unter diesen Umständen nicht zu denken.

Die aus der schmalen Nutzerbasis resultierenden Probleme spüren zur Zeit insbesondere die Großverlage. Sie haben viel Engagement und Personal in die Gestaltung und Inhalte ihrer Online-Auftritte gesteckt und aktualisieren die Inhalte zumeist mehrmals am Tag, während kleine und kleinste Zeitungen mit wenig finanziellem Aufwand und Personal erstellte „Homepages" präsentieren. Die Großverlage verzeichnen zwar wesentlich höhere Abrufzahlen bei ihren Angeboten und können so wesentlich mehr Werbegelder akquirieren, doch sind Ihre Ausgaben entsprechend höher. [4] Selbst Flaggschiff „Bild online" des Axel Springer Verlages, das regelmäßig auf den monatlichen Hitlisten der beliebtesten Online-Angebote ganz oben steht, steckt noch in den roten Zahlen.

Wenig besser sieht die Lage bei serviceorientierten Informationssystemen aus. Das Finanzierungskonzept von "go on", einem vom Axel Springer Verlag in Zusammenarbeit mit der Deuschen Telekom gebührenpflichtig angebotenem Stadtinformationsdienst für Hamburg und Berlin, wurde schon wenige Monate nach der im November 1996 erfolgten Einführung modifiziert. Der zunächst ausschließlich über T-Online erreichbare Dienst ist inzwischen größtenteils kostenlos im Internet zugänglich. Auch die Erwartungen der Zeitungsgruppe WAZ, die mit „Cityweb" Abonnenten neben dem vollen Internetzugang exklusiv einen Generalinformationsdienst für das gesamte Ruhrgebiet offeriert, scheinen bislang nicht voll aufzugehen. „Cityweb"-Abonnenten nutzen den konkurrenzlos günstigen Internet-Zugang vor allem, um weltweit im Internet zu surfen, und weniger, um sich über die regionalen Inhalte zu informieren. Das vom Konzern angestrebte Kostenmodell (1/3 Abonnement, 2/3 Werbung und Transaktionsgebühren)[5] erscheint dadurch in Frage gestellt.

Motive beim Online-Engagement

Verfolgt man die Diskussionen in Verlegerkreisen, dann scheint die Frage nach kurzfristigen Gewinnaussichten bei der Entscheidung für eine Online-Engagement die geringste Rolle zu spielen. Online wird als eine strategische Aufgabe gesehen. Oberstes Ziel ist, vorhandene Märkte zu schützen. Insbesondere das Kleinanzeigengeschäft erscheint gefährdet. Branchenfremde Konkurrenz macht

4 So zeigte sich der Vorstandsvorsitzende des Axel Springer Verlages, Prof. Dr. Jürgen Richter, bei der Vorstellung des Halbjahres-Ergebnisses des Konzerns Mitte August 1997 „nicht ganz zufrieden" mit der Entwicklung des Online-Engagements. Ausgaben von 20 bis 30 Millionen Mark stünden derzeit nur Werbeinnahmen von einer Million DM gegenüber. Im Online-Geschäft sei weltweit „Nüchternheit angesagt". Vgl. Artikel „Springer-Gewinn sprudelt", Hannoversche Allgemeine Zeitung, 26.08.1997

5 Vortrag von Michael Frese am 5.12. 1997 in Berlin beim von der Regionalpresse und dem BDZV veranstalteten Kongreß „Zeitungen Online".

sich online bereits breit. Speziell im Bereich des Stellenmarktes und bei Immobilien gibt es eine Vielzahl von Initiativen, die Informationen, Angebote und Gesuche in leistungsfähigen Datenbanken speichern und an den Printausgaben der Zeitungen vorbei im Internet zugänglich machen.[6] Auch wenn die bisherigen Angebote das gewünschte Maß an Bedienungskomfort und Nutzerfreundlichkeit noch nicht erreichen, ist absehbar, daß hier ein Markt entstehen kann.

Neue Mitspieler gibt es jedoch auch bei den inhaltlichen Angeboten. Während früher niemand an den Regionalzeitungen als „Informationsquelle Nr. 1 in der Region" vorbei kam, haben Kommunen, der Handel und die werbetreibende Wirtschaft in den Computernetzen auf einmal die Möglichkeit, direkt ihr Publikum zu erreichen. Wenn die Bevölkerung diese Art der Information einmal in breitem Umfang akzeptiert, könnte dies die wirtschaftliche Basis der Zeitungen ernsthaft gefährdet. Dem wollen die Verlage nicht tatenlos zusehen.

Ein zweites wichtiges Motiv für ein Online-Engagement ist die Hoffnung der Verlage, mit inhaltlichen Angeboten neue Zielgruppen zu erreichen und neue Märkte zu erschließen, sprich die Zukunft der Zeitung in einer sich ändernden Medienwelt zu sichern. Diese Bemühungen zielen vor allem auf junge Leute, deren Anteil unter den Stammlesern des Printprodukts seit Jahren sinkt. Die meisten Verlage verfolgen eine Doppelstrategie. Einerseits sollen junge Leute über das elektronische Medium an das Printprodukt Zeitung herangeführt werden. Gleichzeitig suchen die Verlage nach Möglichkeiten, treue Nutzer für ihr elektronisches Angebot zu finden. Nur mit treuen Nutzern läßt sich ein Werbemarkt aufbauen. Und nur mit einem solchen Stammpublikum im Rücken könnten Zeitungen mit einiger Gelassenheit einer Zukunft entgegenblicken, in der die Verbreitung von Nachrichten auf gedrucktem Papier eine geringere Rolle spielen könnte als heute.

Die Ziele sind also hoch gesteckt. Ob sie mit den zur Verfügung gestellten Mitteln und Inhalten erreicht werden können, wird bislang selten hinterfragt. Wenn man vorhandene Zeitungsangebote im Internet durchsieht, kann einem schnell der Verdacht kommen, daß die Verlage den Wert ihrer für das Printprodukt erstellten Inhalte in einer Onlineumgebung überschätzen. Die aktuelle Diskussion um die richtige Form und die richtigen Inhalte eines Zeitungs-Auftritts im Internet krankt daran, daß die Möglichkeiten des neuen Mediums nicht gesehen und schon gar nicht richtig eingeschätzt werden. Die Verlage gehen bei der Gestaltung von ihren bisherigen Inhalten und Aufgaben aus. Sie denken vom Angebot her, nicht von der Nachfrage. Das Denken dreht sich um lokale Information, potentielle Abonnenten und Werbung als Erlösquelle. Daß die in gedruckter Form so wertvollen Inhalte einer Zeitung online nur für eine verschwin-

6 Beispiele hierfür sind das Angebot der Bundesanstalt für Arbeit unter http://www.arbeitsamt.de und seit 1.07.1997 des Rings Deutscher Makler unter http://www.rdm.de. Die Datenbank des RDM soll die Immobilien- und Vermietungsangebote der rund 4.700 deutschen RDM-Mitglieder zusammenführen. Für Ende 1997 ist die Öffnung des Angebots für die Öffentlichkeit vorgesehen.

dend kleine Minderheit einen alltagsrelevanten Nutzen haben könnten,[7] wird zwar verbal immer wieder zugestanden, schlägt sich aber kaum in den online präsentierten Inhalten nieder.

Wie groß die Denkblockaden sind, läßt sich bei Online-Auftritten von Zeitungen sehr gut zeigen. Es fängt damit an, daß sich das Internet-Engagement der Verlage in aller Regel auf ein Angebot im "World Wide Web" beschränkt. Das WWW integriert verschiedene Anwendungsmöglichkeiten des Internets durch seine vergleichsweise einfach zu bedienende grafische Benutzeroberfläche und hat das Internet erst einer breiteren Nutzerschicht erschlossen. Hauptbestandteil von WWW-Auftritten ist nach wie vor Text, verbunden mit Bildern und Grafiken. Audio- und Videoelemente werden erst vereinzelt eingesetzt. In seiner heutigen Erscheinungsform ähnelt das WWW und insbesondere die dort realisierten Zeitungsauftritte frappierend einem Printprodukt. Die Ähnlichkeit ist auch strukturell bedingt. Die "Sprache" des WWW, die "Hypertext Markup Language" HTML, ist eine Ableitung aus der in der Druckwelt verbreiteten Seitenbeschreibungssprache SGML. SGML wird in vielen Redaktionssystemen zur Zeitungsproduktion verwendet. Daten im SGML-Format lassen sich automatisch und ohne Nachbearbeitung ins WWW exportieren.

Aufgrund dieser Ähnlichkeit nimmt es nicht Wunder, daß Verlage im WWW in erster Linie ein publizistisches Medium sehen. Verbreitet wird demnach analog zur Printausgabe ein publizistisches Produkt. Die Information ist hierarchisch organisiert. Der Kontakt zu den Nutzern spielt eine untergeordnete Rolle und beschränkt sich meist auf die Möglichkeit, dem Autor oder der Redaktion einen Leserbrief per elektronischer Post zukommen zu lassen. Es gibt nur wenige, eingeschränkte Partizipationsmöglichkeiten. Auch interaktive, spielerische Elemente haben Seltenheitswert. Das Internet aus Zeitungssicht ist weitgehend ein Informationsmedium. Kommunikation, die das Internet ja erst groß gemacht hat und die noch heute zu den wichtigsten Vorteilen des Interents zählt, Klatsch, Unterhaltung, Software, Spiele, virtuelle Realität, Arbeit und andere Anwendungsmöglichkeiten haben dort keinen Platz. Interessanterweise spricht man ja auch von "Seiten" im WWW. Mit Hilfe von Hyperlinks kann man von einem Angebot zum nächsten "blättern".

WWW-Auftritte von Zeitungen ähneln dem Printprodukt selbst dann noch, wenn eine eigene Online-Redaktion völlig unabhängig ihre eigenen Inhalte gestaltet: Es gibt in der Regel nach Rubriken geordnete Nachrichten, Sport, Regionalinformation, Veranstaltungskalender und Kleinanzeigen. Nutzer können "Leserbriefe" schreiben. Das ganze soll sich durch Werbung finanzieren. Auch Nutzungsgebühren für die Inhalte haben in vielen Verlagen langfristig ihren festen Platz in der Planung. Die verwendeten Gestaltungsformen stammen aus dem Repertoire der bekannten Medien: Text, Bild, gegebenenfalls auch Audio-

---

7 Vgl. z.B. die 1996 veröffentlichte IFM-Studie "Die Seele im Netz". Nach Erkenntnis der Kölner Wissenschaftler haben Online-Dienste für die meisten Menschen keine "Alltagsrelevanz". Sie werden aus Neugier und zur Befriedigung des Spieltriebs genutzt, nicht um gezielt Informationen zu finden. Die Alltagsintegration sei die größte Herausforderung und Hürde der Online-Entwicklung (vgl. Berichtsband S. 19)

und Videokomponenten: eine Mixtur aus altbekannten Elementen soll ein neues Medium schaffen.

Angesichts dieser Situation drängt sich die Frage auf, ob die Stärken der Tageszeitung mit den Stärken der Computermedien überhaupt korrelieren. Kann es die erhofften Synergieeffekte zwischen Printmedium und Online überhaupt geben? Ist die Angst berechtigt, daß Online langfristig die gedruckte Zeitung ersetzten könnte? Auf welchen Gebieten werden sich die Computermedien durchsetzen? Wo ist Print klar stärker?

Print- und Online-Medien im Vergleich

Eine kurze Besinnung auf die Charakteristika der beiden Mediengattungen kann hier Klarheit schaffen. Tageszeitungen sind zum heutigen Stand größtenteils Informationsmedien.[8] Aktualität ist für sie ebenso wichtig wie die thematische Breite der vermittelten Inhalte. So aktuell wie die vielerorts vorhandenen elektronischen Medien (lokales Radio, lokales Fernsehen) können Zeitungen allerdings nicht sein. Dafür liefern Zeitungen eine Fülle von Hintergrundinformationen, die in keinem der bisherigen elektronischen Medien in diesem Umfang Platz finden konnten. Tageszeitungen haben ihre besondere Kompetenz in der regionalen Information und in exklusiven Korrespondentenberichten und Kommentaren. Sie dienen ihren Lesern als Ordnungs- und Oriertierungsmedium und vermitteln einen Überblick über globale Ereignisse. Ihre Stärke sind die Exklusivberichte über das lokale Geschehen.

Die Leser von Lokal- und Regionalzeitungen, die das Grand der Online-Angebote im Internet nutzen, sind größtenteils Abonnenten, die der Zeitung ihrer Wahl eine besonders hohe Glaubwürdigkeit zubilligen. Für sie sind Zeitungen ein Stück Heimat und erste Anlaufstelle für Informationen aller Art. Wie Untersuchungen immer wieder zeigen, kommt dem Lokalteil bei der Beliebtheit der verschiedenen Inhalte ein besonders hoher Stellenwert zu. Die Leser entwickeln zudem eine starke Bindung an das Blatt ihrer Wahl.

So treu die Leser in der Regel sind, so wenig können die Zeitungen ihre Zukunft auf sie bauen. Im Durchschnitt werden Zeitungsleser von Jahr zu Jahr älter, da die Zahl der Zeitungsleser in den jüngeren Jahrgängen seit Jahren rückläufig ist. Zu schaffen macht den Tageszeitungen auch das schwindende Interesse an Politik. Politisch Interessierte gehören seit jeher zu den Stammlesern und intensiven Nutzern der Tageszeitung.[9] 60 Prozent der Befragten einer aktuellen Studie des Bonner Innenminsteriums gaben an, sich wenig oder gar nicht für Politik zu interessieren. Nur 29 Prozent der unter 40jährigen interessierten sich „sehr“ für

8 auch wenn sich nach der neuesten Studie "Massenkommunikation" von Berg/Kiefer bei allen Medien eine leichte Verschiebung in Richtung Unterhaltung ergibt.

9 Vgl. Berg/Kiefer: Massenkommunikation IV, 1996, S. 319 u. 340

Politik. Dieser Aussage stimmten in der Altersgruppe der über 40jährigen dagegen 52 Prozent zu.[10]

In ihrer Eigenschaft als Printmedium sind Zeitungen einfach zu handhaben. Sie lassen sich leicht transportieren, nach Gebrauch ebenso leicht entsorgen und ihr Verlust ist kein materielles Desaster. In ihrer Übersichtlichkeit sind sie unschlagbar. Auf einen Blick kann das Auge erfassen, ob eine Zeitungssseite eine lesenswerte Meldung enthält oder nicht. Ein Griff genügt in der Regel, um interessante Artikel zu archivieren - ein unschlagbarer Vorteil nach Einschätzung des renommierten amerikanischen Computerkritikers und Professors Josef Weizenbaums: "Im allgemeinen, glaube ich, daß Menschen noch sehr lange 'hard copy' haben wollen, jedenfalls von den Artikeln, an denen sie Interesse haben, 'Dokumente' also, die sie dann auf Tischen liegen lassen oder in ihre Taschen stecken können. Das muß natürlich nicht auf Papier sein, aber im Moment gibt es nichts anderes auf dem Markt."[11]

Eine Betrachtung der Computermedien fördert andere Stärken zu Tage. Da ist zum einen die *Aktualität*. Das Internet ist an keine festen Veröffentlichungsrhythmen gebunden. Theoretisch kann alles zum Zeitpunkt seines Geschehens in die Netze eingespeist werden. Webkameras, die den aktuellen Füllstand von Kaffeemaschinen an amerikanischen Universitäten zeigen, sind dafür ein prominentes, wenn auch wenig spektakuläres Beispiel. Typischer sind da schon die Nachrichtenticker der Agenturen, die häufig Bestandteil von Zeitungs-Websites sind. Genauso gut läßt sich die Aktualität der Netze für Sportergebnisse (während der Spielzeit aktualisiert), Verkehrsinformationen (Staumeldungen, Radarfallen, Auslieferungsstand von Paketen) oder die Meldung freier Kinokarten nutzen.

Ein zweites Kennzeichen von Computermedien ist ihre *Globalität*. Über Computernetze verbreitete Informationen sind nahezu zeitgleich auf der ganzen Welt verfügbar. Für die Abfrage eines elektronischen Postfachs ist es egal, ob der zuständige Rechner in Singapur oder Dortmund steht und ob er von Düsseldorf oder Orlando aus abgefragt wird. Das Internet ermöglicht es einem Gastprofessor aus den USA, von Tübingen aus an seinem Rechner in Harvard zu arbeiten als säße er direkt davor. Ingenieure aus verschiedenen Kontinenten können online gemeinsam an einem Projekt arbeiten. Für online verbreitete Informationen bedeutet dies die Aufhebung regionaler Vertriebsgrenzen und damit grenzenlose Konkurrenz. Das Internet wird zu einem riesigen Kiosk, an dem das Wall Street Journal neben der New York Times, der Frankfurter Allgemeinen Zeitung und der Financial Times liegt. Die Nutzer können frei entscheiden, ob sie ihre Wirtschaftsnachrichten dort oder in ihrer lokalen Zeitung lesen wollen.

---

10 Vgl. dazu aktuell Schneider/Möhring/Stürzebecher: Lokalzeitungen in Ostdeutschland - Strukturen, publizistische Leistung und Leserschaft. Ergebnisse eines Forschungsberichts für das Bundesministerium des Inneren. In: Media Perspektiven 7/97, S.378ff.

11 Äußerung auf dem Kongreß "Zeitung der Zukunft - Zukunft der Zeitung", der im Oktober 1994 in Königswinter stattfand. Vgl. Flöper/Raue 1995, S.46.

Die *Wandelbarkeit* digitaler Daten hat zudem den Nebeneffekt, daß die Auswahl nicht auf die Angebote dieser Printmedien beschränkt ist. Große Fernsehanstalten CNN oder neuerdings in Deutschland ZDF in Zusammenarbeit mit MSNBC präsentieren gleichfalls aktuelle Textinformationen, daneben immer häufiger auch Bewegtbilder und Originaltöne. Für den Konsumenten bedeutet das digitale Datenformat eine nie zuvor gekannte Freiheit bei der Wahl des Empfangsgeräts. Die Informationen finden heute ihren Weg nicht mehr nur über die Telefonleitung zu einem am Arbeitsplatz fest installierten PC. Alternativ können die Daten über Satellit, Fernsehkabel, Funk oder Digital Audio bzw. Video Broadcasting zugestellt werden. Als Empfangsgeräte kommen mobile oder festinstallierte Computer in Frage, Fernseher mit „Set-Top-Box", Mobiltelefone, DAB-Radios oder andere Endgeräte, die für den Empfang der benötigten Daten ausgerüstet sind.

Eng verknüpft mit der Technik ist die *Programmierbarkeit* der Computermedien. Da alle Daten in computerlesbarem Format vorliegen - auch eine Sinfonie von Beethoven besteht in digitaler Form aus den Zahlen Null und Eins - können Programme geschrieben werden, die gezielt nach bestimmten Informationen suchen und diese dann zu vorbestimmter Zeit an einem bestimmten Ort abliefern. Schon heute ist das Internet voll von Programmen, die das Internet laufend nach neuen Informationsangeboten durchkämmen und mit den Resultaten die großen Internet-Verzeichnisse ("Suchmaschinen") versorgen. Von dieser Technik ist es nur ein kleiner Schritt hin zu "digitalen Agenten", die ihren Auftraggebern maßgeschneiderte Informationspakete schnüren. Wissenschaftler in aller Welt arbeiten an Programmen für diese individuelle "Zeitung" "Daily Me", die nicht nur konkrete Suchaufträge erledigen kann, sondern auch selbständig Informationen findet, die ihren Auftraggeber *voraussichtlich* interessieren könnten. Ein Testbeispiel für diese Art von Programmen ist der Musikinformationsdienst "Firefly" im Internet. Dort gibt man Musiktitel ein, die man selbst gut findet. Als Resulat erhält man Musikempfehlungen von Nutzern mit ähnlichem Geschmack.

Das letztlich vielleicht entscheidendste Charakteristikum von Computermedien ist ihre *Interaktivität*. Dieses vielzitierte und mißverständlich verwendete Schlagwort meint zunächst nichts anderes, als daß Nutzer untereinander und mit den Anbietern von Inhalten in Kontakt treten können (Live-Unterhaltung via Chat, E-mail, Diskussionsforen...). Die Möglichkeiten reichen dabei von der persönlichen Unterredung mit Gleichgesinnten bis hin zu "Konsum on Demand", also dem Abruf von Serviceinformation, Online-Shopping, Homebanking etc. Der Austausch mit anderen Online-Nutzern gehört mit Abstand zu den beliebtesten Anwendungsmöglichkeiten der Computermedien. Online-Dienste wie America Online oder CompuServe erzielen einen Großteil ihrer Umsätze aus der Zeit, die ihre Abonnenten mit "usergenerierten Inhalten" verbringen: Klatsch, Tratsch und Smalltalk. Letztlich war es ja auch dieser kommunikative Aspekt, der das Internet erst groß gemacht hat: Lange vor dem "World Wide Web" (WWW)" gab es E-Mail, die elektronische Post und die Vielzahl von "Newsgroups", in denen rund um den Globus frei über Gott und die Welt diskutiert werden kann.

Es gibt also eine Vielzahl von strukturellen Unterschieden zwischen Print- und Computermedien. Schon dieser kurze Abriß zeigt, daß es sich für Zeitungen lohnen könnte, sich von der allzu engen Bindung an das Printprodukt zu lösen und sich bereits im Vorfeld der Gestaltung eines Online-Auftritts mehr Gedanken über das Potential des Mediums und mögliche Zielgruppen zu machen: Wen soll das Angebot erreichen? Welcher praktische Nutzen wird das Interesse der User dauerhaft wecken?

Die Europäische Kommission hat Ende 1996 hierzu eine interessantere Studie vorgelegt.[12] Darin wird unter anderem das Marktpotential für Online-Angebote anhand potentieller Zielgruppen untersucht. Grundlage für die Einteilung in vier Nutzergruppen ist das Informationsverhalten (aktive versus passive Informationsbeschaffung) und der jeweilige Grund für die Mediennutzung (emotional versus rational).

Analyse von Nutzergruppen

Die kleine Gruppe der "Informationsmanager" ist rational orientiert, sucht professionell Informationen in Datenbanken und hat hierfür bereits jetzt die Möglichkeiten. Sie legt keinen Wert auf unterhaltende Elemente und lehnt Werbung ab. Ihre Mitglieder wollen rasch und gezielt Informationen finden.

"Zeitknappe Nutzer" dagegen sind im Prinzip ebenso an maßgeschneiderter Fachinformation interessiert, sind aber nicht bereit, diese selbst aktiv zu suchen. Sie nutzen deshalb Online-Angebote noch kaum. Wenn sie über personalisierte Informationssysteme spontan Zugang zu Wissen, das heißt schnelle, akkurate und speziell auf ihre Interessen zugeschnittene werbefreie Resultate erlangen könnten, würden sie nach Auffassung der Autoren der Studie dafür bezahlen.

Zu den emotional geprägten Typen werden "PC-Freaks" gezählt, die online aktiv nach Unterhaltung und Abenteuer suchen. Sie sind zumeist jung, anspruchsvoll, technisch versiert, haben Zeit (viele Studenten) und interessieren sich stark für die kommunikativen und interaktiven Aspekte der Online-Medien (Chat, News, Spiele, „MUDs"). Im Gegensatz zu den beiden erstgenannten Typen tolerieren „PC-Freaks" Online-Werbung zur Finanzierung der Angebote. Die kommerziellen Online-Dienste rekrutieren derzeit viele ihrer Nutzer aus diesem Marktsegment.

"Unterhaltungsorientierte" schließlich sind die zahlenmäßg größte Zielgruppe der potentiellen Online-User, aber auch die, die am schwersten zu rekrutieren sein dürfte. Wer zu dieser Gruppe zählt, dürfte kaum bereit sind, Angebote aktiv nachzusuchen und ist nur sehr begrenzt an Nachrichten und Hintergrund inter-

12 Electronic Publishing. Strategische Entwicklungen für die Europäische Verlagsindustrie im Hinblick auf das Jahr 2000, Brüssel 1996

essiert. Erwartet werden vielmehr "medienreiche multimediale" Inhalte, die Zeitungen als informationsorientierte Textmedien nicht in ihrem Standardangebot haben.

Zeitungsverlage müssen sich angesichts dieser Nutzerstruktur entscheiden, für wen sie ihr Angebot konzipieren. An einer Online-Ausgabe der gedruckten Zeitung hat keine dieser Nutzergruppen Interesse. Für die professionellen User der ersten beiden Gruppen müßten die Inhalte archiviert und bearbeitet werden. Für einen Spezialinformationsdienst, der den von den Usern erwarteten Mehrwert bringt, dürften die Inhalte einer einzigen Zeitung aber nicht ausreichen.

Die Experten der Europäischen Kommission empfehlen Regionalzeitungsverlagen deshalb, sich bei ihrem Online-Produkt auf den Nischenmarkt "regionales Informations- und Kommunikationszentrum" zu konzentrieren und in einer Anfangsphase auch die zugehörigen Zugänge zum Internet mit anzubieten. Mit dieser Strategie arbeiten eine ganze Reihe von Zeitungen seit längerem recht erfolgreich. Die Rhein-Zeitung aus Koblenz hat für ihre Internet-Ausgabe Mitte Juni 1997 immerhin 3.500 Abonnenten, die Vorarlberger Nachrichten aus Schwarzach bei Bregenz rund 5.000. Nach Auffassung von Joachim Türk, stellvertretender Chefredakteur der Rhein-Zeitung, können sich Zeitungsverlage im Internet derzeit nur erfolgreich positionieren, wenn sie sämtliche Internet-Dienstleistungen einschließlich des Zugangs mit anbieten. Türk nennt dies „Kundenwunschspirale“: "Da kommt jemand zu Ihnen und sagt, er möchte ein Logo auf Ihrer Homepage. Er möchte 20 Seiten Text dahinter. Die muß irgendjemand gestalten. Und warum sollten seine Kunden nicht per e-mail Informationen bestellen können? E-Mail-Adressen für die Abteilungen und Filialen seiner Firma wären auch eine schöne Sache. Und eine eigene Internet-Adresse. Eigentlich möchte der Kunde eine feste Anbindung an das Internet, besser noch eine Anbindung seiner Datenbank - am besten gleich ein Intranet. Und schon stecken Sie mitten in Internet-Dienstleistungen. Der Verlag wird Fullservice-Provider - oder er verzichtet auf das Online-Geschäft."[13]

80 Prozent der Erlöse im Internet werden derzeit noch mit dem Verkauf von Zugängen gemacht - derzeit nahezu die einzige Möglichkeit auch für Zeitungsverlage, Deckungsbeiträge zu dem teuren Online-Engagement zu erwirtschaften. Für Zeitungen bedeutet dies ein Umdenken. Ihre eigenen Inhalte werden nicht in dem gleich hohen Maße gewürdigt, wie im Printprodukt. Solange der Zugang zum Internet noch nicht für die meisten Menschen zum Alltag gehört, haben ihre Abonnenten vielleicht ein stärkeres Interesse daran, den "Vertriebsweg" zu abonnieren als die Inhalte.

Mit ihren eigenen lokalen Inhalten können Zeitungsverlage möglicherweise die Online-Marktnische "lokale und regionale Information" besetzen - sicher ist dies keinesfalls. Die starke technische Komponente des Onlinegeschäfts gibt den "big players" prinzipell die besseren Chancen an die Hand. Wer die bessere Soft-

13 Vortrag am 30. Januar 1997 auf der Tagung „Online-Marktchancen“ der mbt online KG in Augsburg, unveröffentlichtes Manuskript.

ware programmieren, mehr Personal und mehr Risikokapital aufbringen kann, wird möglicherweise den Markt aufrollen. In den USA spüren vor allem Großstadtzeitungen bereits die Konkurrenz von Stadtinformationssystemen, die Ihnen die großen Online-Dienste von Microsoft und AOL vor die Nase setzen.

Skeptische Stimmen, wie die von Lincoln Millstein, Vice President New Media beim Boston Globe und konzeptioneller Kopf hinter „boston com", einem regionalen Informationssystem für Neuengland, sind selten. Millstein brandmarkt alle derzeitigen Bemühungen von Zeitungen, ihre Märkte zu schützen und ihr Terrain online abzustecken, als "Pseudobemühungen". Das Ausmaß des Engagements der Verlage werde der Tragweite der Bedrohung der traditionellen Zeitungsmärkte durch branchenfremde Investoren nicht gerecht: "Ob nun drei oder fünf oder sogar zehn Millionen Dollar von Knight-Ridder, dem Wall Street Journal oder der Washington Post bereitgestellt werden - all dies ist ein Klacks im Vergleich zu dem, (...) was Microsoft und eine Schar gieriger Risikokapitalgesellschaften bereit sind zu investieren, um unsere "Kronjuwelen" zu stehlen: unser kostbares Kleinanzeigengeschäft und unseren umfangreichen Abonnentenstamm."[14]

Millstein macht angesichts seiner Erfahrungen Abstriche bezüglich der Ziele, die ein einzelnes Zeitungshaus in diesem Medium verwirklichen kann: "So mußten wir beispielsweise einsehen, daß wir - die wir uns immer als Herren der Information in Boston betrachtet hatten - im Online-Medium inhaltlich plötzlich gar nicht mehr so viel zu bieten hatten. Viele unserer Artikel stammen von freien Mitarbeitern, was eine ganze Reihen von Copyright-Problemen mit sich bringt. Außerdem veröffentlichen wir regelmäßig Kolumnen von Pressesyndikaten sowie Wetterkarten, an denen wir kein geistiges Eigentum haben. Überdies sind wir nicht in der Lage, brandaktuelle Nachrichten zu liefern".[15]

Für den Boston Globe war der Ausweg aus diesem Dilemma, gemeinsam mit anderen Medien der Region die gemeinsame Plattform „boston.com" zu gründen, auf der sich Informationen aus den verschiedensten regionalen und lokalen Medien finden. Andere Zeitungen haben sich untereinander zu Kooperationen im Rubrikanzeigenbereich entschlossen und präsentieren einen gemeinsamen Datenpool. Darüber hinaus existieren Modelle der Zusammenarbeit im inhaltlichen Bereich und bei der Online-Werbung.

Vergleichbare Initiativen von Zeitungsverlagen gibt es mittlerweile auch in Deutschland. Zu den Pionieren zählt die im Mai 1996 auf Initiative des Verbandes der Bayerischen Zeitungsverleger gegründete mbt Online KG.[16]. Diese zunächst von 18 bayerischen Tageszeitungen gegründete Gesellschaft, der mittlerweile 25 Verlage als Gesellschafter angehören, hat sich inzwischen über die bayerischen Landesgrenzen ausgedehnt. Ziel des Zusammenschlusses ist, den

14 Vortrag am 17. Oktober 1996 beim IFRA-Symposium "Über das gedruckte Wort hinaus". Nachgedruckt in: Zeitungstechnik Januar 1997, S. 6f.

15 ebd. S.7

16 Mediengesellschaft der bayerischen Tageszeitungen für Kabelkommunikation GmbH & Co - Online KG - mit Sitz in München

Zeitungsverlagen den kostengünstigen Einstieg in das Internet-Service-Providing zu ermöglichen und Gemeinschaftsprojekte voranzutreiben, die zu einem wirtschaftlichen Erfolg der Online-Projekte der beteiligten Zeitungsverlage beitragen können. Zu den Vorhaben, die noch 1997 verwirklicht werden sollen, zählt die Realisierung eines gemeinschaftlichen Rubrikanzeigenmarktes. Unter einer gemeinsamen Internet-Adresse werden sämtliche Print-Kleinanzeigen mit komfortablen Suchfunktionen online zugänglich sein.

Mit einer ähnlichen Zielsetzung wie die mbt Online KG gründete der Verband der Lokalpresse Anfang 1997 sein Projekt "Pipeline". Die dort zusammengeschlossenen kleineren Zeitungen wollen ebenfalls einen gemeinsamen Rubrikenmarkt zustande bringen und einen gemeinsamen Online-Mantelteil finanzieren. Auch für den Bereich der Online-Werbung gibt es Initiativen. Die "Online Marketing Service" OMS wurde im Dezember 1996 von mehr als einem Dutzend Zeitungsverlagen gegründet. Sie hat ihren Sitz in Düsseldorf. Ihre zentrale Aufgabe wird sein, überregionale Werbekunden zu gewinnen und ihnen die Werbeflächen in allen angeschlossenen Zeitungs-Online-Diensten als Gesamtpaket zu verkaufen. Das regionale Anzeigengeschäft bleibt Sache der einzelnen Zeitungsverlage. Einen ähnlichen Ansatz verfolgte bereits Anfang 1996 das "NEwspaper Online Network" NEON. Wegen offenen gesellschaftsrechtlichen Fragen hatten sich an dieser Initiative allerdings nicht besonders viele Zeitungsverlage beteiligt.

Eine der interessantesten Zeitungskooperationen im Online-Bereich nahm 1994 in Belgien ihren Anfang. Damals starteten elf Zeitungs- und Zeitschriftenverleger, die mit 36 Tageszeitungen und 21 Zeitschriften beinahe den gesamten belgischen Pressemarkt repräsentierten, das Projekt "Central Station". Ziel des Unternehmen war ein professioneller Informationsdienst auf Datenbankbasis, der als „elektronischer Pressespiegel" an Geschäftskunden vertrieben werden sollte. Im April 1996 ging Central Station mit vielversprechenden Hoffnungen und einigen Großkundenaufträgen an den Start. Wenige Monate später gab es den Dienst nicht mehr. Ein belgisches Gericht hatte der Klage der Journalistengewerkschaft stattgegeben und die Fortführung des Dienstes aufgrund ungeklärter Copyrightfragen untersagt.

Literatur

„Springer Gewinn sprudelt" In: Hannoversche Allgemeine Zeitung vom 26.08. 1997

BDVZ Zeitungsmarkt 7 (1997) vom 01.08.1997

Berg, Klaus und Marie-Luise Kiefer (1996): Massenkommunikation IV. S. 319 u. 340

Europäische Kommission (Hg.) (1996): Electronic Publishing. Strategische Entwicklungen für die Europäische Verlagsindustrie im Hinblick auf das Jahr 2000.

Flöper, Berthold L. und Paul-Josef Raue (1995): Zeitung der Zukunft - Zukunft der Zeitung. Bilanz - Konzepte - Visionen. Bonn. S.46

IFM-Studie (1996) "Die Seele im Netz". Berichtsband. S. 19

Millstein, Lincoln (1997): Über das gedruckte Wort hinaus. In: Zeitungstechnik 1 (1997), S. 6f.

Türk, Joachim (1997): Online-Marktchancen. Augsburg (unver. Manuskript).

Schneider, Beate, Wiebke Möhring und Klaus Stürzebecher (1997): Lokalzeitungen in Ostdeutschland - Strukturen, publizistische Leistung und Leserschaft. Ergebnisse eines Forschungsberichts für das Bundesministerium des Inneren. In: Media Perspektiven 7/97, S. 378ff.

Internetadressen:

http://www.bdzv.de
http://www.arbeitsamt.de
http://www.rdm.de

Wegweiser im Irrgarten

http: Service und Interaktion im World Wide Web

Egbert M. Reinhold

Abenteuer im Labyrinth

In vielen Gesprächen über das Internet fällt nach spätestens fünf Minuten der Ausdruck „Labyrinth". So, wie sich viele Lebewesen in dem Labyrinth des Minotaurus verirrten und darin umkamen, bevor Theseus mit dem Ariadnefaden in der einen Hand (in der anderen hielt er das Schwert) den Irrgarten betrat und lebend wiederkehrte, scheuen sich viele Internet-Besucher, ohne Hilfestellung das weltumspannende Computernetz zu betreten.

Die Gefahr, sich in den rund 500 000 Angeboten (Stand April 1997) des Internets zu verirren, ist tatsächlich groß. Wer einmal aufs Geratewohl durch die schier unendliche Vielfalt surfte, hat das Labyrinth schon kennengelernt: Eine Verzweigung (der sogenannte Hyperlink) zuviel angeklickt und schon geht´s unkontrolliert durch den Cyberspace. Ein Ausstieg aus dem Gewirr an Bits, Bytes und Bildern ist dann oft nur noch durch das radikale Beenden des Internet-Programms (den Browser) möglich.

Dennoch entschließen sich immer mehr Menschen, das Abenteuer online zu wagen. Weltweit sind es geschätzte 60 Millionen (Stand Mai 1997), die Marshall McLuhans Vision vom „globalen Dorf" Realität werden lassen. Täglich werden es mehr, die das Internet kennenlernen wollen - und sich führungslos im Labyrinth verirren.

Hier bietet es sich für Zeitungen geradezu an, als Pfadfinder im elektronischen Irrgarten zu fungieren. Die Redaktionen haben es gelernt, Millionen von Lesern durch die wachsende Informationsflut zu führen. Was liegt also näher, als die Online-Nutzer ebenfalls durch das rasant wachsende Internet-Angebot zu geleiten? (Eine Untersuchung des Münchener „Internet Report" geht im April 1997 von täglich 8000 neuen Inhaltsangeboten aus). Computer- und Online-Branche haben selbst in Zeiten wirtschaftlicher Schieflage Zuwachsraten in zweistelliger Höhe. Die Verlage mußten auch der Gefahr begegnen, Anzeigenkunden an das neue Medium zu verlieren.

Hinzu kommt, daß der Trend im Internet wie in der Politik lautet: „Global denken, lokal handeln". Der Vorteil regionaler Zeitungshäuser liegt in der Nähe zu den Lesern. Allein an den 1996 investierten Werbegeldern läßt sich diese Nähe belegen: Überregionale Tageszeitungen nahmen insgesamt 211,3 Millionen Mark ein, regionale Tageszeitungen aber 1,346 Milliarden Mark (Quelle: Axel Springer Verlag, Berlin).

Weil in den Zeitungshäusern die Befürchtung laut wurde (und tatsächlich auch zurecht besteht), daß überregional tätige Unternehmen online in den regionalen Markt eindringen wollen (Axel Springer mit seinem Dienst „go on“ ‚Bertelsmann mit „oms“ oder der Software-Hersteller Microsoft mit „sidewalk“), mußten die Verleger auf diese Herausforderung reagieren.

Die Zeitungen gründeten Online-Redaktionen und besetzten sie je nach Anspruch mit erfahrenen Redakteuren oder freien Mitarbeitern. Für die Journalisten, die in die elektronische Abteilung ihrer Zeitung wechselten, bedeutete dies den Abschied von vielen klassischen Arbeitsfeldern.

Sind Online-Redakteure auch Journalisten?

In den meisten Zeitungsredaktionen, deren Verlage mit einem eigenen Online-Angebot im Internet vertreten sind, taucht immer wieder die Frage auf: „Sind Online-Redakteure eigentlich noch Journalisten?“ Eric Hegmann, Leiter der Online-Edition des Milchstraßenverlags gibt die Antwort: „Er (der Online-Redakteur, *emr*) ist ein kreatives Multitalent: Er vermischt Print, Audio und TV am Computer zu einem neuen Medium...“ (Journalist 6/97). Sybille Fleischmann von „The Microsoft Network“ sagt: „Journalistische Kompetenz und Verantwortung werden jedoch auch im Internet mehr denn je gefragt sein.“ (sage und schreibe 5/97).

Der Deutsche Journalisten-Verband (DJV) meint: Online-Journalismus sei ein „Handwerk mit Zukunft“. Die IG Medien steht dem neuen Journalismus kritischer gegenüber: Er sei naturgemäß oberflächlicher als beim Print, müsse aber gewerkschaftlich betreut werden. In ihren „Forderungen Multimedia“ (verabschiedet beim Seminar „Fetisch Online“ im Juni 1997 in Hörste) stellt die Gewerkschaft unter anderem fest: „Für die Beschäftigten in den neuen journalistischen Berufen müssen die gleichen Rechte wie in den klassischen journalistischen Berufen gelten.“ (Mayer 1997)

Online-Journalismus spiegelt Print-Inhalte im Internet wider und ergänzt diese um weiterführende Verknüpfungen. So wurden etwa die Artikel über die Rede des Bundespräsidenten zur Rolle der Politiker und der Parteien in Deutschland im Netz veröffentlicht - angereichert mit einem Hyperlink, bei dem jeder interessierte Online-Nutzer die Originalrede Roman Herzogs nachlesen konnte.

Dieses Beispiel zeigt, daß Online-Redakteure anders arbeiten und denken (müssen). Sie müssen Artikel ihrer Printkollegen inhaltlich vertiefen und anreichern. Denn im Internet gibt es nahezu kein Thema, zu dem nicht eine Universität, ein Fachmann, eine öffentliche Institution oder eine Firma ein eigenes Online-Angebot unterhält. Dieses bei Bedarf zu finden, ist eine der Aufgaben einer Online-Redaktion.

Während Printmedien damit leben, mit den redaktionellen Vorgaben (Zeilenlänge, Umbruch) zu arbeiten, sind Online-Redaktionen in dieser Beziehung relativ unabhängig. Egal, ob ein Artikel 180 oder 50 Zeilen umfaßt - im Computer ist für alle Platz. Wer will aber in der Zeitung 180 Zeilen lesen? Alle, die das Thema interessiert. Das gleiche gilt für Online-Leser. Nur muß sich hier der Redakteur bewußt sein, daß vermutlich niemand 180 Zeilen am Bildschirm lesen wird.

Das hat mehrere Gründe: Am wichtigsten ist, daß die Deutsche Telekom bei jeder Online-Sitzung den Gebührenzähler einschaltet[1]; auch sitzen die meisten privaten Internet-Nutzer in Deutschland vor Computermonitoren, die für längeres Lesen am Bildschirm nicht geeignet sind; hinzu kommt, daß Online-Leser wie Zeitungsleser alles schwarz auf weiß haben wollen und die sie interessierenden Texte ausdrucken.

Diesem Verhalten, das in der Computerbranche als bewiesen gilt, obwohl es kaum wissenschaftliche Untersuchungen darüber gibt, müssen Online-Redakteure entsprechen. Gilt bei den Tageszeitungen als gutes Layout, wenn Artikel und Bilder eine leicht erkennbare Einheit bilden, ist online nur wichtig, daß ein Text nicht mit zu vielen Bildern befrachtet ist. Ein einziges digitalisiertes Fotos kann so viel Platz wie 400 Seiten Text belegen. Bei den momentan zur Verfügung stehenden Telefonleitungen wäre es unzumutbar, solche Bilder durchs Kupfer zu schicken. Da außerdem kein Internet-Redakteur weiß, wie der User im Internet surft (Welchen PC benutzt er? Welche Internetverbindung? Ist der Monitor hochauflösend oder nicht? etc.), sollte sich das Angebot größtenteils auf Text-Information beschränken.

Dabei gilt auch Online, was Helmut Markwort als Vorgabe für das Nachrichtenmagazin „Focus“ definierte: „Fakten, Fakten, Fakten.“ Nur muß im Internet die Umsetzung dieser Präambel naturgemäß onlinegerecht geschehen: Während sich in „Focus“ viele Fakten allein durch das Betrachten der „Info-Grafiken“ erschließen sollen, wäre eine derartige Bildüberfrachtung im Internet die Garantie dafür, daß sich wegen der langen Ladezeiten kaum ein User auf einer derart gestalteten Homepage blicken lassen würde. Die Online-Ausgabe des Nachrichtenmagazins verzichtet denn auch konsequent auf Fakten in Grafiken, sondern läßt Fakten in den Texten sprechen.

---

1 In den USA spielt dieser Faktor keine Rolle, da die amerikanischen Telefongesellschaften Ortsgespräche in einem Umkreis von 50 Meilen grundsätzlich nicht berechnen. Peter Wollschlaeger, Systemprogrammierer, Buchautor und Journalist meint zu diesem Thema: „Peinlich ist nur, daß das so veraltete amerikanische Netz nicht nur drastisch billiger ist, sondern auch noch deutlich schneller. Immer, wenn ich meine Freunde in Amerika besuche, staune ich über deren Internet-Geschwindigkeit, und wenn ich aus dem Haus komme, sehe ich den Holzmast mit der Telefonleitung. Das mag aus Sicht unserer Telekomiker nur eine Landstraße dritter Ordnung sein, doch Hunderte davon parallel sind halt schneller als eine hochmoderne verstopfte Autobahn.“ (PC Professionell 7/97, Seite 91)

„Gatekeeper" regeln den Verkehr auf dem Daten-Highway

In der Online-Ausgabe einer Zeitung soll der Hintergrundbericht eines Korrespondenten veröffentlicht werden. Der Redakteur der Zeitung orientiert sich an dem Layout (zwei- oder dreispaltige Überschrift, Zeilenvorgabe, Bildtext). Der Online-Redakteur bekommt den Hintergrundbericht mit diesen Vorgaben in das Internet-System überspielt.

Für eine vertiefende Berichterstattung muß der Redakteur im Internet entsprechende Informationen recherchieren. So wurde 1995 im ruandischen Bürgerkrieg zusätzlich zu den Agenturberichten die Internetseite eines Mönchsklosters mit authentischen Berichten über die Situation in dem afrikanischen Land in den meisten amerikanischen Online-Zeitungen gespiegelt. Die Mönche waren die einzigen, die noch verläßliche Informationen aus Ruanda via Internet bekanntgeben konnten[2].

Aber auch weniger dramatische Ereignisse sind es wert, durch vertiefende Hyperlinks angereichert zu werden. Da spricht etwa ein Politiker über die Rolle seiner Partei in der Gesellschaft - mit einem Mouseklick ist der User auf der Homepage der Partei. Der Bundeskanzler gibt eine Regierungserklärung ab, ein Klick führt zum Wortlaut seiner Rede.

Das Internet bietet unendlich viele Möglichkeiten, sich zu informieren. Online-Journalisten sind gehalten, die seriösen Informationen von den unseriösen zu trennen und in ihrem eigenen Angebot zu verlinken. Dabei spielt es keine Rolle, ob die Information von einer privat oder einer kommerziell gestalteten Homepage kommt. Wichtig ist nur, daß die User zu einem bestimmten Thema informiert werden. Natürlich sollen Online-Redakteure die Webseiten auf Wahrheit überprüfen. Da dies nicht immer durch ein verifizierendes Telefongespräch oder eine E-mail geschehen kann, hilft manchmal nur die Erfahrung der Journalisten weiter[3]. Die „Gatekeeper" fahren auf dem Daten-Highway mit und regeln den Verkehr.

Die Welt redet im Internet erst recht Englisch

In einer Zeit, in der die Verfallszeit des Wissens immer schneller voranschreitet, sind es gerade Online-Redakteure, die aufklärend und unterstützend eingreifen können. Sie können - auch das ein Teil des Serviceangebotes einer gutgemachten Online-Zeitung - das weltweite Internet Angebot nach den Informations-„Perlen"

2 Diese Verbindung riß jedoch nach ein paar Tagen ab. Entweder weil die Bürgerkriegstruppen die Telefonleitungen zerstörten oder das Kloster eroberten. Über das Schicksal der Mönche wurde nie in den Medien berichtet.

3 Wie sehr Journalisten im Internet gebraucht werden, zeigt sich an einem Beispiel aus einer deutschen Großstadt: Dort wurde der Internet-Auftritt eines Großereignisses nicht von Redakteuren gestaltet, weil der Verlag Überstunden und Sonntagsantrittsgelder sparen wollte. Ergebnis: Es hagelte Proteste der User über die „unprofessionelle Berichterstattung" zu diesem Großereignis, das von rund 100 000 Besuchern vor Ort und zirka noch einmal so vielen im Internet verfolgt worden war.

durchforsten. Allerdings sollte der Journalist ein über den Durchschnitt hinausgehendes Wissen der englischen Sprache haben - die Welt spricht Englisch, im Internet erst recht. Da deutschsprachige Seiten in der weltweiten Erreichbarkeit des World Wide Web eindeutig in der Minorität sind, müssen Online-Redaktionen bei ihren weiterführenden Recherchen, und den daraus resultierenden Hyperlinks, mindestens Grundkenntnisse der englischen Sprache bei ihren Usern voraussetzen. Es macht nämlich wenig Sinn, etwa auf das deutschsprachige Angebot eines Fans der Musikgruppe „Rolling Stones“ zu verlinken, wenn die Homepage der Band besser, informativer und interaktiver ist - und natürlich in Englisch. Deutsche Online-Journalisten würden sich unglaubwürdig machen, aus Gründen eines falsch verstandenen Services nur deutschprachige Angebote mit ihrer Online-Zeitung zu verknüpfen[4].

Fakten, Fakten, Fakten alleine genügt eben nicht. Es kommt auf die richtigen Fakten an. Wenn etwa der Software-Riese Microsoft ein neues Betriebssystem ankündigt, wollen User weitergehende Informationen darüber - und die sind in der Regel aktuell auf der englischen Homepage des Unternehmens zu finden, die deutsche Homepage von Microsoft zieht in der Regel später nach. Da das Internet vermutlich das schnellste Medium der Welt ist, würde es niemand verstehen, würde eine Online-Redaktion warten, bis die deutsche Übersetzung der Ankündigung ins Internet gestellt wird[5].

Manchmal sind Online-Journalisten Hilfsarbeiter

Da es aus Gründen der Lesefreundlichkeit im Internet meistens nur auf der Homepage ein Layout gibt, muß der Printartikel entsprechend bearbeitet werden: Auf der Homepage einen kurzen Anriß (das kann die Überschrift oder der Vorspann sein), den ganzen Artikel können sich die User dann mit einem Mausklick auf den Bildschirm holen und bei Interesse ausdrucken.

In den meisten Internet-Redaktionen geschieht diese Arbeit automatisch, der Online-Redakteur überprüft nur noch, ob die technische Umsetzung auch gelungen ist. Falls nicht, muß er eingreifen. In vielen deutschen Online-Redaktionen ist dies die Regel. Es gibt aber auch noch Online-Abteilungen, da geschieht die onlinegerechte Umsetzung der Zeitungsinhalte per „Handarbeit“: Redakteure kopieren die Artikel und stellen sie ins Internet. In diesen Fällen muß allerdings gefragt werden, ob die jeweiligen Verlage die Bedeutung des Internets für die Zukunft richtig erkannt haben. Die Redakteure sollten sich fragen, ob sie für diese Art von rein mechanischer Hilfsarbeit nicht überqualifiziert sind: Kreativität geht leicht verloren, wenn Akkordarbeit die Arbeitsinhalte bestimmt.

---

4 Allerdings muß hier erwähnt werden, daß es immer noch die Ausnahme ist, wenn deutsche Online-Journalisten überhaupt auf ein Internet-Angebot außerhalb ihres eigenen verknüpfen.

5 In den allermeisten Fällen wird jemand, der sich eine neue Software aus dem Internet besorgen will, ohnehin auf einen englischsprachigen Server zugreifen.

Multimedia muß nicht sein, oder?

Mediengerechte journalistische Darstellung ist ein Schlagwort, das derzeit durch die Online-Szene geistert. Doch was ist das eigentlich? Ist es die Möglichkeit, per Mouseklick jede nur denkbare Perspektive etwa im O. J. Simpson-Prozeß einzunehmen? Ist es die Live-Präsentation einer Besteigung des Mount-Everest im Internet?

Stefan Heijnk, Redakteur bei „sage und schreibe“: „Multimedia-Reportagen sind bislang nicht mehr als Technologie-Demonstrationen: Gemacht wird, was technisch machbar ist. Woran es dabei noch mangelt, sind Dramaturgien, die aus den verschiedenen Einzelangeboten echte Einheiten formen.“ (sage und schreibe 5/97).

Tatsächlich sind im Internet neue journalistische Formen zu entdecken, die aber weitgehend von amerikanischen Online-Redaktionen entwickelt wurden. Sei es, daß nach einem Mord in New York die Aussagen von Tatzeugen mit einem Klick nachgelesen werden können („Multi-Perspektiven-Dokumentation“). Sei es, daß gesellschaftliche Entwicklungen auf die Benutzerebene reduziert werden („Trend-Personalisierung“). Und eben die „Multimedia-Reportagen“[6].

In Deutschland zeigen wissenschaftliche Untersuchungen, „daß die Online-Redaktionen bislang die Möglichkeiten des Mediums nicht nutzen. Es gibt kaum interaktive Elemente. Neue Erzählformen werden nur selten ausprobiert. Die Zurückhaltung vieler Online-Redaktionen liegt allerdings weniger an einer Vorliebe für traditionelle (=langweilige?) Darstellungsformen als vielmehr an einer grundsätzlichen Unsicherheit: Was erwarten die User von einem Zeitungsangebot?“ (Katja Riefler in Journalist 6/97).

Diese Unsicherheit in den Online-Redaktionen wird auch dadurch gestärkt, daß sich die für das Internet-Angebot verantwortlichen Redakteure, die naturgemäß mehrheitlich aus dem Printsektor stammen, an tradierten Formen festhalten: Was sich in vielen Jahren bewährt hat, kann Online nicht falsch sein. Deshalb soll das Online-Produkt möglichst einem Abbild der gedruckten Ausgabe gleichen. Untersuchungen haben ergeben, daß Online-Nutzer erstens aktuelle Informationen im Internet suchen, zweitens kommunizieren und drittens Software downloaden wollen. Der vielgepriesene Serviceteil der Zeitung (Veranstaltungstips, Termine, etc.) rangiert unter ferner liefen. Noch sind es weitgehend PC-Freaks, die sich im Internet tummeln. Doch die technische Evolution läßt ahnen, daß sich dies in absehbarer Zeit ändern wird - wenn Internet und TV über ein Gerät möglich sind.

Wenn in Online-Redaktionen das Spiegelbild der gedruckten Zeitung dargestellt wird, übersehen die Journalisten, daß im Internet eben viel mehr möglich ist als in der gedruckten Ausgabe. Die Maße des gedruckten Mediums als natür-

6 Obwohl im Internet beinahe täglich eine neue Technik gefeiert wird, setzte die NASA bei ihrer Mars-Mission auf bewährte Technologien. Das Ergebnis war im Internet beeindruckend: eine erste, echte Multimedia-Reportage mit einem gelungenen Drehbuch.

liche Grenze gibt es im Cyberspace nicht mehr. Egal, wie lang oder kurz ein Artikel auch sein mag, im Internet ist für alles Platz - und für noch ein bißchen mehr.

Audio: Während sich die Journalisten im Print darauf beschränken müssen, Gesagtes auszugsweise zu veröffentlichen, gibt es online die Möglichkeit, das Interview ungekürzt anzuhören. Natürlich sprengen Audio-Dateien durch ihre Größe jede Telefonleitung, daher sollte es unbedingt zum Service gehören, in den Online-Zeitungen entsprechende Software bereitzustellen, mit der Interviews schnell gehört werden können. Viele deutsche Verlage schrecken hier vor den etwa 20 000 Mark teuren Investitionskosten zurück und verzichten auf Audio-Wiedergaben im Internet.

Video: Der amerikanische Nachrichtensender CNN macht es vor. Zu nahezu jedem Ereignis können Besucher des Internet-Angebots bei „Cable Network News“ eine kurze Filmsequenz betrachten. Technisch wäre dieser zusätzliche Service auch in Deutschland kein Problem. Bis jetzt ist dem Verfasser kein deutschsprachiges Online-Angebot bekannt, daß diesen Service anbietet[7].

Theoretisch wäre eine Darstellung dieser interaktiven Formen durch deutsche Online-Redaktionen denkbar. Neben dem Zögern der Verlage zur finanziellen Unterstützung sind ungeachtet dessen auch die technischen Voraussetzungen hierfür nicht gegeben: um die Ladezeiten bei den dafür notwendigen Datenmengen erträglich zu gestalten, müßten mindestens zehn Kilobyte pro Sekunde erreicht werden - in der Regel schleicht derzeit gerade mal ein schüchternes Kilobyte durch die deutschen Telefonleitungen. Selbst mit einer ISDN-Verbindung erreicht dieser Wert selten mehr als sieben oder acht Kilobyte pro Sekunde. Wer stundenlang warten muß, um ein 30 Sekunden währendes Interview oder einen gleichlangen Videoclip anhören und -sehen zu können, verzichtet notgedrungen auf diese Information - und sei sie noch so interessant.

Die Verstopfung des deutschen Internets könnte vom Himmel aus gelöst werden. Bis zur Funkausstellung im August 1997 wollten die Satellitengesellschaften Astra und Eutelsat ihre Tests mit einem zwei Megabit schnellen Internetzugang abgeschlossen haben. Über die Satelliten würde das Internet 60 Mal schneller als mit analogen Modems übertragen werden. Der User bräuchte dazu eine Art Set-Top-Box oder eine besondere Karte für seinen PC. Multimedia wäre so endlich in erträglicher Geschwindigkeit möglich.

Einen anderen Weg, das Internet allgemein zu verbreiten, versucht die Software-Firma Microsoft, die im April 1997 für 425 Millionen Dollar das amerikanische Unternehmen „Web-TV“ kaufte: Mit der dadurch erworbenen Technologie sollen Internet und Fernsehgerät zu einer Einheit verschmelzen. Mit der

7 Die ARD versucht mit Ausschnitten aus aktuellen Sendungen von „Tagesschau“ und „Tagesthemen“ das Thema Video im Internet voranzutreiben. Bis jetzt mit mäßigem Erfolg, da die wenigsten deutschen Online-Surfer über die dafür benötigten Programme verfügen. Daran sind aber nicht die Online-Nutzer schuld, sondern die ARD: sie setzt wieder ein anderes Videoprogramm als das quasi standardisierte ein und zwingt so die interessierten Internet-Gäste zu unnötigem Zeitaufwand, um sich dieses Programm auf die heimische Festplatte zu holen.

Fernbedienung soll künftig sowohl durch das TV-Programm gezappt als auch im Internet gesurft werden. Mindestens fünf Jahre, rechnen Experten, wird es dauern, bis diese Technik ausgereift sein dürfte.

User tippen schneller Leserbriefe

Jeder Journalist kennt das: In der Zeitung steht ein Artikel, von dem er glaubt, daß der Text Leserbriefe provoziert. In den seltensten Fällen trifft diese Erwartung zu. Leser sind träge, was Briefe an die Redaktion angeht. Online-Leser reagieren dagegen viel direkter: Sie sitzen ohnehin vor dem Computer, die Tastatur vor sich. Weil zu jedem Text die Möglichkeit von E-mail angeboten wird (oder zumindest angeboten werden sollte), ist ein Leserbrief schnell getippt und abgeschickt.

In der Online-Redaktion müssen diese E-mails bearbeitet werden. Vorgabe: Jede elektronische Post ist innerhalb von 24 Stunden zu beantworten. Dies dient in erster Linie der Kundenbetreuung. Es würde kein Benutzer verstehen, wenn er die Antwort auf eine E-mail erst Tage später in seinem „Briefkasten" vorfindet. In bestimmten Computerkreisen wird sogar ein ausgeprägtes Vorurteil gegen die herkömmliche Briefbeförderung gepflegt: Wozu „snailmail" (Schneckenpost) nutzen, wenn es per E-mail tausendmal schneller geht?

Dauert die Bearbeitung einer E-mail aber aus bestimmten Gründen länger, wenn etwa die Online-Redaktion selbst recherchieren muß oder die Anfrage an die Printredaktion weitergeleitet wird, muß der User entsprechend benachrichtigt werden. Hier sitzt der Online-Redakteur manchmal zwischen allen Stühlen: Auf der einen Seite der User, der auf Nachricht wartet, auf der anderen Seite die Zeitungsredaktion, in der es leider immer noch Kolleginnen und Kollegen gibt, die nicht oder nur sehr zögerlich auf Leserbriefe oder Anfragen reagieren (nichts anderes sind E-mails).

Online-Präsenz heißt auch Service total

Nicht nur bei E-mails müssen sich Online-Redakteure einer Vorgabe stellen, deren Kausalität im Medium liegt: Service total. Es gibt kein Computerprogramm, bei dem nicht geklickt oder mit der Tastatur in der Anwendung „gesurft" wird. Online-Leser erwarten dies auch von ihrer Zeitung. Hier ein Klick auf die Termine, das Kinoprogramm, die Anzeigen. Ist schon für Zeitungsleser der Unterschied zwischen redaktionellen Texten und Anzeigen nur marginal, ist Online diese Trennung ganz aufgehoben. Der Klick mit der Mouse kann zur Redaktion führen, aber auch zur Werbung (falls sie denn vorhanden ist).

Darauf müssen Online-Redakteure vorbereitet sein. Sie müssen, im Gegensatz zum Print, ganzheitlich zu denken: Redaktion, Anzeigen, Vertrieb oder Archiv sind nicht mehr getrennt. Diese, im Printmedium relativ unabhängig voneinander arbeitenden Systeme, repräsentieren Online die ganze Zeitung. Der Vertrieb muß mit einem Mouseklick zu erreichen sein, schließlich wollen auch Abos im Internet verkauft werden. User erwarten, daß sie Online Anzeigen aufgeben oder das Archiv durchforsten können.

Zeitungsverlage, die auf dieses Angebot, aus welchen Gründen auch immer, verzichten, nehmen sich selbst ein Stück Konkurrenzfähigkeit. Wieso sollte ein User denn in diesem Angebot bleiben, wenn er sich nicht ältere Artikel zu einem bestimmten Thema ansehen kann? Warum soll die Zeitung auf Online-Abos verzichten, wenn der örtliche Markt gesättigt ist und so zusätzliche Abo-Gebühren zu erzielen wären?[8]

„Global denken, lokal handeln"

Online-Redaktionen müssen aber auch in einem ganz bestimmten Bereich neu lernen: Sie stehen in einem viel direkterem Konkurrenzkampf als gedruckte Tageszeitungen, von denen es in Deutschland häufig nur eine am Ort gibt. Im Internet ist aber jede Zeitung zu jeder Zeit von jedem Ort der Welt aus zu erreichen. Online gibt es kaum Abonnements, die schriftlich gekündigt werden müssen. Online-Zeitungen sind meist kostenlos abrufbar (in den USA laufen derzeit Tests, etwa in Kalifornien bei den „San José Mercury News" und dem „Wall Street Journal" in New York, ob User bereit sind, Gebühren für die Internet-Nutzung zu bezahlen).

Diesem Umstand müssen Online-Zeitungen Rechnung tragen und sich ein unverwechselbares Erscheinungsbild zulegen. Während sich im Print eine Tendenz zu einem an „USA Today" angelehnten Layout abzeichnet (und durch die Einzeitungskreise den Lesern nicht weiter auffällt, wie sich die Zeitungen immer mehr ähneln), wäre diese Entwicklung im Internet fatal. User wollen auch an der Optik „ihre" Zeitung erkennen. Gefällt ihnen das Erscheinungsbild oder das Angebot nicht, klicken sie sich mit der Maus ganz schnell zu einem anderen.

Um das zu verhindern, sollten Online-Zeitungen versuchen, die Vielfalt des Internets in ihrem Angebot auszugsweise darzustellen (zumal IVW jetzt auch die digitalen Angebote mißt - und da zählt jeder Klick). Die User sollen im eigenen Angebot gehalten werden, also müssen verschiedene Kriterien erfüllt sein: Etwa mit Suchmaschinen, die sowohl im Internet als auch im eigenen Angebot Inhalte finden können; Software zum Herunterladen, Spiele, Rätsel oder ein Gästebuch.

---

8 Erfahrungen aus den USA zeigen, daß die Auflage des Printmediums steigen kann, wenn Online-User das Abonnement per Internet bestellen können. So hat die „San José Mercury News" in Kalifornien sowohl Erfolg in der Printausgabe als auch mit ihrem Online-Angebot. Wobei die Internetausgabe des Blattes nur noch den Namen mit der gedruckten Ausgabe gemeinsam hat. Einen ähnlichen Weg versucht die „Rheinische Post" in Düsseldorf. Das Internet-Angebot unterscheidet sich wesentlich von der gedruckten Zeitung.

Diskussionsforen zu bestimmten lokalen Themen halten die User ebenfalls im Angebot.

Nur Inhalt ist zu wenig

Allen Online-Redaktionen sollte daher bewußt sein, daß purer Inhalt auf Dauer zu wenig ist. Das hat einen simplen Grund: Wer online ist, sitzt immer vor einem Computer. Das heißt: Der Surfer ist in der Regel mit dem Apparat vertraut, kann ihn bedienen und weiß mit der Maus umzugehen. Fehler der PC-Programme, etwa Systemabstürze oder die beliebten „allgemeinen Schutzverletzungen an Modul XY" sind ihm nicht fremd. Online-Anfänger suchen gerade in der Anfangszeit Hilfe und Unterstützung bei ihnen vertrauten Angeboten. Was ist in dieser Hinsicht vertrauter als die tägliche Zeitung, die auch noch selbst im Internet präsent ist?[9] In diesen Fällen müssen Online-Redakteure den Spagat zwischen erworbenenem Expertenwissen und Dienstleistungen machen.

Und dann gibt es noch die „Experten", selbsternannte und echte. Diese „Computer-Freaks" sind, zumindest latent, immer auf der Jagd nach Verbesserungen oder einem Programm, das den heimischen PC noch ein bißchen schneller macht - auch wenn es für das menschliche Auge nicht mehr wahrnehmbar ist. Auch auf diese User müssen Online-Redaktionen vorbereitet sein. Denn auch in diesem Fall gilt: Was ich in „meiner Zeitung" finde, brauche ich nicht woanders suchen.

Also grasen Online-Redakteure das Internet nach kostenlosen Programmen ab, um sie in ihr eigenes Angebot aufzunehmen. „Freeware" heißt das Zauberwort: Das kann ein kleines Programm zum Errechnen von Telefongebühren während eines Online-Besuches sein; das kann ein Spiel, aber auch eine komfortable Datenbank oder der neueste Internet-Browser sein. Für nahezu jeden Zweck stehen im Internet Programme bereit. Sie zu finden, testen, und bereitzustellen gehört zu den Aufgaben in einer Online-Redaktion. Service heißt in diesem Fall: Die Online-Journalisten nehmen den Usern die mühevolle, zeit- und kostenintensive Sucharbeit im Internet ab und ersparen so den Besuchern Online-Kosten, weil sie die Programme bei „ihrer Zeitung" finden.

Kleine Gewinnspiele halten die Besucher auch bei der Stange. Es gibt zwar noch keine gesicherten Erkenntnisse darüber, welcher Typ Mensch Internet-Nutzer sind. Die bisherigen Erfahrungen zeigen aber, daß Onliner aktiv sein wollen. Hier ein Klick, da ein Klick. Wenn es dabei etwas zu gewinnen gibt, um so besser! Es müssen nicht einmal teure Preise sein: Ein Buch, eine CD-ROM, ein Föhn oder ein einjähriges Freiabo genügen, den User bei Laune (und im eigenen Angebot) zu halten. Wichtig ist in jedem Fall, daß sich in den Online-Angeboten der Zeitungen etwas bewegt.

---

9 Im Juni 1997 waren knapp 3,5 Millionen Deutsche in der Lage, online zu gehen. Tendenz steigend, da vor rund einem Jahr gerade mal 1,5 Millionen PC-Besitzer in Deutschland im Internet surften.

Chat und Foren, Gästebuch und E-mail

In den Chats treffen sich die Besucher des jeweiligen Angebots, um miteinander zu reden (englisch: to chat). Die Themenpalette ist frei, sie reicht vom jüngsten Bundesliga-Spieltag über eine politische Debatte bis hin zum Wetter. In vielen Online-Redaktionen wird darüber diskutiert, ob die Chats unmoderiert stattfinden sollen. Die Erfahrung zeigt, daß sich Teilnehmer an den Gesprächsrunden von rechtsradikalen oder kriminellen Partnern selbst trennen. Eine Moderation birgt zudem die Gefahr in sich, daß der Moderator selbst aktiv am Gespräch teilnimmt und seine Aufgabe darüber vergißt[10].

In den Foren dagegen sind die Themen vorgegeben. Oft treffen sich dort Fachleute und Laien, um zu diskutieren. Der Gegenstand der Diskussion wird in der Regel von der Online-Redaktion vorgegeben. Das kann die Neugestaltung des Marktplatzes sein, aber auch der Euro. Hohe Zugriffszahlen werden immer dann erzielt, wenn sich ein lokaler Entscheider den Fragen der User stellt. Auch hier gilt: obwohl Zeitungen weltweit miteinander konkurrieren, zählt die Nähe zum Geschehen.

Während sich beim Chat oder in den Foren elektronische und vielleicht auch menschliche Kontakte eher zufällig ergeben, ist ein Gästebuch genau zu diesem Zweck da. Online-Redaktionen werden immer wieder mit E-mails konfrontiert, in denen etwa Heinz Huber aus Wisconsin sich nach 40 Jahren in Amerika freut, im Internet etwas „über die Heimat zu lesen“. Im Gästebuch kann er seine Freude darüber gut darstellen. Vielleicht gibt es ja den einen oder anderen Online-Gast, der Heinz Huber noch als Kind kannte. Über die jeweilige E-mail-Adresse kann sofort über Kontinente hinweg Kontakt aufgenommen werden.

Zum Service bei Online-Zeitungen muß es auch gehören, daß User zu jedem Artikel eine E-mail schicken können. Das hat seinen Grund darin, daß die Online-Teilnehmer insgesamt meinungsfreudiger als die der Printwelt sind. Falls die User auf der Seite des Artikels, zu dem sie eine Meinung haben, erst nach einer E-mail-Adresse suchen müssen, fühlen sie sich nicht ernstgenommen. User, die sich nicht akzeptiert fühlen, kommen vielleicht nie mehr wieder.

Auch hier unterscheidet sich die Online-Arbeit von der in einer Zeitungsredaktion: Kündigt ein Leser sein Abonnement, ist es Aufgabe des Vertriebs herauszufinden warum und den Leser vielleicht wieder mit überzeugenden Argumenten an das Blatt zu binden. Die Redaktion wird in den seltensten Fällen damit konfrontiert. Im Internet ist das ganz anders.

Hier ist die Redaktion „Mädchen für alles“. Ist ein User mit dem Angebot unzufrieden, erfährt das die Redaktion als erstes. Ist die Kritik nachvollziehbar, müssen Online-Redaktionen entsprechend reagieren. Ein Beispiel: Im vergangenen Jahr versuchten amerikanische Zeitungen, mit dem Hinweis den „Aktuali-

10 Tatsächlich sind Chats in der Regel eher langweilig und werden in ihrer Bedeutung völlig überschätzt. Interessante Diskussionen entstehen am ehesten in den Newsgroups, von denen es weltweit etwa 20 000 gibt. Hier gibt es kein Thema, das nicht kontrovers diskutiert wird. Auf Newsgroups kann an dieser Stelle aber nicht eingegangen werden.

sieren“-Knopf zu drücken, um die neueste Ausgabe zu lesen, die Anschaffung eines neuen Proxy-Servers zu sparen.

Deutsche Zeitungen, die dies kopierten, wurden schnell auf den Boden der Realität zurückgeholt: „Ich kann den Aktualisieren-Knopf nicht finden“, war noch die aufrichtigste Reaktion via E-mail. Meist wurden die Redaktionen verdächtigt, die Artikel von gestern im Internet stehen zu lassen, „weil es wohl zuviel Arbeit macht, die aktuelle Zeitung ins Web zu stellen“. Dabei hatte sich die Katze selbst in den Schwanz gebissen: Die Arbeit der Online-Redaktion war vergebens, weil sie nicht gefunden wurde, User wurden verprellt. Inzwischen haben alle Redaktionen weltweit auf neue Proxy-Server umgestellt, die das alte Angebot durch das neue überschreiben. Und in deutschen Internet-Redaktionen macht das zynische Wort vom „Dau“, dem „ Dümmsten anzunehmenden User“ die Runde.

Ein besonderes Kapitel sind die Anzeigen. Online-Leser machen wie Zeitungsleser keinen Unterschied zwischen redaktionellem und anderem Text. Zeitungsredakteure aber haben, mit Ausnahme der Chefredaktion oder den Ressortleitern, kaum Kontakt zur Anzeigenabteilung. In der Online-Redaktion ändert sich dies, die unterschiedlichen Zeitungs-Systeme müssen notgedrungen miteinander kooperieren.

Obwohl Internet-Angebote im Gegensatz zum gedruckten Äquivalent kostenlos zur Verfügung gestellt werden, erwarten die User eine adäquate Dienstleistung: Erst redaktionelle Inhalte plus Anzeigen machen die ganze Zeitung aus.

Verständlicherweise reagierten viele Verlage zunächst zurückhaltend bis ablehnend, als die Online-Redaktionen dieses Anliegen der User an sie herantrugen. Bekanntlich finanzieren sich deutsche Zeitungshäuser zu zwei Drittel und mehr durch Anzeigen, ein Drittel wird durch Abonnements abgedeckt. Etliche Verlagshäuser weigerten sich gegen die Erkenntnis, im Internet Anzeigen (noch dazu kostenlos) zu veröffentlichen, die in der Printausgabe Geld einbringen.

Dennoch setzte sich im Laufe eines Jahres die Ansicht durch, daß nur das Angebot im Internet konkurrenzfähig bleibt, bei dem Anzeigen anzuklicken sind. Weil es technisch am wenigsten aufwendig ist, wird derzeit meist Kfz-, Immobilien- und Bekanntschafts-Fließsatz im Netz veröffentlicht, meist sogar noch mit einem komfortablen Suchprogramm. Die „Berliner Morgenpost“ ist zur Zeit die einzige Zeitung Deutschlands (Stand Juni 1997), die sowohl redaktionellen Text als auch Anzeigen komplett aus der Zeitung übernimmt und ins Internet stellt.

http://Der-Blick-in-die-Zukunft.com

Die Zukunft ist bereits im Internet zu erleben. Wo hat die Zukunft bereits begonnen? In Amerika. Und sie hat einen Namen: „Push-Technology“. Mit dieser neuen Technik kann sich jeder User die Inhalte auf den Monitor holen, die ihn interessieren: Sport, Politik, Spiele, Computer, Reisen, Wissenschaft und Forschung. Die Firma „Pointcast“ und noch einige andere wie „Marimba“ bieten an, wovon deutsche User noch träumen.

Die Surfer fischen sich mit einer speziellen Software ihre speziellen Interessen aus dem Netz. Während einer Pause am Computer sammelt die Software diese Inhalte im Internet und stellt sie auf dem Monitor dar. Noch ist diese Technik, die vermutlich das Verhalten der Surfer revolutionieren wird, auf englischsprachige Inhalte und die Zusammenarbeit der Content-Anbieter mit den Herstellern der Push-Programme begrenzt. Was sich aber bereits jetzt abzeichnet: User werden von starren Inhalten eines einzelnen Angebotes unabhängig.

Hier müssen die deutschen Online-Zeitungen nachziehen. Die „Rheinische Post“ in Düsseldorf, oder das Magazin „Stern“ haben als eine der ersten auf die Push-Technologie reagiert: Hier ist es schon möglich, sich per E-mail über die jeweiligen Inhalte zu informieren. Andere Zeitungsangebote werden folgen müssen, um den Anschluß nicht zu verpassen.

Online wird aber in Zukunft über die Zeitungsangebote noch mehr möglich sein: Urlaub- und Flugzeugreisen buchen, Konzert- und Kinokarten bestellen, Formulare der Behörden ausfüllen, Lotto spielen, Telefonieren, Radio und Fernsehen, Video-Konferenzen abhalten, Bankgeschäfte erledigen und Zeitungsinhalte nach persönlichen Präferenzen abrufen. Und noch vieles mehr, von dem die Macher der Online-Angebote zur Zeit noch keine Vorstellung haben.

Gegenwärtig experimentieren etliche Unternehmen mit einigen dieser Möglichkeiten. So ist es bereits möglich, in Katalogen einiger Tourismusfirmen zu blättern und teilweise auch den Urlaub zu buchen. Flughäfen bieten Überblick über die Ankunfts- und Abreisezeiten, ein paar Fluggesellschaften sind online mit dem „Ticketing“ vertreten. Telefonieren, Radio- oder TV-Empfang wird von einzelnen Gesellschaften in freilich absolut unzureichender Aufarbeitung ebenfalls angeboten. Noch ist das keine Massenkommunikation - nur wer weiß, welche Firma welche Dienste anbietet, kann sich ihrer bedienen.

Das wird sich jedoch mit jedem technologischen Quantensprung ändern. Da die Entwicklung im Computerbusiness immer schneller voranschreitet, passieren derartige Entwicklungsexplosionen etwa alle zwei Jahre. So war es 1995 noch unvorstellbar, im Internet dreidimensionale Räume zu durchforsten. 1997 ist VRML (=Virtual Reality Markup Language) zumindest in der PC-Branche eine vielgenutzte Technik, mit der Zimmer oder Häuser mit der Mouse erforscht werden können. Es gibt sogar schon mit der „Wörmel“ gesprochenenen Computersprache Versuche, einen Straßenblock in New York zu umrunden. Noch steckt diese Technik in den Kinderschuhen, noch sind die Anforderungen an Computer und Speicherkapazität für den Hausgebrauch zu groß, noch ist das gezeigte Ergebnis bar jeglicher realistischer Darstellung. Aber eines Tages wird es möglich sein, zum Mond zu fliegen ohne den Arbeitsplatz zu verlassen.

Online-Redaktionen müssen diese Entwicklungen aufmerksam beobachten, um sie - falls notwendig - in ihren Zeitungsdienst zu integrieren. Beeinflussen können Redakteure die Entwicklung nicht - sie können sie nur aufgreifen und versuchen, sie auf sinnvolle Wege zu führen. Eine reizvolle Aufgabe und eine Chance, journalistisch völlig neue Wege zu beschreiten.

Einige Internet-Adressen zum Thema:
http://www.usatoday.com/
http://www.sjmercury.com/
http://www.stern.de/
http://www.pointcast.com/
http://www.marimba.com/
http://www.rp-online.de/
http://www.journalist.de/
newsgroup:de.soc.medien

E-mail an den Autor:
emr@nn-online.de/

Literatur

Hegmann, Erich (1997): Ein Platz für kreative Multitalente. In: Journalist, H. 6, S. 17.

Fleischmann, Sybille (1997): Klassische Darstellungsformen haben ihre Berechtigung. In: Sage&Schreibe, H. 5, S. 15.

Mayer, Wolfgang (1997): Forderungen Multimedia. Seminar der IG Medien 20.-22. Juni 1997 (unveröff. Manuskript).

Wollschlaeger, Peter (1997): Nepp Online. In: PC Professionell, H. 7, S. 91.

Heijnk, Stefan (1997): Ersatz für die Inverted Pyramid. In: Sage & Schreibe, H. 5, S. 8-9.

Riefler, Katja (1997): Ins Netz gegangen. In: Journalist, H. 6, S. 15-18.

Rückwärtsfahren auf der Datenautobahn

Stefan Brunn

Die Datenautobahn ist die einzige Autobahn, auf der *zuwenig* rückwärts gefahren wird. Zu sehr richten viele Macher den Blick auf das Heute und das Morgen. Dabei könnte gerade der Online-Journalismus seinen Kunden etwas bieten, was ihnen bislang kein anderes Medium mit einem vergleichbaren Komfort bot: das Gestern nämlich. In den anderen Medien *versenden* sich die Berichte - rettungslos verloren für Otto Normalrezipient. Dagegen kann im Internet mit seinen immensen Speicherkapazitäten ja all das aufbewahrt werden, was eben mehr wert ist als die nachrichtliche Eintagsfliege. Und das nicht nur in elektronischen Datenbanken zur Selbstabholung, sondern auch per chronologischer Verlinkung.

Natürlich lagern auch die Archive von Zeitungen, Zeitschriften und Rundfunkstationen die jüngste Geschichte ein. Nur ist sie dort eben nicht für jedermann verfügbar, und wenn, dann erfordert der Zugriff meist einen unverhältnismäßigen Preis oder Aufwand. Die Rede ist hier nicht von Recherchen für wissenschaftliche oder journalistische Zwecke, sondern vom regelmäßigen Bedürfnis der normalen Leserschaft danach, etwas aus der vergangenen Berichterstattung zu erfahren.

Kostbare und kostspielige Archive

Wirklich kostbare Fundgruben für Interessen dieser Art sind die wenigen auf dem Markt angeboten Dokumentations-CD-ROMs (zum Beispiel der *Zeit*, der *Frankfurter Allgemeinen Zeitung* oder der *Tageszeitung*). Leider sind diese Silberscheiben nicht nur kostbar, sondern immens kostspielig, so daß nur eine verschwindend geringe Minderheit davon Gebrauch machen kann. Die CD-ROMs veralten natürlich auch, wenn sie nicht (wie neuerdings etwa bei den Jahrgangs-CDs der *Neuen Zürcher Zeitung* per Retrieval-Software) automatisch in Verbindung mit der Website aktualisiert werden. Zudem mangelt es bei den CD-ROMS noch meist an den Hypertexten, die die Internet-Sites theoretisch in die Lage versetzen, das Vergangene unvergleichlich bequemer zu erschließen.

Damit wir uns richtig verstehen: Mit dem Bereitstellen von Vergangenheit ist hier nicht der *Jubiläums-Journalismus* mit seinen über mangelnde Relevanz hinwegtäuschenden Aufhängern gemeint, der mit Hilfe von an den Haaren herbeigezogenen Anlässen und Jahrestagen solche Gedenkrituale wie „75 Jahre Leitz-Ordner“ zu legitimieren sucht oder bei jedem auftretenden runden Geburtstag noch die konstruiertesten Absurditäten á la „25 Jahre Zewa Wisch & Weg“ sich zu feiern nicht entblödet. Nicht den Gedenkfeiern samt „nicht endenden musealen Inszenierungen“ und dem sortentypischen „nekro-kulturellen Pathos“ (Jean Baudrillard) soll hier zur Ausbreitung verholfen werden, sondern dem begründeten elektronischen Konnex des Heute mit dem Gestern.

Informations-Wühltische

Zum Auffinden von alten Berichten haben einige Zeitungen immerhin elektronische Archive installiert, die nicht zu verwechseln sind mit den teuren Datenbankendiensten im Extranet, mit denen einige überregionale Blätter ihre Archive rentabilisieren. Diese elektronischen Archive im Internet weisen interne Suchmaschinen auf, die jedoch oft nur einen geringen Teil der vom Stamm-Medium publizierten Textmenge verwalten - und obendrein nur den der letzten Monate oder Jahre. Trotzdem helfen sie den Interessenten schon ein ganzes Stück weiter und sind ein erfreulicher Ansatz. Ausreichend ist dieser Service aber nicht. Man könnte es vergleichen mit Discountern, die die Lieferkartons einfach in die Verkaufsräume stellen und ihrer Kundschaft das Auspacken überlassen. Jedes Kaufhaus braucht natürlich Wühltische, aber eben *nicht nur* Wühltische.

Den Kunden, die nicht durch Informationen wühlen, sondern sich aus geordneten Angeboten informieren wollen (und nur dafür wird man in Zukunft einschalten und bezahlen) könnte mit einem *geordneten Erschließen von Vergangenheit* ein exklusiver Service geboten werden, etwas, was sonst eben niemand leistet.

Nische als Pull-Medium

Insgesamt müssen die Online-Publikationen auf dem Markt ihre Nischen als Pull-Medium suchen, sonst sind sie den Druck- und Funkmedien hoffnungslos unterlegen. An Berieselungsmaschinen mit Einweg-Nachrichten, wie viele Online-Redaktionen ihre Aufgabe noch mißverstehen, ist mittel- und langfristig kein Bedarf vorhanden. Mit Zeitung, Fernsehen, Radio und Videotext dort zu konkurrieren, wo diese stärker sind, hat keinen Sinn. Im Gegensatz zur Zeitung muß man seinen PC jedes Mal erst anschalten, das System hochfahren und sich einloggen, bevor man die erste Zeile zu Gesicht bekommt. Für die lange Lektüre, die nicht ohne Grund morgens am Frühstückstisch oder abends im Ohrensessel stattfindet, ist der Monitor so geeignet „wie ein Aquarium zum Schwimmen“ (*Der Spiegel*). In die U-Bahn kann man ihn genausowenig mitnehmen wie aufs Klo, von den Kosten ganz zu schweigen: Zwei Mitarbeiter der Branchenzeitschrift „Werben und Verkaufen" haben einmal das Experiment gemacht und die Informationen ihrer Zeitung im Internet zusammengesucht. Zwei Stunden und knapp 30 Mark am Tag haben sie dafür verbraucht. Keinem rational denkenden Menschen wird dieses ökonomische Mißverhältnis, man könnte es auch Nepp nennen, lange verborgen bleiben. Auf Dauer kann man seinen Besuchern keine Luft verhökern. Nur Leute, die ihren Hut mit dem Hammer aufsetzen, begeben sich jeden Abend vor den PC, um sich dort durch die *Tagesschau* zu klicken oder sich das *du* durchzulesen.

Nicht besser sieht es im Vergleich mit Radio und Fernsehen aus. Im Auto respektive im Wohnzimmer sind die beiden haushoch überlegen. Das wird natürlich eines Tages alles anders werden, wenn jedermanns Computer mit dem Fernseher verschmolzen ist und die elektronischen Zeitungen so handlich sind wie die Handys von heute - aber dann werden wir auch schon mit dem privaten Mini-Jet ins Fühlkino fliegen statt mit der U-Bahn zu fahren.

Präzeptions-Journalismus

Die enorme Speicherkapazität ermöglicht es den Homepages, Zugriff auf Berichte der Vergangenheit einfach und preiswert zu gewähren. Nachschlagen kann man nur dort. Das, was man gelesen hat, aber noch einmal lesen möchte; das, was man verpaßt hat; und schließlich das, was überraschend relevant wird. Voraussetzung für diesen Service ist, daß die Online-Redaktion aufbewahrt, was aufbewahrt werden muß. Dazu muß sie zunächst einmal selbst das erkennen, was in Zukunft an Information gebraucht werden wird. Hermann Lübbe hat diese Kunst, in anderem Zusammenhang freilich, als *Präzeption* bezeichnet. Die spätere Rezeption muß im Vorhinein erahnt werden. Wird dann *Haltbarkeit und Bedeutsamkeit* diagnostiziert, muß der Beitrag vor dem Verschwinden bewahrt werden - mit Hilfe von Verschlagwortung, Verlinkung oder was auch immer zukünftige Technologien an Mitteln bereitstellen.

Auf der anderen Seite müssen die Journalisten in Zeiten des Informationsüberflusses auch die *Kunst des Oblivionismus* (Harald Weinrich) beherrschen, also das zu vergessen, was nur zur chronischen Überinformation beiträgt. Das Vergessen erscheint nur auf den ersten Blick leicht, ist es doch immer auch mit Verzicht verbunden. Der Verzicht wiederum impliziert einen Mut zur Lücke, somit einen Bruch journalistischer Konventionen. Und so heißt eine unbedingte Voraussetzung für Präzeption und Oblivionismus, daß man sich von der ohnehin weitgehend selbstgebastelten und sich wider aller Vernunft perpetuierenden Maßgabe der Vollständigkeit in Form von Info-Häppchen verabschiedet. Die fallen der Kassation zum Opfer.

Für den Tag geschrieben - für eine Online-Bibliothek gesammelt

Die Eitelkeit von Autoren und Redakteuren wird nicht wenig genährt dadurch, daß man ihre Beiträge *im Kopf behält.* Das war neben dem Archiv ja lange Zeit auch so ziemlich der einzige Ort, wo journalistische Produktionen überhaupt ein Weilchen überlebten. Heute wandern viele Texte in die verschiedenen Rubriken der Online-Seite, wofür wir Kollegen wirklich dankbar sein müssen. Nur fallen eben die allermeisten unter den Tisch. Unsere Onliner sollten die wertbeständigsten Texte unserer Seiten vor dem Verschwinden bewahren und sie so systematisch organisieren, daß sie sich ergänzen und im Idealfall eine Einheit ergeben. Zum Beispiel, wenn sich wöchentliche Garten-Tips am Ende des Jahres zu einem Garten-Kalender fügen. Oder, wie es die Online-Redaktion der *Wirtschaftswoche* plant, aktuelle Steuerrechts-Urteile zu sammeln und zu sortieren, damit daraus eines Tages ein Steuer-Ratgeber werde.

Inzwischen bleibt tatsächlich manch zeitloses Werk eine halbe Ewigkeit im Internet stehen, weil es kaum an Nachrichten-Wert verliert. Zurecht, wenn es am rechten Platz steht. Mancher Autor sieht es als Auszeichnung an, wenn sein Bericht dort zum Dauerbrenner avanciert. Auch das ist berechtigt, wenn er es nicht bloß mangelnder Pflege der Internet-Seiten zu verdanken hat.

Für den Kunden bedeutet der hausintern stets argwöhnisch beäugte *Stehsatz*, daß er nachschlagen kann, wann es *ihm* paßt. Das ähnelt prinzipiell dem Service des Videotexts, bietet aber viel anspruchsvollere Möglichkeiten. Ein Beispiel: Als Fernsehzuschauer, Radiohörer und Zeitungsleser hat man zum Beispiel eine Filmkritik übersehen. Vielleicht wußte man am Veröffentlichungstag der Kritik noch nicht, ob und wann man den Film im Kino sehen würde. Oder man kommt erst nach einem Besuch im Kino auf den Gedanken, eine Besprechung lesen zu wollen. Hier hilft nur das Online-Medium weiter. Bei guten Internet-Adressen kann man in der virtuellen Kinemathek die Filmkritiken nachlesen, solange der Film in den Lichtspielhäusern der Region gezeigt wird - manchmal (wie im *Nordbayern Infonet*) werden sogar mehrere Kritiken nebeneinander gestellt, die die Kunden parallel lesen können. Ist der Redakteur seiner Mittel Herr (und ein adäquates elektronisches Textarchiv vorhanden), wird er der Leserschaft Hintergründe aus dem in der Vergangenheit Publizierten offerieren, zum Beispiel das Porträt des Regisseurs oder ein Interview mit dem Hauptdarsteller. Außerdem besteht leicht die Möglichkeit, die User an die Filmverleiher, die Internet-Adressen der Stars oder an die Kinos weiterzuverweisen. So entsteht eine zumindest chronologische (indem auf die zuletzt zum Thema erschienenen Texte verlinkt wird), im besseren Falle sogar logische Nachrichten-Route, die der Online-Redakteur vorzeichnet. In ein anderes Bild gefaßt: Wenn die aktuelle Nachricht einen Zweig darstellt, so sind die Vorgeschichte der Nachricht der Ast und das Thema der Stamm. Diesen Stammbaum kann der Kunde mit Hilfe des Hypertexts beliebig rauf- und runterklettern. Der Service, den die Redaktion durch eine solche Aufbereitung bietet, bringt dem Kunden ungleich mehr als der noch vorherrschende und bis an die Grenzen der Hysterie reichende Austausch der Nachrichten im Minutentakt. Viele werden dafür eines Tages auch den verlegerseits erträumten *Groschen pro Lektüre* zu bezahlen bereit sein.

Die oft zu Unrecht verschmähte *olle Kamelle* ist nicht nur für die Filmkritik offenkundig nützlich. Einen Schritt weiter liegt die Theaterkritik, deren Einlagerung schon deshalb sinnvoll ist, weil Stücke oft monatelang später wiederaufgenommen werden und kaum ein Blatt zu diesem Zeitpunkt erneut eine Kritik erscheinen läßt (obwohl die potentiellen oder tatsächlichen Zuschauer darüber sicher froh wären). Im Internet bedeutet Redundanz kein Problem. Die Kritik bleibt in einer Art Theater-Bibliothek stehen, wie sie die ersten Homepages auch schon eingeführt haben, und wird von dort möglichst oft und sinnvoll verknüpft.

Die Liste der Berichte, die gesammelt, aufbewahrt und verlinkt werden könnten und sollten, läßt sich weiterspinnen über Buch-, Medien- und Ausstellungskritiken, Reise-, Wirtschafts-, Politik- und Lokalhintergründe, Dokumentationen aller Art bis hin zu Freizeit-, Verbraucher- und Rechtstips. Es entstünden virtuelle journalistische Bibliotheken, Heimatmuseen, Reisebüros, Rat-Häuser etc. Das erscheint so einleuchtend, daß eigentlich kein Zweifel an der Umsetzung bestehen sollte.

Hintergedanken und Hindernisse

Warum in praxi bei den deutschen Internet-Adressen trotzdem nur Fresh-Food-Information gereicht wird, hat teils recht profane, teils tiefere Gründe, die hier nicht unter den Tisch fallen sollen. Zunächst einmal tritt das Einzigartige an einem neuen Medium anfänglich meist deshalb nicht zutage, weil es so sehr an seinen Vorgängern orientiert ist. Marshall McLuhan hat dies so erklärt, daß man das neue Medium zunächst immer durch den Rückspiegel seiner Vorläufer sehe. Das Fernsehen, als es noch in den Kinderschuhen steckte, lieferte bebilderten Hörfunk. Die Regel gilt für den Online-Journalismus heute umso mehr, als seine Verleger und Redakteure ja größtenteils aus den alten Medien stammen. Vielen ging es offensichtlich (und irgendwie auch verständlicherweise) darum, das zu reproduzieren, was das gedruckte oder gefunkte Stamm-Medium vorgab: die *Zeitung im Internet* und die *Sendung im Internet*. Der Hintergedanke vieler Verleger war es natürlich gewesen, mit relativ wenig Personal die ohnehin schon produzierten Texte zu recyceln und so relativ billig mitzumischen und Prestige einzuheimsen.

Daß diese Rechnung nicht aufgeht, liegt vordergründig natürlich daran, daß man die Kunden im Internet noch nicht *per View* abkassieren kann. Dieses technische Problem dürfte irgendwann behoben sein, nur haben die meisten Internet-Seiten deutscher Verlagshäuser dann die falsche Kundschaft. Mit ihrem derzeitigen, optisch sicher schmackhaften Fast-Food-Journalismus haben sie die angelockt, die nur durchs Netz surfen, aus purem Spaß an der Dynamik. Die *Surfer* werden aber von jedem Tickerdienst genausogut bedient. Und sie werden sofort an anderen Gestaden surfen, wenn die ersten Kosten anfallen. Ein Pull-Medium muß auf Informations*tiefe* setzen, und die steckt unter anderem in der Vergangenheit.

Sich selbst das Wasser abgraben?

Auch ökonomische Gründe sprechen anscheinend dagegen, den Usern mehr Nachschlagen zu gewähren. Zum einen, heißt es, würden sich manche Anbieter damit selbst das Wasser abgraben. Warum sollte jemand zum Beispiel eine Zeitschrift kaufen, deren Archiv im Internet ein Vielfaches an Berichten von dem bereitstellt, was das aktuelle gedruckte Heft liefert? Und dazu noch kostenlos? Diese Argumentation ist nicht sofort von der Hand zu weisen, führt jedoch in die Irre: Wer dies befürchtet, sollte besser auch nicht das aktuelle Heft ins Internet stellen, weil er dessen Qualität als gedrucktem Medium selbst anzweifelt. So gesehen, bedürfte es ja nur eines Konkurrenten, der im Internet ein Archiv aufbaut, und die gedruckte Zeitschrift bliebe am Kiosk liegen. Diese ängstliche Sichtweise verdeutlicht vor allem, daß die Online-Publikationen es noch nicht verstanden haben, auf ihre exklusiven Stärken zu vertrauen.

Wenn die journalistischen Angebote im Netz ihre Nischen gefunden haben, dann können die Verlage sogar auf ein symbiotisches Verhältnis ihrer diversen Angebote hoffen. Viele Zeitungen verweisen schon heute regelmäßig am Ende der Beiträge auf *Mehrinformation* auf der eigenen Internet-Seite, wodurch dem Leser oft ein wertvoller Dienst erwiesen wird und die Online-Ausgabe kostenlose Werbung erhält. Das kann in verschiedener Ausführlichkeit geschehen. Das Minimum sollte die optisch hervorgehobene Internet-Adresse dessen sein, über den man berichtet. Ein Beispiel: Die Berliner *tageszeitung* ergänzte einen ausführlichen Bericht über die Totenmasken ermordeter KZ-Häftlinge im Jüdischen Museum Wien mit der fettgedruckten Adresse des Museums am Ende des Beitrags. Die *Frankfurter Rundschau* lieferte ihren Lesern zur vieldiskutierten Austellung über den Vernichtungskrieg der Wehrmacht eine Sonderseite, gedruckt und im Netz. Neben Literatur-Tips zum Thema verwies sie darauf, daß sich auf der eigenen Online-Homepage die komplette gedruckte Seite befinde und darüber hinaus „weitere Berichte, Archivmaterial, Interviews und Links zum Thema". Die *Nürnberger Zeitung* widmete einem in Nürnberg geplanten Dokumentationszentrum über die Nazi-Reichsparteitage auf ihrer Seite 3 gleich ein zweispaltiges Kästchen, in dem sie auf das zusätzliche Angebot ihrer Online-Redaktion in Form von historischem Fotomaterial, Wortlaut-Dokumentationen und kommentierten Querverweise auf fremde Seiten aufmerksam machte. Alle drei Fälle stehen für Eigenwerbung der besseren Art und könnten im Zeifelsfall einen Wettbewerbsvorteil ausmachen.

Das nächste hier zu entkräftende ökonomische Gegenargument ist noch banaler: Das Bereitstellen von mehr oder weniger alten Berichten koste Arbeitszeit respektive -kraft. Natürlich wäre es Unsinn, für eine Gesamtdokumentation aller Berichte bis hinunter zum Zehnzeiler zu plädieren und sie dem Online-Redakteur aufbürden zu wollen. Das Gros des Nachrichtenmaterials hat sich ja doch nach einem Tag überlebt. Bei einigen anderen ist die Gefahr zu groß, daß die Tatsachen nicht mehr stimmen. Sehr renovierungsbedürftige Geschichten werden die Redakteure ohnehin nicht aktualisieren wollen. Übrig bleibt ein kleiner, aber dafür umso wichtigerer Teil der Berichte. Für diesen müßte in der Tat eine Mehrarbeit erbracht werden. Zum einen bedarf es einer vielfachen Verlinkung, damit die Informationen dem User auch in die Hände fallen. Zum anderen benötigt fast jeder abgelegte Artikel von Zeit zu Zeit eine Überprüfung und gegebenenfalls eine kleine Überarbeitung. Manche Sites verbessern auch schon ihren *Stehsatz*, wenn jemand per E-Mail berechtigte Kritik anbringt. Andere schrecken nicht davor zurück, Artikel zwei Jahre oder länger unverändert im Netz stehen zu lassen - warum auch nicht, kann der Kunde doch am angegebenen Erscheinungsdatum die Frische des Beitrags selbst ablesen. Die Angst vor der Wiederholung, die Radio und Fernsehen mit ihrem Dauerprogramm schon längst nicht mehr haben, spielt ja beim Online-Medium sowieso keine Rolle. Auch dies wäre also kein Grund, alte Berichte nicht reaktivieren zu wollen.

Flüchtigstes Medium?

Die Bits and Bytes, aus denen die Online-Publikationen bestehen, kann man nicht anfassen wie einen Brief, nicht riechen wie eine druckfrische Zeitschrift, und man kann darin auch keinen Fisch mehr einwickeln wie in Zeitungspapier. Sie sind nicht greif-, aber auf Knopfdruck löschbar. Diese Immaterialität prägt das online Geschriebene und definiert seine Funktionen (Jan Assmann). Das Substanzlose des Mediums suggeriert Flüchtigkeit und Unantastbarkeit. Zwar hat man die Mitteilungen „schwarz auf weiß", wie man sagt, aber gleichzeitig hat man „nichts in der Hand". Aus diesem Grund kommt auch niemand ernsthaft auf den Gedanken, einen Liebesbrief per E-Mail zu schicken. Die Online-Botschaft ist zu immateriell und zu improvisiert, um romantisch sein zu können. Abgesehen davon, daß die gesamte Liebesmüh′ umsonst ist, falls der Empfänger versehentlich einmal zuviel die „Löschen"-Taste drückt, wenn er mal wieder die Junk-Mail aus seinem Briefkasten tilgt, haftet dem Schreiben und dem Lesen am Monitor doch etwas Kaltes an. Man kann sich nicht vorstellen, später einmal gerührt in alten Disketten zu kramen.

Das Immaterielle und darum flüchtig Erscheinende hängt am Online-Journalismus wie eine Fußfessel. Wer schreibt, der bleibt, wirbt die Deutsche Bundespost noch heute ungeachtet der Tatsache, daß der Großteil des Geschriebenen heute verlorengeht, wenn er überschrieben wird. Wir leben im Zeitalter des

Über-Schreibens. Was bleibt denn im Internet von dem, was da alles geschrieben wird? Während deutsche Bibliotheken von *Bild* bis *Bravo* alles sammeln und verwahren, was in gedruckter Form veröffentlicht wird, landen die unzähligen Internet-Publikationen in den Mülleimern der noch inexistenten Datenautobahnmeisterei.

Selbstverständlich kann man auch im World Wide Web alles herunterladen, abspeichern und ausdrucken. Aber erstens kann das in dem jetzt entstandenen Umfang schon keine Sammelstelle mehr leisten, und zweitens sind derzeit noch beinahe alle Informationen, mit denen die Rezipienten von den Online-Medien überhäuft werden, doch offensichtlich dafür bestimmt, sofort vergessen und bald wieder überschrieben zu werden. Und das, obwohl das immaterielle Um- und Überschreiben von Texten im PC (übrigens ebenso wie das quasi-neuronale Verlinken per HTML) eine ähnliche Struktur aufweist wie das menschliche Gedächtnis. Es ist eben nur ein Scheinwiderspruch, daß ausgerechnet das flüchtigste aller Medien jenes sein soll, welches die bewahrende Kraft im täglichen Überschreiben verkörpert.

Publizistische Seifenblasen

Die Immaterialität und das damit verbundene Fehlen eines Imprimatur-Moments bieten den Online-Journalisten die Voraussetzung dafür, schnell zu sein. Druck und Vertrieb werden eingespart. Viele sehen momentan noch den größten Vorteil des Mediums in der so gewonnenen Geschwindigkeit. Die Redaktionen, die es sich personell leisten können, wechseln ihre Nachrichten in enorm kurzen Intervallen, oft in stündlichem Rhythmus. So sind die Nachrichten fast immer auf dem neuesten Stand der Dinge. Die Tageszeitung kann, wenn sie bei Redaktionsschluß noch auf einem veralteten Stand war, ihren Fehler erst 24 Stunden später korrigieren, das Online-Medium sofort. Doch schießt es auch oft über das Ziel hinaus.

Die Schnelligkeit bedeutet nämlich in mehrfacher Hinsicht auch eine Crux. Zunächst unterwerfen sich die Journalisten ohne Not allzu knapp bemessenen Publikations- und damit Produktionszeiten. Das geht beinahe unweigerlich zulasten der Nachrichten-Qualität und der Zuverlässigkeit, also langfristig der Seriosität. Im Internet haben die Nachrichten den Kopf kaum verlassen und sind schon publiziert, was in vielen Fällen zu publizistischen Seifenblasen führt. Man muß ja auch nicht längerfristig zu einem Bericht stehen - kann man ihn doch jederzeit löschen.

„Rasende Cyberreporter“

Da man nun in immer kürzeren Intervallen die Nachrichten austauschen kann, darf die Haltbarkeit von Berichten weiter schrumpfen; die Verfallsdaten von Meldungen können im Minuten-Bereich liegen. Das wiederum führt zu den überall vorfindbaren Wegwerfaktualitäten im Internet, die spurlos am Leser vorbeiziehen. Die „Rasenden Cyberreporter“ von *AOL* sind so konsequent und lassen den Ticker der *Deutschen Presse Agentur* über den Monitor flimmern. Begründung: „Plagt Sie die Sorge, das Tagesgeschehen ginge einfach an Ihnen vorbei? Mit *AOL* können Sie sich entspannt vor dem Computer zurücklehnen: Die *AOL*-Nachrichten liefern Ihnen einen Redaktionsticker frei Haus...“

In Wirklichkeit sind es natürlich die Informationen aus dem Ticker, die das Tagesgeschehen an uns vorbeiziehen lassen. Schon von der *Tagesschau* bleibt beim Rezipienten erwiesenermaßen fast nichts hängen. Auf den Ticker-Journalismus im Internet kann der Leser nur noch in einer Art faszinierter Teilnahmslosigkeit starren. Seinem Bedürfnis nach Kontinuität wird mit den vielen CNN-analogen Produktionen nicht Genüge geleistet, weil er das meiste verpaßt und das wenigste versteht. Die blinde Vergötterung der Schnelligkeit führt dazu, daß die Welt nur noch in Wirklichkeitsfetzen am Zuschauer vorbeiflimmert, zusammenhanglos und ungeordnet.

Der Online-Journalismus unterliegt - allerdings nicht er allein - einem mißverstandenem Aktualitätsgebot. Aktuell sein heißt eben nicht automatisch, nur schnell zu sein. Aus der Perspektive zunehmend nicht mehr mit den Tagesereignissen schritthaltender Rezipienten gilt es immer mehr, Aktualität in seiner sekundären Form herzustellen: dem In-Beziehung-Setzen nämlich. Ereignisse werden nur so verstehbar. Wer die Zeitung von gestern nicht gelesen hat, der versteht die von heute nicht mehr, weshalb die von gestern für *ihn* sogar aktueller ist. Statt dessen strebt der Online-Journalismus wie Radio und Fernsehen die Simultaneität von Ereignis und Nachricht an. Schneller als das Radio mit seiner fixen Mündlichkeit kann er aber kaum werden.

Der Online-Journalismus auf seiner superschnellen Datenautobahn läßt den Rezipienten viel zu oft nur den Kondensstreifen sehen. Was spricht denn dagegen, einem Bericht über die Suche der Schweizer Banken nach nachrichtenlosen Konti einen vor Jahren erschienenen Hintergrundbericht über eben diese zuzugesellen, selbst wenn man ihn erst wieder einscannen muß? Oder von der Jubelmeldung über den Erfolgskurs eines Unternehmens, die man von der Agentur bekam, auf eine alte Reportage zu verweisen, die die menschliche Seite einer früheren Verschlankungs-Politik derselben Firma dokumentiert? Oder über die Leichen, die das betreffende Unternehmen noch im Keller der Historie hat? Dafür schaltet man dann vielleicht auch den Computer an, fährt ihn hoch und loggt sich ein. Aber für Kurzmeldungen?

Das Odium des Verwesenden

Niemand wird bei diesen Vorschlägen ernsthaft protestieren. Gemacht wird so etwas jedoch zu selten, eigentlich fast nie. Im Journalismus haftet nämlich allem, was mit dem Gestern zu tun hat, das Odium des Verwesenden an. Im Neuigkeiten-Geschäft verwundert es wenig, daß die Vergangenheit als unmodernste Zeitphase einen besonders schlechten Leumund hat. Nicht umsonst ist das Stichwort „olle Kamelle" der stets stechende Trumpf gegen die Luschen *von gestern* oder gegen Geschichten, *die warten können*. Dabei zeichnet sich ja ein guter Bericht eben gerade durch seine Überlebensdauer aus. Aber weil man eben schnell ist, meldet man statt dem allgemein Wichtigen lieber das speziell Vorübergehende. Dreimal wird hin- und hergemeldet, ob irgendein Fußballer zu einem anderen Verein wechselt (Matthäus geht, Matthäus geht nicht, Matthäus geht...), oder man hechelt Fusions- und Koalitionsgerüchten hinterher, mit dem Paradoxon in der Hinterhand, die Nachricht ja in der nächsten Minute gleich wieder zurücknehmen zu können.

Der *Focus* brachte die Vorurteile der Branche in einer Illustration zu seiner Serie „Die Zukunfts-Macher" einmal mehr auf den Punkt: „Pro Zukunft, contra Vergangenheit" stand da lapidar in kaum verbrämter Feindseligkeit einem kompletten Zeitabschnitt gegenüber zu lesen. Zukunft also *bono*, Vergangenheit *malum*. Kein Wunder, daß insbesondere im Geschwindigkeitsrausch der Online-Medien die Geschichte ins Hintertreffen gerät.

Rückwärts in die Zukunft

Letztlich spielt vielleicht spielt auch die Tatsache eine Rolle, daß die Online-Redaktionen ihr Personal eher aus dem Lager der Jungdynamiker des schnellebigen Nachrichten-Geschäfts rekrutieren als aus dem der Besinnungs-Schreiber, die ja den PC lange Zeit gern mit spitzen Fingern angefaßt haben. Dem abgestandenen Kulturpessimismus altgedienter Feuilleton-Recken setzen die quecksilbrigen Onliner einen Fortschrittsoptimismus entgegen, der sie von gelegentlichen Schritten zurück abzuhalten scheint.

Im Journalismus herrscht zudem, was das Ansehen anbetrifft, noch folgende Hierarchie: Ganz oben stehen die, die etwas herausfinden und beschreiben, dann folgen die Kollegen, die das Beschriebene anordnen, und ganz am Schluß kommen die, die die Publikationen dokumentieren. Diese Rangordnung ist in der sogenannten Informationsgesellschaft, in der es zu viel Information gibt und zuwenig Ordnung und Aufmerksamkeit, eigentlich nicht mehr zeitgemäß. Sie wird auch nicht mehr lange währen. Das Berufsbild des Online-Journalisten ändert sich, er wird zu Dokumentar, Erzähler und Redaktroniker in Personalunion, zu einem Erschließer der Welt in methodischer, logischer und nicht zuletzt chronologischer Hinsicht. Er muß den Pfadfinder *rückwärts in die Zukunft* spielen. In dieser Rolle ist er nicht automatisierbar. Als Bediener einer Tickermaschine hat er keine Zukunft, die läuft auch ohne ihn.

Ohne daß er dieser höheren Weihen bedürfte, kommt dem Online-Journalisten schließlich auch eine Funktion für das soziale und kulturelle Gedächtnis zu. Er kann mit seinem Instrumentarium die alten zeitlichen und geografischen Reichweitenprobleme von Überlieferung weitgehend überwinden. Er kann sogar die *oral history* durch eine *electronical history* ergänzen. Er muß, in der Terminologie von Jan und Aleida Assmann ausgedrückt, aus Dokumenten Monumente machen, der Tendenz zur Verengung von Zeiterfahrung aufs Heute und das vom Heute usurpierte Morgen entgegenwirken. Er stiftet Kontinuität und Identität und wirkt daran mit, daß in der Informationsgesellschaft das Wissen nicht auf der Strecke bleibt.

Geisterfahrer erwünscht

Der Online-Journalist steht nun vor der schwierigen Aufgabe, einerseits den spezifischen Charakteristika des Mediums gerecht zu werden und andererseits die mit ihnen einhergehenden Fallen zu umgehen. In dem Medium, das geradezu stellvertretend für die Informationsgesellschaft steht, muß er seine Kunden vor einem Überfluß an Daten schützen. Im immateriellsten und flüchtigsten aller Bereiche muß er sein Material präzipieren, einen kleinen Teil festhalten und einen großen vergessen. In einem Kosmos, der sich endlich von linearem Denken befreit sieht, muß er seinen Kunden Straßen bauen und Wegweiser errichten, damit sie das Aufbewahrte in den Ausfahrten auch finden. Auf dem *Information-Highway* muß er die Geschwindigkeit so drosseln, daß noch ein Verstehen von Ereignissen möglich ist. Und vor allem muß er seinen Kunden auf der Datenautobahn das Rückwärtsfahren ermöglichen. Er darf sich nicht auf das vordergründig Brandaktuelle beschränken, sondern sollte den Blick vermehrt zurück richten. Was in der sogenannten Wirklichkeit auf den Autobahnen verboten ist, die Geisterfahrt, muß in der virtuellen Welt nicht nur erlaubt sein, sondern sogar verlangt werden.

Literatur

Assmann, Jan (1992): Das kulturelle Gedächtnis. Schrift, Erinnerung und politische Identität in frühen Hochkulturen. München.

Baudrillard, Jean (1990): Das Jahr 2000 findet nicht statt. Berlin.

Lübbe, Hermann (1992): Im Zug der Zeit. Verkürzter Aufenthalt in der Gegenwart. Berlin u.a.

Nürnberger, Albrecht (1993): Datenbanken und Recherche. Über Archive, Dokumentationen und elektronische Datenbanken. Herausgegeben von Michael Haller. Rommerskirchen.

Weinrich, Harald (1997): Lethe. Kunst und Kritik des Vergessens. München: Beck.

Das DIGITAL RADIO (DAB) am Beginn der Markteinführung

Andreas Fischer

Einleitung

Nachdem bereits digitale Radiosysteme über Kabel und Satellit Einzug ins heimische Wohnzimmer gehalten haben, steht nun das digitale Überall-Radio vor der Tür: Digital Audio Broadcasting (DAB) oder „DIGITAL RADIO". Neben der exzellenten und störungsfreien Übertragungsqualität und einem Klang, der vergleichbar mit dem einer CD ist, kommen mit zusätzlichen Datendiensten neue multimediale Formen der Massenkommunikation zum bestehenden Hörfunkangebot hinzu. Damit wird sich nicht nur die Übertragungstechnik ändern, sondern mittel- und langfristig auch das Medium Radio selbst, indem es durch multimediale Zusatzangebote ergänzt wird und bisher gesprochene Informationen durch Datendienste abgelöst werden können. Diese werden auf einem Display am Gerät oder auf einem Zusatzbildschirm sichtbar gemacht. Zu empfangen ist das DIGITAL RADIO mit einer kleinen Stabantenne. Damit kann digitaler Klang nun auch überall dorthin gelangen, wo auch bisher Radio gehört wurde: in der Küche, im Badezimmer, im Hobbykeller, im Garten und schließlich im Auto. Das DAB-System folgt damit einem Trend zu immer größerer Mobilität der Menschen bei Arbeit und Freizeit.

Der Weg zum DIGITAL RADIO

Erste Überlegungen und Versuche für ein digitales Rundfunksystem wurden bereits Anfang der 80er Jahre beim Bayerischen Rundfunk (BR) und beim Institut für Rundfunktechnik (IRT) angestellt. Zur Marktreife entwickelt wurde die DAB-Technologie von meist europäischen Unternehmen und Forschungseinrichtungen, die sich in der Initiative EUREKA 147 zusammengeschlossen haben. Heute sind alle namhaften Unternehmen der Unterhaltungselektronikindustrie der Welt Mitglied von EU 147. DAB ist als Übertragungsnorm standardisiert und wird von der Internationalen Fernmeldeunion (ITU) als digitaler terrestrischer Übertragungsstandard empfohlen.

Für die Vorbereitung und Koordinierung der Einführung von DAB ist in Deutschland seit 1991 ein Verein aktiv: die DAB-Plattform e.V. Die rund 60 Mitglieder des Vereins kommen aus den Bereichen Rundfunk, Telekommunikation, Medien- und Wirtschaftspolitik, Forschung und Industrie. Unter diesem gemeinsamen Dach wird die Einführung von DIGITAL RADIO vorbereitet.

Die DAB-Pilotprojekte

Die meist europäischen Unternehmen haben sich mit der DAB-Technologie weltwelt einen immensen Vorsprung erarbeitet, der nun am Markt umgesetzt werden soll. Die DAB-Plattform e.V. hat 1993 angeregt, in einigen Bundesländern bereits vor der geplanten Einführung DAB-Pilotprojekte durchzuführen. Deren Ziel war es, erste großflächige Sendernetze aufzubauen, eine größere Serie von Endgeräten bereitzustellen und neue Programmangebote auszustrahlen. Mit zum Teil umfangreichen Begleitforschungsaktivitäten sollten auch Erkenntnisse über die Akzeptanz des Systems und der Dienste gewonnen werden. Seit 1995 werden DAB-Projekte in zehn Bundesländern durchgeführt:

- Baden-Württemberg
- Bayern
- Berlin/Brandenburg
- Hessen
- Nordrhein-Westfalen
- Saarland
- Sachsen
- Sachsen-Anhalt
- Thüringen

IFA '97: Die Markteinführung hat begonnen

Auf der Internationalen Funkausstellung haben viele namhafte Unterhaltungselektronik-Hersteller die ersten Consumer-Geräte vorgestellt, die ab Frühjahr 1998 im Handel erhältlich sind. Dabei handelt es sich um Autoradios, Heimempfänger und Einsteckkarten für den PC. Damit hat in Berlin die Markteinführung des DIGITAL RADIO offiziell begonnen:

Bereits durch die Pilotprojektphase können zum Beginn der Markteinführung in Deutschland 30 Mio. Menschen technisch mit DAB-Programmen versorgt werden. Zum Empfang der digitalen Hörfunk- und Datendienste wurden in den Projekten bereits einige tausend DIGITAL RADIOs in unterschiedlichen Ausstattungen an interessierte Teilnehmer vergeben. Programmveranstalter und neue Datendiensteanbieter hatten dadurch Gelegenheit, durch die Begleitforschung ihre Angebote vor dem eigentlichen Systemstart den Bedürfnissen der Hörer und Nutzer anzupassen und für die multimediale Zukunft fitzumachen.

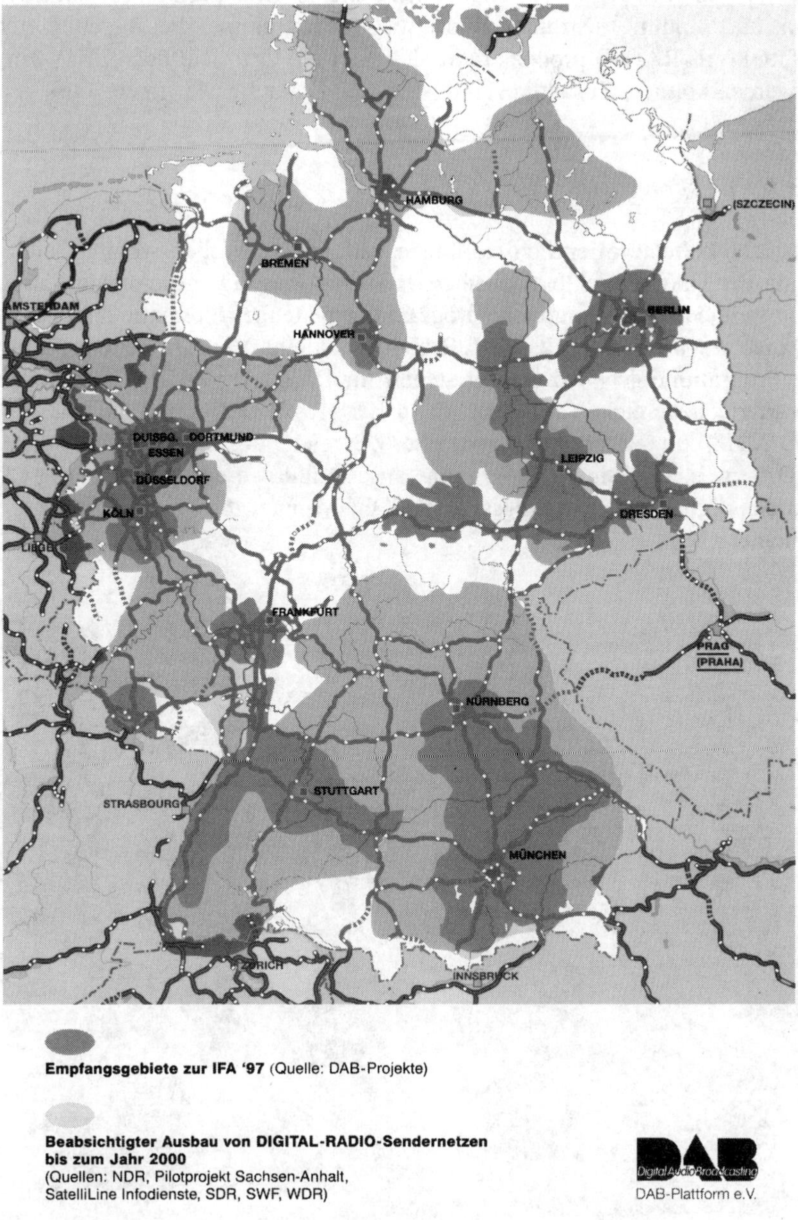

Empfangsgebiete zur IFA '97 (Quelle: DAB-Projekte)

Beabsichtigter Ausbau von DIGITAL-RADIO-Sendernetzen bis zum Jahr 2000
(Quellen: NDR, Pilotprojekt Sachsen-Anhalt, SatelliLine Infodienste, SDR, SWF, WDR)

DAB Digital Audio Broadcasting
DAB-Plattform e.V.

Karte 1: Empfangsgebiete des DIGITAL RADIO im August 1997 und im Jahr 2000 (Prognose)

Programme und Datendienste

Rund 120 lokale, regionale und landesweite Hörfunkprogramme sind bereits digital auf Sendung. Darunter sind etwa 30 Programme, die ausschließlich für das DIGITAL RADIO produziert werden oder am Ort nicht über UKW empfangen werden können. Zusätzlich sind bereits 50 Datendienste „in der Luft".

Neue Hörfunkprogramme

Zahlreiche beliebte öffentlich-rechtliche und private Wellen werden bereits mit Beginn der DAB-Projekte auch über DIGITAL RADIO ausgestrahlt. Zusätzlich lassen sich jedoch umfangreiche programmbegleitende Informationen übertragen.

Daneben wird es mit DIGITAL RADIO auch eine Vielzahl neuer und innovativer Programme geben. Zur Zeit stehen für DIGITAL RADIO in Deutschland zwei Frequenzbereiche (Teile von Band III: 223-230 Mhz und L-Band: 1.452 - 1.492 MHz) zur Verfügung. Wenn diese Bereiche ausgeweitet werden, können mit DAB wesentlich mehr Programme ausgestrahlt werden als heute mit UKW - denn das digitale Übertragungssystem COFDM nutzt die Frequenzen wesentlich effizienter.

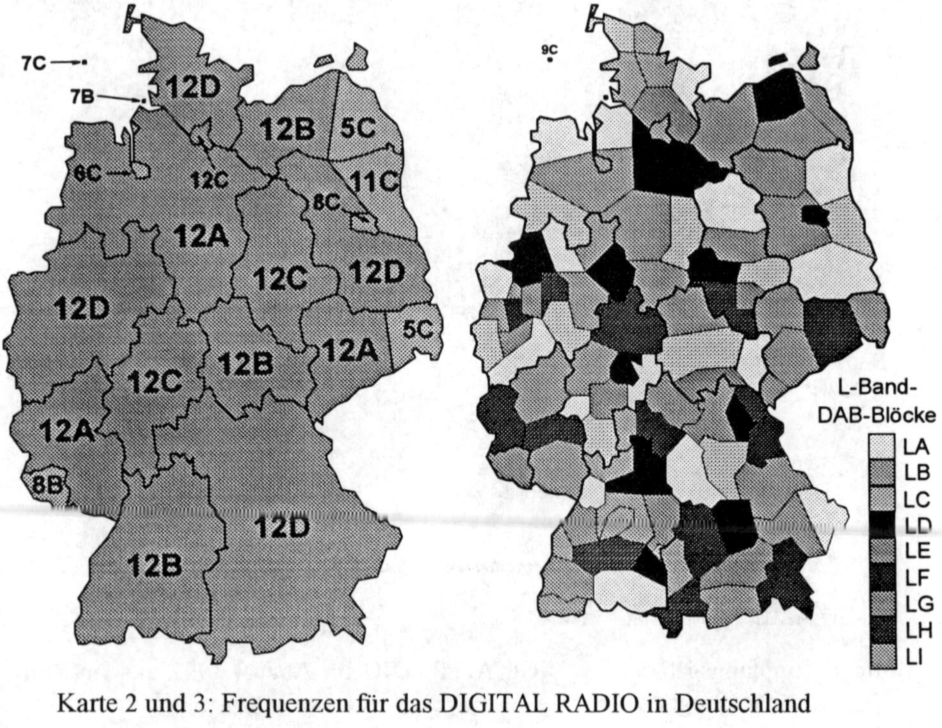

Karte 2 und 3: Frequenzen für das DIGITAL RADIO in Deutschland

1995 wurden die Frequenzen für das DIGITAL RADIO in Europa vergeben. In jedem Bundesland stehen Frequenzen für 6-7 landesweite Programme (vor allem im Kanal 12) und in jeder Region für weitere 6-7 lokale und regionale Programme im sogenannten L-Band zur Verfügung. An jedem Ort in Deutschland können damit insgesamt mindestens 12-14 DIGITAL RADIO-Programme ausgestrahlt werden.

In den DAB-Projekten wurden bereits neue Formate getestet. So sind in Bayern etwa neue Programme des Bayerischen Rundfunks wie von Antenne Bayern auf Sendung: „Bayern Digital" und „Rock Antenne". Daneben sind in den Ballungsräumen München, Ingolstadt und Nürnberg/Fürth/Erlangen zahlreiche neue Lokalformate „in der Luft".

SDR und SWF produzieren bereits rund ein Jahr vor der zu vollziehenden Fusion ein gemeinsames Jugendprogramm, von Jugendlichen selbst gemacht und mit einer Fülle von Zusatzinformationen für den Bildschirm: „DASDING". Welle Fidelitas strahlt in Baden-Württemberg das DIGITAL RADIO-Programm "K-01" aus. Außerdem ist mit „Radio XS live" (Radio Regenbogen) erstmals ein landesweites privates Hörfunkprogramm auf Sendung, was bislang über UKW nicht der Fall war.

Landesweites Empfangsgebiet
Radio XS live (nicht über UKW)
DASDING (nicht über UKW)
SDR1 / SWF 1 (z.Zt. im wöchentlichen Wechsel)
S2 Kultur
SDR 3
SWF 3

Lokales Empfangsgebiet Freiburg
FR 1 Jugend (nicht über UKW)
Radio FR1
Radio Ohr
Radio Regenbogen
Radio Seefunk
S4 Radio Breisgau

Lokales Empfangsgebiet Karlsruhe
K-01 (nicht über UKW)
Library Radio L-Fun (nicht über UKW)
Radio Melodie (nicht über UKW)
Radio Regenbogen
S4 Badenradio
Welle Fidelitas

Lokales Empfangsgebiet Mannheim
K-01 (nicht über UKW)
Library Radio (nicht über UKW)
Radio Melodie (nicht über UKW)
Radio Regenbogen
Radio Ton Regional
S4 Kurpfalzradio
Sunshine live

Lokales Empfangsgebiet Stuttgart
Antenne 1
Radio BB
RMB-Radio
S4 Württemberg-Radio
Stadtradio 107,7

Lokales Empfangsgebiet Ulm
Radio 7
Radio 7 melody
Radio Free FM
Radio KOMMA 1
S4 Schwabenradio

Tab. 1: DIGITAL RADIO-Programme am Beispiel Baden-Württemberg (Stand: August 1997)

In Berlin-Brandenburg sendet „Radio E“, ein Gemeinschaftsprogramm von Deutscher Welle, BBC World Service, Radio France Internationale und Radio Nederland Wereldomroep neben 17 weiteren öffentlich-rechtlichen und privaten Programmen. Darunter sind auch Programme, die in der Hauptstadtregion nicht über UKW zu empfangen sind (u.a. „Jazz Radio“, „Radioropa Info“).

In Hessen werden zur Zeit bereits drei neue private Hörfunkformate getestet. Ein Jugendprogramm von Radio FFH („Planet Radio“), „Frankfurt Business Radio“ und ein frei empfangbares Programm des Pay-Radio-Anbieters „Music Choice Europe“. Der Hessische Rundfunk beabsichtigt ab Jahresbeginn 1998, veränderte und ergänzte „plus“-Varianten seiner UKW-Hörfunkprogramme auch über DAB anzubieten.

In Nordrhein-Westfalen testet der Westdeutsche Rundfunk ein völlig neues Konzept, ein und dasselbe (Wort-)Programm in zwei völlig unterschiedliche Musikfarben einzubetten: WDR 2 Klassik. Mit VERA („Verkehr in Real Audio“) bietet der WDR außerdem einen eigenen gesprochenen Verkehrskanal mit laufend aktualisierten Verkehrsmeldungen an. Mit dem an Jugendliche gerichteten „Power Radio“ (Radio NRW) ist in Nordrhein-Westfalen - ähnlich wie in Baden-Württemberg - erstmals auch ein überregionales privates Hörfunkprogramm auf Sendung.

Im Saarland und in den mitteldeutschen Ländern Sachsen, Sachsen-Anhalt und Thüringen werden ebenfalls zusätzliche Programme angeboten („Europe 1“, „Antenne Saar“, „Radio Melodie“, „Radio TOP 40 M“). Auch das von seinen Hörern heiß umkämpfte „MDR Sputnik“ findet über das DIGITAL RADIO vom Satelliten wieder auf die Erde zurück. Das Mittelwellen-Nachrichtenprogramm „MDR Info“ kann in den mitteldeutschen DIGITAL RADIO-Sendegebieten nun auch in digitaler Qualität empfangen werden.

Datendienste

Der DAB-Datenstrom ist transparent - das heißt, er kann jede Art von Informationen transportieren. Daher ist es möglich, zusätzlich zu den Radioprogrammen auch digitale Datendienste zu übertragen. Vom Nutzinhalt der Information werden bei DAB prinzipiell drei Arten von Datendiensten unterschieden werden: Programmbegleitende Dienste (PAD, Programme Associated Data), Datenrundfunkdienste (programmunabhängig, Non-PAD) und Zusatzdienste für geschlossene Benutzergruppen (CA, conditional access). In den DAB-Projekten, die begrenzte Teilnehmerzahlen haben, wurden vor allem PAD- und Datenrundfunkdienste erprobt. In allen Projekten werden hierzu auch DAB-Empfänger mit einem Datendecoder und entsprechendem Display angeboten.

Bayern

Landesweites Empfangsgebiet
Bayerischer Rundfunk, Programminformationen, Nachrichten, Wetter, Verkehr, Wirtschaft, Sport Bayerisches Landesvermessungsamt / Institut für Landtechnik, Differential GPS Bayerninfo EURO-MIT, Staumeldungen, Falschfahrer, Wartezeiten an Grenzübergängen, Radarkontrollen, innerstädtische Parkhausbelegung, Park & Ride - Parkplätze, Anbindung an den öffentlichen Nahverkehr, Personenruf Fraunhofer-Gesellschaft, Neues aus der Forschung, Hinweise auf technisch-wissenschaftliche Sendungen in Funk und Fernsehen, Informationen über DAB, Portraits von FhG-Persönlichkeiten, Presseinformationen IRIS Stadtinformationssystem More & More Communication, Informationen zum Deutschland- und Bayern-Wetter in Text und Bild, Wochenaussichten, Bergwetter, Biowetter RT.1, Immobilienservice mit Angeboten für Häuser, Eigentumswohnungen, Ferienwohnungen und gewerbliche Objekte SatelliLine, Mediennachrichten SV Teleradio, Ausgewählte Informationen aus der Süddeutschen Zeitung Volkshochschule Passau, Bayerische Tourismusinformationen

Lokales Empfangsgebiet München
Gräfe & Unzer, Informationen über Hotels, Restaurants, Sehenswürdigkeiten, Museen, Theater, Kino Magic Blue, Veranstaltungshinweise, Ausgehtips, Marketing-Angebote Radio Arabella, Veranstaltungshinweise, Programmvorschau, Verkehrshinweise, Arabella intern, Nachrichten-Schlagzeilen Radio Melodie, Fernsehtips, Urlaubstips, Heim und Garten, Volksmusikinformationen, Tourneepläne, Starportraits

Lokales Empfangsgebiet Nürnberg
Fraunhofer-Gesellschaft, Demos zu DAB-Datendiensten, experimentelle Dienste,
Versuchsaussendungen von nicht lizenzierten Anbietern
Magic Blue, Veranstaltungshinweise, Ausgehtips, Marketing-Angebote
Radio Melodie, Fernsehtips, Urlaubstips, Heim und Garten, Volksmusikinformationen,
Tourneepläne, Starportraits

Berlin/Brandenburg

Empfangsgebiet Berlin/Potsdam
ADAC, München
AKTIVMEDIA Berlin
Berliner Zeitung
BFB Branchen-Fernsprechbuch Berlin GmbH Berlin
Deutsche Bahn AG, Frankfurt/Main
Fremdenverkehrsverein Brandenburg Havel e.V.
GEKOM Gesellschaft für Kommunikation und Bildung mbH
H.I.M. Hotel-Info-Medien
itm ideas to Market GmbH, Ratingen
Infopark online service GmbH
Karstadt AG, Essen
Messe Berlin
OnlinePark Berlin
Radio HUNDERT,6 Medien GmbH
Radio Melodie Berlin
Der Regierende Bürgermeister von Berlin
SV TELERADIO GmbH
ZDF
ZWEITE HAND Gruppe

Tab. 2 und 3: Datendienste am Beispiel Bayern und Berlin/Brandenburg

Programmbegleitende Dienste (Programme Associated Data, PAD)

Programmbegleitende Dienste (PAD) sind Informationen, die in direktem Zusammenhang zum ausgestrahlten Audioprogramm stehen und in der Regel im Verantwortungsbereich des entsprechenden Rundfunkanbieters liegen. Beispiele sind die bekannten Dienste aus dem Radio-Daten-System RDS in UKW (TP, TA, TMC, PTY, Radiotext etc.). Daneben sind zahlreiche weitere Dienste möglich, etwa Standbilder oder Schlagzeilen zu den Hörfunknachrichten, aktuelle Wetterkarten, Soundfiles, die im Radiogerät zwischengespeichert werden und bei Bedarf abgerufen werden können.

Gegenüber RDS steht bei DAB eine wesentlich höhere Datenrate zur Verfügung (RDS: nach Fehlerschutz 730 Nutzbits pro Sekunde, bei DAB nach der Spezifikation für PAD bis zu 64 kbit/Sekunde möglich). PAD werden dem zugehörigen Audioprogramm hinzugefügt und mit diesem "huckepack" im DAB-Multiplex übertragen.

Datenrundfunkdienste

Unter den Begriff Datenrundfunk fallen all die Dienste, die zwar auch an die Allgemeinheit gerichtet sind, jedoch in keinem direkten Zusammenhang zum Audioprogramm stehen und auch von Diensteanbietern außerhalb des Rundfunkbereichs geliefert werden können. Beispiele sind etwa ein separater Nachrichtendienst, Serviceinformationen eines lokalen Fremdenverkehrsamts, Verkehrsinformationen direkt aus dem Polizeicomputer oder Flug- und Fahrpläne und vieles mehr. Diese werden bereits im Rahmen der DAB-Projekte ausgestrahlt.

Zusatzdienste (Conditional Access)

Zusatzdienste beim DIGITAL RADIO richten sich an bestimmte Benutzerkreise oder können sogar individuell an einzelne Empfänger adressiert werden. So ist es möglich, über DAB Paging-Dienste zu verbreiten oder Telefaxe zu verschicken. Versicherungen können Informationen für ihre Außendienstmitarbeiter bereitstellen, Supermarktketten Kassenpreise aktualisieren, Softwarefirmen Updates ihrer Programme bereitstellen, oder Banken die Nummern gesperrter Kreditkarten übertragen. Auch Pay-Radio ist mit der DAB-Technologie prinzipiell möglich.

Die DIGITAL RADIO-Empfänger

In den DAB-Pilotprojekten wurden zunächst mehrere tausend mobile Empfänger und PC-Karten getestet. Die Endgeräte in den Pilotprojekten - wie auch die ersten Endgeräteserien ab 1998 - können alle auch UKW-Programme empfangen. Mit den Erkenntnissen, die in den Pilotversuchen gewonnen wurden, können die ersten frei verkäuflichen DAB-Empfänger optimiert und an die Ansprüche der Nutzer angepaßt werden. 1998 werden zahlreiche nahmhafte Hersteller aus der Unterhaltungselektronik ihre ersten Geräteserien im Handel anbieten.

Die in den DAB-Pilotprojekten eingesetzten Empfänger von Bosch-Blaupunkt, Grundig und Panasonic bestehen aus zwei Teilen: der digitalen Empfangsbox, die in der Regel im Kofferraum montiert wird, und einem RDS-UKW-Autoradio, das gleichzeitig als "Fernbedienung" des DAB-Empfängers dient. Geräte, die einen Datendecoder besitzen, werden zusätzlich mit einem LCD-Bildschirm ausgestattet, in Schwarzweiß oder Farbe.

Die zusätzliche Box im Kofferraum war und ist derzeit bei einigen Herstellern noch notwendig, weil verschiedene Chipsätze benötigt werden, die sich nicht in einem herkömmlichen DIN-Schacht unterbringen lassen. Auf der IFA '97 wurden von Herstellern die ersten Prototypen der zweiten DAB-Chip-Generation vorgestellt, bei der die nötigen Schaltkreise auf wesentlich kleinerer Fläche integriert sind. Diese Chips werden außerdem eine wesentlich niedrigere Leistungsaufnahme haben - damit lassen sich tragbare DAB-Empfänger - Portables wie Miniradios - mit herkömmlichen Batterien betreiben.

Bereits in der Grundausstattung sind die Empfänger mit einem einzeiligen RDS-Display ausgerüstet und können bestimmte Datendienste (z.B. DAB-Ensemble-Kennung, Sendernamen, Programmart) auswerten. Künftig werden DAB-Autoradios über ein Display mit mindestens 2 x 8 Zeichen verfügen. Damit sollen z.B. kurze Textmeldungen auch ohne Zusatzbildschirm angezeigt werden können.

In Zukunft wird es bei DAB zahlreiche unterschiedliche Endgerätetypen geben. Von tragbaren Empfängern über Autoradios bis hin zu stationären Empfängern und Bausteinen für die Stereoanlage. Aber auch PC-Steckkarten und PCMCIA-Cards werden zum DAB-Alltag gehören. In Zukunft sind völlig neuartige Endgeräte denkbar - vom DAB-Datenhandy bis zum Radio mit Farbdisplay in der Armbanduhr integriert.

Der weitere Einführungsprozeß

Der Beginn der Markteinführung bedeutet natürlich noch nicht, daß alle die Einführung eines neuen Rundfunksystems betreffenden Fragen quasi „über Nacht" gelöst worden sind. Vielmehr müssen auf verschiedenen Ebenen noch „Hausaufgaben" bewältigt werden, um Schritt für Schritt die terrestrischen Sendernetze - wie bei den Mobiltelefonnetzen - auszubauen, alle DIGITAL RADIO-Programme mit interessanten Informationsdiensten auszustatten und alle medienrechtichen Fragen zu klären. Von außerordentlicher Bedeutung ist dabei die Frage der Lizenzierung der Programme in den verschiedenen Ländern. Dazu müssen zum Teil die jeweiligen Mediengesetze der digitalen Technik angepaßt oder entsprechend ergänzt werden, um bestehende und neue Programme und deren Bitraten im DAB-Datenstrom lizenzieren zu können.

Die Einführung von DIGITAL RADIO außerhalb Deutschlands

DIGITAL RADIO in Europa

In der Schweiz haben 1994 auf Initiative des Bundesamtes für Kommunikation (BAKOM) die Planungen für ein DAB-Pilotprojekt begonnen. In Bern-Oberland gibt es ein Pilotprojekt mit drei Kanal-12-Sendern im Gleichwellenbetrieb sowie mehreren L-Band-Sendern. Rund 400 DAB-Empfänger, darunter auch Datenendgeräte, sollen bis Herbst 1997 ausgegeben werden. Ein weiterer Pilotversuch in Basel steht kurz vor dem Start. Zwölf L-Band-Sender sind bereits in Betrieb.

In Großbritannien startete die BBC schon frühzeitig Versuche mit Digital Audio Broadcasting. Die britische Regierung stellte im Band III ein insgesamt 12,5 MHz breites Frequenzband für digitale Rundfunkübertragung zur Verfügung. Damit können sieben DAB-Blöcke (mit jeweils 6-7 Programmen) realisiert werden. Je ein landesweiter Block soll der BBC und kommerziellen Betreibern zur Verfügung gestellt werden, auf den übrigen Blöcken sollen regionale oder lokale Programme ausgestrahlt werden.

Die BBC baut derzeit ein Gleichwellennetz auf, in dem 27 Sender bis Mitte 1998 rund 60 Prozent der britischen Bevölkerung mit DAB-Diensten und Programmen versorgen sollen. Im Juli 1996 wurden bereits 25 Prozent der Bevölkerung technisch mit DAB-Signalen versorgt. Bereits im September 1995 startete die BBC offiziell den Sendebetrieb. Bis 1997/98 auch in Großbritannien die ersten Empfängerserien auf dem Markt erhältlich sein werden, sollen ähnlich wie in den deutschen Pilotprojekten neue Formen für Programme und Datendienste getestet und ausführliche Akzeptanzuntersuchungen durchgeführt werden.

Auch in Schweden begann zunächst im Großraum Stockholm im September 1995 die Ausstrahlung von DAB-Diensten. Bis Ende 1996 sollen 45 Prozent der schwedischen Bevölkerung mit einem landesweiten DAB-Block des öffentlich-rechtlichen Rundfunks Sveriges Radio (SR) versorgt werden. Hierzu wird ein Gleichwellennetz mit 11 Sendern aufgebaut. Vier weitere regionale Sendernetze in Stockholm, Göteborg, Malmö und Lulea sollen insgesamt rund 34 Prozent der Bevölkerung erreichen.

In Frankreich wurde 1991 der Club DAB als nationale Dachorganisation gegründet. In Paris wurden Versuchsausstrahlungen im Band I und im L-Band vorgenommen, für dessen Nutzung man sich letztendlich entschied. Derzeit werden im Großraum Paris mehrere DAB-Ensembles mit Hörfunkprogrammen und Datendiensten im Rahmen eines Pilotprojektes ausgestrahlt. Weitere Projekte sollen folgen.

Auch in Italien wurde mit dem Club DAB Italia 1996 von acht kommerziellen Stationen eine nationale Plattform ins Leben gerufen. Die öffentlich-rechtliche RAI führt bereits Tests mit DAB im Aosta-Tal durch. Derzeit ist ein Gleichwellennetz mit drei Kanal-12-Sendern in Betrieb. Umfangreiche Aktivitäten rund um DAB gibt es auch in den Niederlanden, Ungarn, Dänemark und Finnland.

DIGITAL RADIO weltweit

Auch außerhalb Europas haben sich viele Staaten für das von EUREKA 147 entwickelte DAB-System als Standard für die digitale Rundfunkübertragung entschieden.

Im November 1995 sprach sich Kanada offiziell für das EUREKA-147-DAB-System aus. In Montreal, Ottawa und Toronto laufen bereits Pilotprojekte, ein weiteres soll noch in diesem Jahr in Vancouver starten. Bisherige UKW- und MW-Stationen erhalten automatisch das Anrecht auf DAB-Lizenzen. Im Oktober 1996 teilte ein Konsortium von acht privaten kanadischen Rundfunkanbietern mit, ab Mitte 1997 mit 15 DAB-Programmen vom Fernsehturm in Toronto aus den Regelbetrieb zu beginnen.

In den USA wurden bis vor kurzem andere digitale Übertragungstechniken untersucht (In-Band On Channel IBOC und In-Band Adjacent Channel IBAC). In allen Praxistests erwies sich jedoch das EUREKA-System als weit überlegen. Nun wird an einer Adaption von DAB für das amerikanische Rundfunksystem (vorwiegend lokale Stationen) gearbeitet. Gesendet werden soll voraussichtlich im L-Band.

Feldversuche mit DAB gibt es auch in Australien und Indien, und insbesondere China hat großes Interesse an der DAB-Technologie angemeldet. Mit Hilfe von europäischen Partnern wurden unter anderem in Peking und in der Provinz Guangdong Testausstrahlungen vorgenommen.

Das WorldDAB-Forum

Die Europäische Rundfunkunion (EBU) regte bereits Ende 1994 die Gründung einer europäischen Plattform zu DAB an. Im Herbst 1995 nahm das EuroDab-Forum offiziell seine Arbeit auf. Nachdem immer mehr Mitglieder außerhalb Europas zu EuroDAB stießen, trägt die Plattform seit Januar 1997 den Namen "WorldDAB". Damit wird der weltweiten Verbreitung des EUREKA-147-DAB-Systems Rechnung getragen. Ziel von WorldDAB ist es, die Einführung des DIGITAL RADIO in weltweit aktiv zu unterstützen und zu begleiten, entsprechende Rahmenbedingungen für eine harmonische Markteinführung des Systems zu schaffen, und einen umfangreichen Informationsaustausch zwischen Industrie, Netzbetreibern, Politik, Rundfunkveranstaltern und Diensteanbietern zu gewährleisten. Zum gegenwärtigen Stand hat WorldDAB mehr als 100 Mitglieder (Homepage des WorldDAB-Forums: http://www.worlddab.org).

Ausblick

Da mit dem DIGITAL RADIO neben der störungsfreien Übertragung auch neue Verbreitungsmöglichkeiten eröffnet werden, die über UKW nicht mehr möglich sind, haben einige Veranstalter in DAB ihre Chance gesehen, neue Programme über die digitale Technologie anzubieten. Mit den insbesondere auf Jugendliche ausgerichteten Kanälen („DASDING", „Radio XS Live", „Planet Radio", „Power Radio" etc.) soll eine über UKW noch nicht ausgeschöpfte bzw. aufgrund der Frequenzsituation nicht erreichbare Zielgruppe angesprochen werden. Vor allem sollen diese Hörer aber auch an die jeweiligen öffentlich-rechtlichen und privaten „Mutterprogramme" herangeführt werden. Mit dieser entstehenden inhaltlichen Programmvielfalt könnte damit auch im Hörfunk eine stärkere Verspartung der Programmangebote einhergehen.

Wie sich bereits in den DAB-Projekten herauskristallisiert hat, können mit dem DIGITAL RADIO eine Fülle weiterer nützlicher Informationen zusätzlich zum klassischen Hörfunkangebot gesendet werden. Dies wird mittel- und langfristig nicht ohne Auswirkungen auf das eigentliche Radioprogramm bleiben. Bisher gesprochen übermittelte Informationen können nun - unhörbar - im Datenkanal versandt und auf dem Bildschirm des Empfängers sichtbar gemacht werden. Damit gehören in Zukunft nicht nur die oft minutenlangen Verkehrsmeldungen der Vergangenheit an, sondern auch die Übermittlung von Telefonnummern, Adressen und Informationen zum gerade gespielten Musiktitel können - wenn gewünscht - den Moderator entlasten - oder könnten ihn vielleicht sogar programmstreckenweise einmal obsolet machen.

Wie bereits im Internet werden mit dem Herunterladen und Zwischenspeichern von Diensten Empfänger bzw. PC auch „Pull"-Elemente hinzukommen. Der Nutzer ruft die Information selbst ab, die ihn interessiert. Und dies außerdem zu einem Zeitpunkt, den er selbst bestimmt. Auch darauf müssen sich die Programm-Macher in Zukunft wohl einstellen müssen. Insgesamt bietet die digitale Radiotechnologie jedoch die große Chance, sich als Medium im multimedialen Umfeld zwischen Digitalem (Pay-)TV und Internet-/Onlinediensten zu positionieren und damit in der Publikumsgunst zu behaupten.

Weitere aktuelle Informationen im Internet: http://www.dab-plattform.de

Online-Marketing

Harald A. Summa

Online-Marketing wirkt in anderer Form als es die klassischen Marketingmechanismen bisher taten. Wir haben es beim Online-Marketing nicht allein mit einem „broadcast" also einer passiven Verteilungsfunktion zu tun, sondern die Funktionalitäten , die die Internet-Dienste bieten, ermöglichen einen differenzierten Ansatz: „broadcast - feedback." Allerdings muß die Möglichkeit zum „broadcasting" und „feedback" erst einmal geschaffen werden.

Im klassischen Marketing ist der marktbewegende Push-Ansatz vorherrschend. Mit hohem Mittelaufwand wird der Konsument auf ein Produkt aufmerksam gemacht, die Wiederholungsrate der Ansprache garantiert den Marketingerfolg. Der klassische Einsatz von Werbung im Print oder TV Bereich funktioniert so.

Beim Online-Marketing steht das Heranziehen des Konsumenten, das individuelle Interessieren und Befriedigen von Bedürfnissen im Mittelpunkt der presales Phase. In der after-sales Phase ist das Online-Marketing das ideale Werkzeug zur Kundenbindung. Wird Online-Marketing für Promotion eingesetzt, zeigen sich andere Effekte als mit den herkömmlichen Marketinginstrumenten. Besonders spannend sind bereits jetzt die Dialogfunktion über die Internet-Dienste E-Mail und Chat.

Pull Marketing

Die Frage, die sich die Marketiers beim Online-Marketing stellen müssen, sind recht simpel: Welches Angebot muß ich dem Markt präsentieren, um seine Bedürfnisse zu befriedigen? Alte Frage, alte Antwort: Das, was er haben will. Die Schwierigkeit, diese Frage in ein operatives Handeln umzusetzen, liegt in der Diversifiziertheit der Märkte und der schier unendlichen Bedürfnishaltung der individuellen Kunden. Das bedeutet, daß sich die Online-Marketiers auf klar abgrenzbare Marktsegmente und Interessengruppen konzentrieren und diese bündeln müssen.

Das alte Anschieben des Marktes (Push) funktioniert also nur noch flankierend, um Zielgruppen herauszukristallisieren. Danach heißt die Zielsetzung, den Konsumenten heranzuziehen (Pull) und zu halten.

Die abstrakte Darstellung läßt sich leicht in einem praktischen Beispiel darstellen. Mit einer klassischen Print oder TV-Kampagne wird die Attraktivität eines speziellen Internet-Angebotes unter www.ich_bin_interessant_für_dich.de kommuniziert. Unter diesem www-Angebot wird in einer geschlossenen Benutzergruppe über diverse Internet-Dienste das individuelle Bedürfnisprofil des Online-Nutzers eruiert. Über sein Profil wird er mit individueller, auf seine Bedürfnisse zugeschnittener Information versorgt, und so der Kontakt gehalten.

Push-Marketing

Mit der Entwicklung neuartiger Software wird versucht, dem Medium auch einen Push-Charakter zu geben. Die Idee dahinter ist mit der eines Radiosenders vergleichbar. Der Anbieter stellt einen „Sender" zur Verfügung, der individuelle Informationsangebote für einen oder eine Vielzahl von „Empfängern" über das Internet ausstrahlt. Sender und Empfänger haben aufeinander abgestimmte Software installiert, die es ermöglicht, sozusagen ein „Programm" auszustrahlen und zu empfangen. Das Programm ist ein auf eine spezifische Zielgruppe zugeschnittenes Informationsangebot, dessen Zusammensetzung und Aktualität vom Benutzer eingestellt wird. Der Nutzer bestimmt hier somit sein Informationsbedürfnis im vorhinein und überläßt die Zusammenstellung seinem „Sender". Erste Versuche mit der unter dem Namen „Castanet" verbreiteten Software sind vielversprechend.

Kundenbindung

Die beste Methode der Kundenbindung ist schon immer der persönliche Kontakt gewesen. Heerscharen von Außendienstlern versehen diesen Job. Ihre wichtigste Aufgabe, neben der Generierung von Umsatz, ist, den persönlichen Kontakt zum Kunden zu halten. Für viele Produkte ist dieser Ansatz nicht machbar, da zu viele Kunden zu betreuen sind, oder er ist einfach nicht sinnvoll. Hier wurden bisher Substitute geschaffen, die die individuelle Betreuung des Kunden gewährleisten sollen. Von der Hauszeitschrift über die Kundenzufriedenheitsbefragung, vom Golfturnier bis zur Fachweiterbildung reichen die Register des Möglichen. Zukünftig können die Online-Medien hier eine wichtige Funktion übernehmen.

Dank der Computerunterstützung können sie multimedial und zunehmend intelligent auf die verschiedenen Bedürfnishaltungen der Kunden programmiert werden. Besonders in geschlossenen Benutzergruppen wird es genügend Information geben, die sowohl ein generelles wie ein individuelles Kundenprofil schaffen. Kleinigkeiten, wie eine persönliche Ansprache, die im klassischen Direktmarketing mit viel Aufwand eingesetzt wird, um Akzeptanz beim Kunden oder Interessenten zu erzeugen, sind online selbstverständlich. Interessant wird es, wenn aus den Auswertungen von Benutzerzugriffen oder persönlichen Online-Befragungen individuelle Aufmerksamkeiten entstehen. Beispiel: Kunden werden online zu ihren Interessen befragt. Zu erfahren ist, daß ein Kunde Liebhaber italienischer Weine ist. Ein Hinweis zu geeigneter Zeit auf eine interessante Web-Site zu diesem Thema schafft nicht nur Freunde, sondern verbindet. Da die Kosten für einen Online-Kontakt sehr gering sind bzw. sogar vom Kunden/Interessenten getragen werden (www), eignet sich das Online-Marketing besonders für die Kundenbindung. Allerdings muß sie intelligent erfolgen. Der dafür notwendige Aufwand kann erheblich werden.

Anwendungsarchitekturen

Der Einsatz des Internet als Marketing-Medium basiert auf zwei grundlegenden Voraussetzungen: Auf der einen Seite stehen die infrastrukturellen und technischen Notwendigkeiten, die den Zugang zum Internet erst ermöglichen. Auf der anderen Seite bilden die auf dem Internet verfügbaren Dienste die funktionale Grundlage für Anwendungen. Aus der Kombination dieser beiden Parameter lassen sich Anwendungsarchitekturen ableiten, die von Unternehmen zu Unternehmen variieren. Wie beim Hausbau entscheiden letztlich die Kosten darüber, ob es ein standardisiertes Reihenhaus oder eine avantgardistische Luxusvilla wird.

Prinzipiell können zwei architektonische Grundstrukturen in Online-Systemen unterschieden werden. Dazu zählen sogenannte „offene Systeme“, die für jeden Benutzer zugänglich sind sowie „geschlossene Systeme“, auf die nur berechtigte Nutzer Zugriff haben. Darüber hinaus gibt es allerdings auch Mischformen, die sowohl aus offenen als auch aus geschlossenen Systemen bestehen.

Bevor wir zu diesen beiden Architekturansätzen im Detail kommen, ist noch eine weitere Variante aufzunehmen: Betrachten wir die Informationstechnologie einmal in Hinblick auf Speicherkapazitäten oder Zugriffszeiten, zeigt sich, daß Online-Systeme etwa bei der Bearbeitung von speicherintensiven Bewegtbildern in Echtzeit gegenwärtig noch keine zufriedenstellenden Lösungsmöglichkeiten anbieten. Offline-Speichermedien, wie die CD-ROM, verfügen über ein erhöhtes Speichervermögen und tragen diesen hohen Erfordernissen Rechnung. Der Übergang von den Offline- zu den Online-Medien ist noch nicht vollzogen. Vielmehr befinden wir uns in diesem evolutionären Prozeß gerade in einem Zwischenstadium. Folgerichtig sind auch die Anwendungsmöglichkeiten der CD-Rom in die Architekturüberlegungen mit einzubeziehen. Wir haben also eine weitere Architekturvariante in Form von hybriden Online/Offline-Systemen zu berücksichtigen.

Vielfach wird argumentiert, daß in Anwendungsarchitekturen auch die Möglichkeit der kommerziellen Online-Dienste als separater Ansatz eingebunden werden sollte. Von der Nutzerseite aus betrachtet, sind Online-Dienste nur geschlossene Benutzergruppen und bedingen keine architektonischen Varianten. Aus technischer Sicht hingegen sind sie völlig anders zu behandeln. Unsere Überlegungen konzentrieren sich im weiteren Verlauf auf die Sichtweise der kommerziellen Online-Dienste als geschlossene Benutzergruppen.

Offene versus geschlossene Nutzergruppen

Die ersten Ansätze und Realisationen von Online-Marketing-Diensten waren geschlossene Benutzergruppen. Der Grund dafür lag weniger darin, daß bestimmte Teilnehmer ausgegrenzt werden sollten, als vielmehr in der technischen Proprietät der Online-Dienste. Bis zur kommerziellen Verbreitung des Internet 1992 beschränkte sich die Auswahl von Online-Diensten in Deutschland auf BTX und Compuserve.

Aus der Sicht des Benutzers stellt sich das Internet als ein offener, in jedem Bereich zugänglicher Raum dar. Der Einstieg in das offene Online-System geschieht über die Homepage. Wichtig ist bereits an dieser Stelle die klare Herausstellung des Angebotscharakters einer Homepage. Allerdings sollte die Internet-Präsenz nicht lediglich als eine neue Form der Imagewerbung oder Selbstdarstellung des Unternehmens betrachtet werden. Der Internet-Auftritt dient vielmehr auch weitergehenden Zwecken des Unternehmens als Instrument im Marketingmix, als Grundlage für Electronic Commerce.

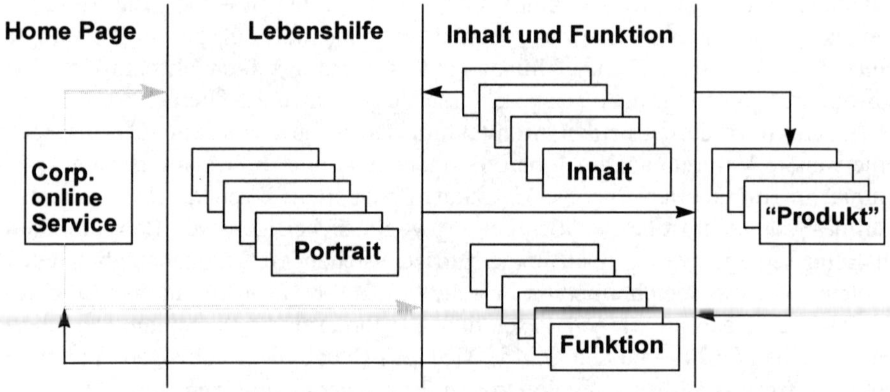

Abb.: Möglichkeiten Inter(ra)net Marketing-Services für offene Online-Architekturen

Immer häufiger ist zu beobachten, daß der Einstieg eines Besuchers auf einem Unternehmensserver nicht über die primäre Firmen-URL erfolgt (http://NADS.DE), sondern über einen direkten Link, z. B. (http://NADS.DE/PROJEKTE/TOLLESACHEN/SCHAUMICHAN.HTML). Hier kommt der Benutzer quasi durch eine aufgemachte Hintertür. Das ist nicht sehr einladend, und vermutlich wird der Besucher nur ein einziges Mal die Schwelle überschreiten. Ähnliche Effekte können auch auf einem Firmen-Server entstehen. Hier liegt aber gerade die Herausforderung an die Architektur eines Firmen Online-Angebots. Eine Homepage auf dem Internet ohne Berücksichtigung weitgehender architektonischer Zielsetzungen kommt dem Eintrag in einem Adreßbuch gleich, der die Existenz dokumentiert, aber nicht seine Existenzberechtigung gewährleistet.

Online-Angebote sind Angebote, auf die Anwender *bei Bedarf* zugreifen. Ein zielloses Online-Surfen mag derzeit als eine Form der Nutzung des Internet gelten. Hier ist das Interesse des Surfers weniger auf das besuchte Unternehmen gerichtet, als auf das Medium als Ganzes. Bedürfnisbefriedigung findet als Befriedigung von Neugier statt. Mit zunehmender Relevanz des Internet als Business-Medium tritt die konkrete Bedürfnisbefriedigung der Nutzer in den Vordergrund. D. h. aber, daß spätestens ab diesem Punkt die Voraussetzungen für eine Art „Lebenshilfe“ geschaffen werden müssen, die dem Benutzer das Zurechtfinden und Navigieren auf dem Server erleichtern. Angebote, die nicht sein Verweilen auf der Homepage unterstützen, werden den Besucher dazu veranlassen, die Homepage umgehend zu verlassen und nie mehr wiederzukehren. Es sei denn, um anderen ein schlechtes Beispiel zu demonstrieren.

Der nächste Bereich, über die Ebene "Lebenshilfe" erreichbar, setzt sich aus Inhalten und Funktionen zusammen. Die Betonung liegt auf dem „und“. Das Online-System ist keine eindimensionale Einrichtung. Inhalte alleine können zwar interessant sein, stellen sich aber doch vornehmlich als "Bleiwüsten", bunte Bilderlandschaften oder Verschnitte dieser Elemente dar. Die Herausforderung, die aber Online-Medien bieten, ist die vielfältige Funktionalität in Form der Dienste im Internet. Inhalte und Funktionen ergeben zusammen erst die interaktive Komponente, die den Dialog zwischen Anbieter und Nachfrager in Gang bringt und am Leben erhält. Erst in der Integration von Inhalt und Funktion lassen sich Unternehmen und Produkt langfristig für Business auf dem Internet wirtschaftlich plazieren.

Offene Architekturen herrschen derzeit im Internet vor. Sie bilden sozusagen den Prototyp einer Online-Präsenz. Wie bei allen Prototypen gibt es Verbesserungsbedarf bzw. die Notwendigkeit zur Optimierung. Offene Systemarchitekturen sind wie Marktplätze. Viele gehen hin und schauen, amüsieren sich und erscheinen nie wieder. Ein Umstand, der zunächst als natürlich angesehen wird. Nur was ist, wenn der Besucher immer wieder auf den Marktplatz kommt, weil er glaubt dort etwas zu finden, was er brauchen könnte, aber nicht darauf aufmerksam gemacht wird? Hier könnte es sein, daß das Angebot in jeder Hinsicht attraktiv ist, der Online-Besucher aber nicht zum Vollzug oder zum Eintritt in ein Geschäft geführt wird. Er muß also zum Dialog aufgefordert werden. Praktisch gesehen, gibt es die Möglichkeiten

- unidirektional oder
- bidirektional

einen Kommunikationskanal aufzubauen.

Für unidirektionale Kommunikation stehen die Dienste E-Mail und FTP zur Verfügung. Auch Formulare, die ausgefüllt werden, sind zunächst nur unidirektional einsetzbar. Bi-direktional und produktiv für beide beteiligten Seiten gestaltet sich die Möglichkeit, interaktive Dialoge einzubringen, wie etwa programmierte Anwendungen zur Berechnung einer Prämie bei gegebenen Ausgangswerten oder der Lieferung der Wetterinformationen bei Eingabe des Ortes etc. Programmieren läßt sich fast alles. Besonderer Beliebtheit erfreuen sich zunehmend Online-Chats oder Online-Diskussionen, bei denen per Tastatur direkt ein Dialog mit dem Online-Besucher geführt werden kann.

Wird der Kommunikationskanal geschlossen, endet auch der Kontakt. Bei einer wirtschaftlichen Betrachtung stellt sich die Frage, warum überhaupt ein Dialog mit dem Besucher aufgebaut werden soll, wenn dieser sich ohne weiteres verabschieden kann. Technisch ist es möglich, sich Name und Adresse aus dem Kommunikationsprotokoll zu notieren. Aber an dieser Stelle betreten wir zunehmend Bereiche, die noch sehr stark von Experimenten geprägt sind und einiges an rechtlichen Unsicherheiten (Datenschutzgesetzgebung) beinhalten.

Empfehlenswert ist, sich die digitale Adresse vom Besucher selbst geben zu lassen oder seine Zustimmung für die Weiterverwendung der erfaßten Nutzeradresse einzuholen. Dieses Einverständnis zur Nutzung seiner Adresse für weitere Kontaktaufnahme erhält man z. B., wenn sich der Besucher auf einer E-Mail-Verteilerliste einträgt.

Damit weiß man aber noch nichts über den Besucher, er bleibt ein Unbekannter. In diesem Punkt haben die professionellen, proprietären Online-Dienste klare Vorteile, die sie allerdings für sich selbst nutzen. In der Gemeinschaft der geschlossenen Benutzergruppe hat der Betreiber der Dienste Transparenz über den Nutzer, über alle seine wirtschaftlich interessanten Daten, Präferenzen und sein Verhalten. Das mögliche Wissen über den Online-Nutzer ist der Impuls für die Einführung von geschlossenen Gruppen im Internet - quasi einem firmeneigenen Online-Dienst. Geschlossene Online-Dienste bauen auf der gleichen Grundarchitektur auf und differenzieren auf der Ebene der sogenannten "Lebenshilfe". An dieser Stelle muß die Attraktivität im Angebot erzeugt werden, um aus dem vielleicht zunächst zufälligen Besucher einen Stammkunden zu generieren.

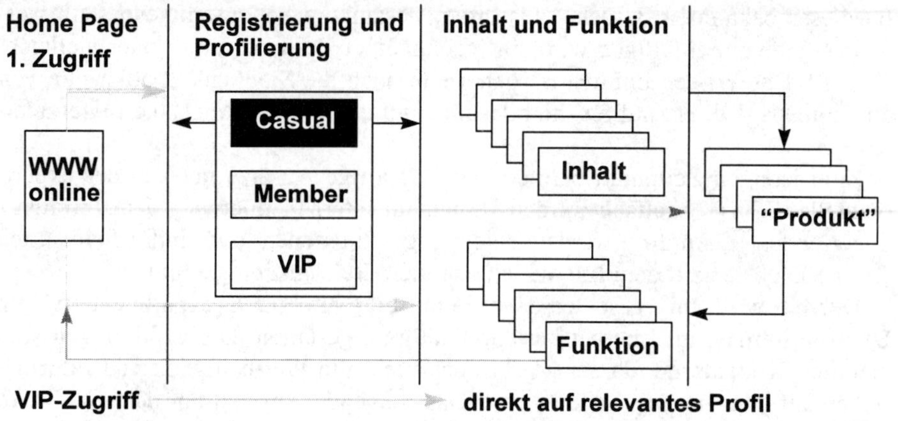

Abb.: Möglichkeiten Inter(ra)net Online-Services für geschlossene Online-Architekturen

Die Möglichkeiten, einen Online-Stammkunden zu gewinnen, unterscheiden sich nur wenig von den Anreizsystemen, wie sie in der klassischen, nicht-elektronischen Geschäftswelt üblich sind. Der Unterschied liegt in den Chancen, die sich bei richtiger Behandlung des Themas „Kundenbindung" eröffnen.

Voraussetzung hierfür ist zunächst eine Registrierung. Doch Vorsicht: Nicht jeder gibt so einfach seine anonyme Nutzeridentität preis. In den derzeit existierenden geschlossenen Kreisen herrschen Tausende von Namesvettern der Herren Mickey Maus und Donald Duck. Die Seriosität des Angebotes wird mit der Seriosität der Abonnenten korrelieren.

Mit der Registrierung stehen bei den Inhalten und Funktionen alle Variationen des programmgesteuerten Dialogs offen. Allerdings muß man sich wieder fragen, welchen Sinn die Kommunikationsbeziehung haben soll, wenn nichts über die Bedürfnisse Ihres Dialogpartners bekannt ist. An dieser Stelle bringen kommt das Element der „Profilierung" ins Spiel. Der Besucher kann auswählen, mit welchem Profil er bei ihnen repräsentiert wird.

Ein Beispiel: Ein Fachmagazin bietet eine Profilierung an, um dem Kunden regelmäßig Inhalte zu einem speziellen Thema zukommen zu lassen. Statt einer Bleiwüste, die er vielleicht auch noch gedruckt erhalten, wird eine Vorauswahl von Fachinformationen angeboten. Ein echter Kundenvorteil. Oder das Beispiel Buchhandel: Nur die Titel, für die sich der Kunde interessiert, werden bei Neuerscheinung angeboten. Ähnliche Beispiele lassen sich für fast alle Wirtschaftsbereiche finden.

Registrierung und Profilierung haben noch einen weiteren Vorteil. Ist ein Anwender in seinem Interessenfeld registriert, kann er bei jedem Besuch im Online-System persönlich begrüßt werden. Die Individualisierung des Kontaktes erreicht hier bereits einen hohen Grad. Im nächsten Schritt kann dynamisch ein Angebot für diesen bekannten Besucher aus Ihrem Gesamtangebot zusammengestellt werden. Aus einem zufälligen wird ein regelmäßiger Besucher und später vielleicht ein VIP. Das Wissen um den Besucher läßt auch die Möglichkeit offen, ihn von der Homepage direkt auf für ihn relevante und interessante Angebote weiterzuleiten.

Zum jetzigen Zeitpunkt befinden sich derartige Ansätze noch in der experimentellen Phase. Vielfach werden sie nur im internen Internet - dem Intranet - angewendet. Zukünftig werden solchen geschlossenen und individualisierten Online-Diensten auf dem Internet eine breitere Relevanz eingeräumt.

Derzeit wird mit geschlossenen Benutzerarchitekturen experimentiert, um Dienstleistungen im Internet kostenpflichtig zu gestalten. Die Erfahrungen sind ziemlich ernüchternd, da der Markt noch nicht die Werthaltigkeit von Informationen auf dem Internet differenziert. Das steigende Angebot auf dem Netz wird zu einer Änderung des Nutzerverhaltens führen. Informationen zu vorgegebenen Qualitäts- und Effizienzkriterien werden zu einer wertschöpfenden Dienstleistung gewandelt.

Für viele Online-Nutzer sind die derzeit verfügbaren Übertragungskapazitäten des Internets nicht ausreichend. Viele Kataloge leben von einer aufwendigen Gestaltung mit qualitativ hochwertigen Bildern. Eine Einspeisung in das Internet lassen derartige Werke aufgrund der hohen Datenmengen nicht zu. Der Nachteil, besonders von Katalogen ist, daß in manchen Geschäftsbereichen mit dem Druck des Kataloges die darin aufgeführten Preise bereits überholt sind. Ein Tribut an die Schnellebigkeit unserer Zeit. Deshalb produzieren Unternehmen oft die Preislisten separat von den Angeboten.

Den gleichen Ansatz wählen wir beim „Livingbook-Konzept". Die statischen Bilddaten, aufwendige Photos, Grafiken und Interaktionsprogramme werden für das Internet produziert, jedoch nicht im Netz sondern auf einer CD-Rom gespeichert. Der Nutzer erhält die CD als Ausgangspunkt für seine Kontaktaufnahme zum editierenden Unternehmen. Er nutzt die CD-Rom offline, wie ein Online-Angebot. Damit er auf aktuelle Informationen, etwa geänderte Preise, zugreifen kann, wird beim Starten der CD-Anwendung eine Verbindung zu einem Online-Server aufgebaut. Aus der Kennung des Nutzers erhält der Online-Server die Informationen, die er benötigt, um die CD-Anwendung mit den aktuellen Daten zu versorgen. Aufwendige Änderungen, beispielsweise Bildmaterial, werden über eine neue CD verteilt.

III. Medienpolitische Strukturierungsprozesse

Die medien- und gesellschaftspolitische Dimension neuer Kommunikationstechnologien

Anna M. Theis-Berglmair

Eine politische Dimension hatten die Vorläufer des heutigen Internets von Anfang an. Begonnen hatte die Vernetzung von Computern aus dem Wunsch heraus, auch im Falle eines besonders zu Zeiten des Kalten Krieges denkbaren Nuklearkrieges über ein störungsfrei funktionierendes Kommunikationsnetz zu verfügen, das die Kommunikation zwischen Rüstungsbetrieben und Wissenschaftlern ermöglichen sollte. Auf der Grundlage des 1969 vom US-Verteidigungsministeriums angelegten ARPA-Netzes entstand Mitte der achtziger Jahre das Netz der National Sciences Foundation, das die Computer der Universitäten des Landes verband. In schneller Folge und dank der Standardisierung des Übertragungsprotokolls (TCP/IP), welches Zustelladressen und Informations-routen festlegt, wurden weltweit immer mehr private und öffentliche Computer bzw. Computernetze vernetzt, zunächst vorwiegend zum Zwecke des wissenschaftlichen Austauschs. Von der Warte der Entstehungsgeschichte her betrachtet, genoß die weltweite Computervernetzung über Jahre hinweg *staatlichen* Schutz und *staatliche* Finanzierung. Bis zur Entdeckung des Internets durch die Allgemeinheit bildete das Internet einen weitgehend geschützten und durchaus geregelten Kommunikationsraum. Es handelte sich um ein Netz, das weitgehend die Experten nutzten, die ihre eigenen Standards im Umgang miteinander entwickelten.

Seit Mitte der neunziger Jahre hat das Internet eine ungeahnte Entwicklung erfahren, die Nutzerzahlen stiegen fast sprunghaft an (Wilke 1996). Immer mehr (natürliche) Personen und vor allem korporative Akteure sind im Internet präsent und machen sich dieses Mediums auf verschiedene Weise zunutze. Dies hat weitreichende Folgen für die bislang offene Architektur des Netzes, für seine Finanzierung und Nutzung bzw. Nutzungsmöglichkeiten. Einiges spricht dafür, daß das Internet seine jetzige Architektur nicht auf Dauer wird aufrechterhalten können, daß es sich statt dessen zu einem Kommunikationsnetz entwickelt, „das den Regeln des Marktes unterliegt" (ebd. 157). Aus der Entwicklungsgeschichte der verschiedener Technologien (Rammert 1988) wissen wir jedoch, daß diesen Entwicklungen kein Automatismus zugrundeliegt, sondern daß die Ausgestaltung der Nutzungsmöglichkeiten von Technologien das Resultat der Strategien verschiedener Akteure sind, die sich bei ihrem Handeln an bestimmten Vorlieben, Bedürfnissen, Werten, Zielen, vermuteten Ursache-Wirkungs-Zusammenhängen und Visionen orientieren. Die Handlungsmöglichkeiten sind einerseits strukturabhängig, andererseits existieren Strukturen nicht losgelöst vom menschlichen Handeln (Giddens 1988). Wenn heute davon die Rede ist, daß die Strukturen des Internets gerade erst im Werden bzw. im Wandel begriffen sind, dann sind diese Strukturen nicht losgelöst von den Strategien verschiedener Akteure zu sehen, die primär auf die Sicherung von Handlungsmöglichkeiten zielen. Nach - ertragreichen - Handlungsmöglichkeiten suchen vor allem korporative Akteure aus diversen kommerziellen Bereichen. Handlungsmöglichkeiten des Internets für Akteure aus dem politischen Feld werden ebenfalls schon getestet, von der Vernetzung der Abgeordneten mit ihrer Wählerschaft bis hin zu elektronisch publizierten Regierungsdokumenten.

Darüber drohen die jetzigen, schier unbegrenzten Handlungsmöglichkeiten, die das Internet derzeit für einzelne Personen bietet, verlustig zu gehen. Brody (1995:1) vergleicht die momentane Situation der Internet-Benutzer mit einem „surreal restaurant, where they (die Nutzer; A.T.B.) can order a bottomless cup of coffee or a lobster dinner for 100 friends and no one ever presents an itemized bill". Auch wenn diesem paradiesischen Zustand wohl bald ein Ende bereitet wird, stellt sich die Frage, wie eine Gesellschaft mit einer neuen Kommunikationstechnologie umgeht und von welchen Visionen sie dabei geleitet wird. Das bedeutet auch, daß die (medien-)politische Dimension des Internets neue, zumindest aber andere Ausprägungen erfährt als zu Zeiten der Begrenzung auf einen bestimmten Empfängerkreis oder auch zu Zeiten der quasi „anarchischen" Ausweitung des Internets während der letzten Jahre.

Als medienpolitisch relevante Sachverhalte sind bis dato vor allem ethisch-normative Sachverhalte (pornographische Darstellungen, extremistische Meinungsäußerungen) in das öffentliche Bewußtsein gedrungen. Die Diskussion über diese Themen hat vor allem eines deutlich gemacht, nämlich wie schwer sich staatliche Stellen tun, ein globales Netzwerk von Informationskanälen mit den herkömmlichen Regularien nach ethisch-moralischen Kriterien steuern zu wollen (Siehe dazu den Beitrag von Bernhard Debatin in diesem Band). Die medienpolitischen Dimensionen des Internets reichen aber wesentlich weiter als diese Versuche, bestimmte Inhalte kontrollieren zu wollen. Das wird dann sichtbar, wenn man sich vergegenwärtigt, von welchen Ideen und Visionen die Nutzung dieses Kommunikationsmediums geprägt ist.

Die militärischen und wissenschaftlichen Vorläufer des Internets waren durch eindeutige Zielsetzungen geprägt. Das rasante Wachstum des Internets erhöht seine Mulitfunktionalität und bringt zwangsläufig andere Zielsetzungen und Interessen mit sich, sichtbar an der Vielzahl der Akteure und der Vielfalt der diversen Foren, Chats und Newsgroups, die sich zwischenzeitlich in den Computernetzen herausgebildet haben. Ihnen allen ist die explizite *interaktive Ausrichtung* gemein. Nicht nur können über e-mail konkrete Kommunikationspartner in einen schnellen Austausch miteinander treten, Netzforen und Chats eröffnen erstmals im großen Stil die Möglichkeit, über Anfragen und Themensetzungen überhaupt erst adäquate Kommunikationspartner ausfindig machen zu können - und das weltweit.

Es ist gerade das ausgeprägte Interaktionspotential dieses Mediums, welches zu demokratietheoretischen Vorstellungen beflügelt, wonach im Zeitalter einer „elektronischen Demokratie“ eine größere Beteiligung der Öffentlichkeit an politischen Entscheidungen ermöglicht werden könne. Derartige Vorstellungen liegen den Versuchen der Etablierung einer Nationalen Informations-Infrastruktur (NII) der Clinton/Gore Regierung oder auch den in Deutschland (bislang nur) vereinzelt vorzufindenden Stadt- und Bürgerinformationssystemen oder sonstigen Telekommunikationsinitiativen (z.B. Bayern-Online) zugrunde. Die Vorstellungen in puncto elektronischer Demokratie sind bei weitem nicht einheitlich. Zum einen lassen sich Unterschiede dahingehend ausmachen, ob eine stärkere Beteiligung der Bürger nur bei lokalen bzw. regionalen oder auch bei landesweiten Belangen in Erwägung gezogen wird[1], zum anderen sind die Unterschiede ideologisch bedingt.

Ähnlich wie in anderen Bereichen machen sich nämlich auch hier verschiedene wirtschaftspolitische Ausrichtungen bemerkbar. In der einschlägigen Literatur ist die Rede von der „konservativ-libertären Variante“ (Hagen 1996: 68), die dem entspricht, was Debatin (in diesem Band) als „wirtschaftsliberalistische Freiheitsidee“ bezeichnet. Diese Variante wird von der Vorstellung getragen, daß der kommende elektronische Marktplatz zu einer absoluten Markttransparenz führen würde, zu einem „reibungslosen Kapitalismus“ (Gates 1995) und damit staatliche Interventionen überflüssig mache. Dem steht eine „liberal-libertäre“ (Hagen 1996: 69) oder „liberal-demokratische“ (Debatin, in diesem Band) Auffassung entgegen, welche die Hoffnung auf Realisierung demokratietheoretischer Ideale in der durch interaktive Medien prinzipiell möglichen Konstitution und Wahrung einer Gemeinschaftsidee setzt, wodurch die politische Partizipation der Bevölkerung erhalten oder gar verbessert werden könne.

Viele Bürgernetz- bzw. Community-Netz-Projekte haben einen akademisch-intellektuellen Hintergrund, was von der Entstehungsgeschichte her nicht weiter verwundert, ist doch die das heutige Internet ermöglichende Infrastruktur von der akademischen Gemeinschaft als frei verfügbare Software im öffentlichen Besitz geschaffen worden. Auf diese Weise erst kam die erforderliche Standardisierung zustande, die es ermöglicht, ganz unterschiedliche Datenbanken zu nutzen. Vor dem Hintergrund dieser Philosophie, die sich dem Aufklärungsgedanken verpflichtet sieht, nämlich allen Individuen einen ungehinderten Zugang zu den im Internet kursierenden Daten zu verschaffen, ist auch das Interesse vieler Free-Net-Anhänger zu verstehen, das darauf abzielt, dieses Netz weiterhin für alle offen zu halten. Ohne derartige intellektuelle Visionen, die ja auch dem ehren-

1 Der Technologierat (1995) befürwortet in seinem Bericht die erstgenannte Variante.

amtlichen Engagement vieler in Bürgernetzvereinen Tätigen zugrundeliegen, wären diese Netze wohl kaum überlebensfähig.

Aus dem akademischen Lager kommt aber auch die zentrale Kritik an allzu naiven Hoffnungen in bezug auf das Demokratisierungspotential des Internets. Sie richtet sich gegen die - teilweise bereits realisierte - Möglichkeit, aus den Datenspuren, die die Nutzer/-innen im Netz hinterlassen, persönliche Profile zu erstellen, die eine genauere Zielgruppenfestlegung und -ansprache ermöglichen. Dem Argument, daß es im Interesse der Kunden selbst liege, daß ein solches Profil von ihnen erstellt wird („Einerseits, damit man Sie mit einem Geschenk überraschen kann, andererseits, damit Ihnen Ihr Computersystem besser helfen kann"(Gates 1996: 268)) stehen ernstzunehmende datenschutzrechtliche Gründe entgegen. Verbraucher und Bürger werden auf diese Weise berechenbarer und damit einiger ihrer Freiheitsspielräume beraubt. Hier auf Systeme zu setzen, die zum Schutz der Privatsphäre Profilinformationen weitergeben, „ohne zu wissen, um wen es sich handelt" (ebd.), ist unter datenschutzrechtlichen Gründen nach wie vor umstritten. Schließlich ist das Faktum nicht zu übersehen, daß aus der prinzipiellen Möglichkeit der Dokumentation aller computervermittelten Vorgänge besondere Erfordernisse im Hinblick auf die Gewährleistung von Anonymität und die Sicherung der Privatsphäre resultieren. Auch wenn die Sensibilitäten in diesem Punkt in Europa ausgeprägter zu sein scheinen als in den USA, ist das zugrundeliegende Problem das Gleiche. Die heute noch ziemlich wildwüchsige Form des Internets läßt übersehen, daß im Zuge des zunehmenden Engagements korporativer Akteure letztere auf längere Sicht gesehen die besseren finanziellen und Wissensressourcen haben, sich dieses Kommunikationsmedium zu ihrem eigenen Vorteil zunutze zu machen. Das ist ein wichtiger Sachverhalt, aus dem sich ein gewisses Schutzbedürfnis für natürliche Personen und auch eine gewisse Sorgfaltspflicht ableiten läßt. Und an wen anderes als an die Politik bzw. an die Volksvertreter sollte sich dieses Anliegen richten, bilden sie doch die einzigen von der Wahlbevölkerung zur Entscheidungsfindung legitimierte Gruppe?

Medienpolitische Maßnahmen sollten verstärkt daran gemessen werden, inwieweit die proklamierten Programme einschließlich ihrer Umsetzung in die Praxis dazu beitragen, die Kompetenz natürlicher Personen im Umgang mit neuen Kommunikationstechnologien dahingehend zu fördern, daß diese in die Lage versetzt werden, diese Technologien umfassend zu nutzen, d.h. nicht ausschließlich in ihrer Rolle als Konsument (etwa in Form von Video-on-Demand, Home-Shopping, Home-Banking) oder Wähler, sondern in ihrer bedürfnisgeprägten Alltagskommunikation schlechthin. Die Idee einer - Interaktiviät gewährleistenden - „Grundversorgung" gewinnt so gesehen eine ganz neue Perspektive über die bisherige medienpolitische Diskussion hinaus.

Die Repräsentaten der Politik betonen zwar den explitzit demokratischen Hintergrund ihrer Programme, die darauf abzielten, die politischen Partizipationsmöglichkeiten der Bürger im Sinne des antiken Vorbilds zu stärken. De facto sind aber sowohl das National Information Infrastructure - Programm der Clinton/Gore Regierung als auch die Telekommunikationsinitiativen wie „Infocity NRW" oder „Bayern Online", deren Kernstück das Bayerische Bürgernetz sowie das „Bayernnetz" für Bürger und mittelständige Betriebe bildet, (siehe dazu die Beiträge von Hörath und Grimme in diesem Band) auch wesentlich vom Wettbewerbsgedanken geprägt. Es geht erklärtermaßen um die Sicherung der Wettbewerbsfähigkeit in einer globalen Wirtschaft, um die Schaffung und Sicherung von zukunftsträchtigen Arbeitsplätzen in den heimischen Regionen. Diese Interessen existieren diesseits und jenseits des Atlantiks, auch wenn unterschiedliche kulturelle Wurzeln die Ausprägung und Verbreitung von Bürgernetzen und Community Networks beeinflussen (Wagner/Kubicek 1996; Kleinsteuber 1996; Debatin in diesem Band).

Was sich bereits in der auf Rundfunk bezogenen Medienpolitik zeigte, wiederholt sich damit bei den neuen Kommunikationstechnologien. Die Maßnahmen sind nicht länger nur von politischen Leitlinien, sondern zunehmend von wirtschaftspolitischen Erwägungen geprägt. Medienpolitik ist eng verflochten mit Standortpolitik. So sind denn auch die eingeforderten Investionen im Bildungsbereich nicht ausschließlich damit begründet, daß "ein moderner Staat und eine moderne Demokratie ... nur mit mündigen, informierten, technologisch aufgeschlossenen und verantwortungsbewußten Bürgerinnen und Bürgern zu gestalten..." (Stoiber 1997), sie basieren wesentlich auf der Annahme, daß Medienkompetenz, verstanden als technische und intellektuelle Fähigkeit des Umgangs mit neuen Medien, entscheidend für künftige Beschäftigungschancen sein wird. Völlig offen ist dabei, in welchem Umfang und in welchen Kontexten sich neue Beschäftigungsformen etablieren, wie die Beschäftigung organisiert ist, und welche Relevanz in einer global agierenden Wirtschaft einem bestimmten Standort in puncto Arbeitsplätze überhaupt zukommt. Aus dieser Perspektive betrachtet, sind medienpolitische Maßnahmen weniger als je zuvor von anderen (Politik) Bereichen zu trennen.

Die durch das Internet ermöglichten Kommunikationsweisen machen den eher abstrakten Begriff der Globalisierung konkret erfahrbar, da dieser Prozeß nicht nur die Informationsströme betrifft, sondern die gesamte soziale, politische und ökonomische Sphäre und damit auch stabile Arbeitswelten inklusive ihrer Vertragswerke sowie institutionellen und individuellen Voraussetzungen ins Wanken bringt. Als wichtigstes Produktionsmittel in einer solcherart „postkapitalistischen Volkswirtschaft" (Drucker 1989; 1995) gelten Ausbildung, Erfahrung und Wissen, die in dieser Kombination an Individuen gebunden sind. Allenthalben finden sich Hinweise auf die zunehmende Bedeutung individueller Fähigkeiten und Fertigkeiten. Gibt es in einer globalisierten Arbeitswelt überhaupt noch Berufe im klassischen Sinne (siehe die Beiträge von Werner Dostal und Manfred Rühl in diesem Band) oder nurmehr Grobkategorien von Tätigkeitsbereichen, die allenfalls der Suche nach einem Spezialisten dienen?

Selbst wenn sich entlang des propagierten Datenhighways einige neue Jobs entwickeln, ist das quantitative Ausmaß noch offen. Es steht zu befürchten, daß die Menge und das Profil dieser „Berufe" nicht ausreichen wird, allen denjenigen neue Beschäftigungsmöglichkeiten zu bieten, die durch Rationalisierungsmaßnahmen in anderen Wirtschaftsbereichen, die ebenfalls durch neue Informations- und Kommunikationstechnologien mit bedingt sind, ihre angestammte Arbeit verlieren. In diesem Punkt sind erhebliche Diskrepanzen zu erwarten zwischen den sog. „Wissensarbeitern" mit ihren knappen und daher stark nachgefragten spezifischen und spezialisierten Fertigkeiten und der Masse der sonstigen Arbeitnehmer, deren Qualifikationen weniger rar und von daher weniger gefragt sein werden. Die Prognosen, wonach das Informationszeitalter die Massenbeschäftigung abschaffe (Rifkin 1995), sind nicht ganz unbegründet.

Damit entstehen für die Gesellschaft ganz neue Problemlagen. Wenn der ganze Globus als Arbeitskräftereservoir zur Verfügung steht, wer ist denn überhaupt in der Lage, massenhaft neue Jobs zu schaffen? An diesem Punkt setzen Visionäre unterschiedlicher Couleur an. Der amerikanische Philosoph Frithjof Bergmann sieht eine mögliche Lösung in der radikalen Realisierung von Teilzeitarbeit und in einer Revitalisierung von Eigenarbeit auf hohem technischen Niveau (Martens 1997). Selbstversorgung ist das Stichwort. In eine ähnliche Richtung argumentiert Jeremy Rifkin in seinem Buch „Das Ende der Arbeit und ihre Zukunft". Automatisierung, Rationalisierung und Arbeitsplatzschwund sieht er als typische Probleme des Übergangs von der Industrie- zur Informationsgesellschaft, als charakteristische Probleme am Ende des Industriezeitalters, die sich künftig in allen Ländern noch verschärfen dürften. Angesichts der eingeschränkten Möglichkeiten der Schaffung neuer Arbeitsplätze durch private Unternehmen und staatliche Stellen sieht Rifkin eine potentielle Lösung des dringlicher werdenden Beschäftigungsproblems im sog. „dritten Bereich", dem gemeinnützigen Sektor, welcher im dualen Denken zwischen Markt und Staat nicht die Aufmerksamkeit und die Anerkennung genossen habe, die ihm eigentlich zukomme, liefert er doch das *soziale Kapital*, auf dem sowohl die Wirtschaft wie auch die Regierungen aufbauen. Finanziert werden könne dieser Bereich durch die Besteuerung des in der Cyberspace-Ökonomie erwirtschafteten Wohlstands.

Unter dieser Zukunftsperspektive betrachtet, rücken denn auch die anvisierten Bürger- bzw. Free-Netze in ein anderes Licht. Indem sie uneingeschränkten Zugang zu interaktiv ausgerichteten Foren und Diensten bieten, könnten sie in besonderem Maße Selbstorganisations- und Selbstkoordinationsaktivitäten der Bürger fördern. Kommunikationsmöglichkeiten werden nicht einfach nur genutzt, weil sie da sind, die Inanspruchnahme ist vielmehr an bestimmte Bedürfnisse gebunden. Und die jeweiligen Bedürfnisse sind von konkreten Lebensverhältnissen geprägt. Nur wenn ein neues Kommunikationsmedium ein bestehendes Bedürfnis besser befriedigen kann als ein älteres Medium oder sich im Zuge seiner Verbreitung neue Bedürfnisse entwickeln, gewinnt es Akzeptanz auf breiter Basis. Die Tatsache, daß in vielen Newsgroups (noch) recht Belangloses zur

Sprache kommt, mag damit zusammenhängen, daß dieser spezifischen Kommunikationsform kein konkretes Bedürfnis vorausgegangen ist, und da die Austauschmöglichkeit nun einfach zur Verfügung steht, wird sie erst einmal ausprobiert.

Für die breite Bevölkerung werden neue Kommunikationsmöglichkeiten mit der Veränderung der Arbeitswelt durch diese Technologien relevant und das in einem mehrfachen Sinne. Für die noch Beschäftigten ändern sich dic Arbcitsweisen, für die, die ihre Arbeit verlieren, stehen die Technologien in einem negativen Licht. Angesichts dieser absehbaren Entwicklung dürfen sich medienpolitische Maßnahmen nicht allein darauf beschränken, die „Marktfähigkeit“ dieser Technologien zu fördern, sondern sie sollten auch dazu beitragen, daß die aus der klassischen Arbeitswelt entlassenen Bürger weiterhin integriert bleiben und ihnen die Fähigkeit vermittelt wird, diese Kommunikationstechnologien zu ihren eigenen Gunsten einzusetzen. Im wesentlich stärkerem Maße als bisher gewinnt Medienpolitik eine beschäftigungs- und gesellschaftspolitische Dimension. Es geht dabei nicht nur um politische Partizipation im Sinne der Beteiligung an *politischen* Entscheidungen, es geht gerade für die aus dem Arbeitsmarkt entlassen Menschen um die Aufrechterhaltung und Sicherung von Lebensqualität, um Partizipation an einer (alternativen?) Form von Erwerbstätigkeit, um Teilhabe am Gemeinwesen und an dessen Wohlstand generell. Um dieses Ziel zu erreichen, bedarf es erheblicher Anstrengungen im Bildungsbereich, damit die individuellen Potentiale überhaupt freigesetzt werden können. Eine Medienpolitik, die einseitig den politischen Partizipationsgedanken oder die Wettbewerbsfähigkeit der „heimischen Wirtschaft“ betont, greift angesichts der anstehenden gesamtgesellschaftlichen Problemlagen viel zu kurz und läuft Gefahr, nicht-kommerzielle Interessen von vornherein aus dem politischen Prozeß auszuschließen. Die Vorstellung, die Realisierung kommunikationspolitischer Ziele könne allein „dem Markt“ überlassen bleiben, mag zwar dem derzeitigen Zeitgeist entsprechen, bedeutet aber auch, auf potentielle Gestaltungsmöglichkeiten einer zukünftigen Kommunikationsinfrastruktur zu verzichten.

Gesamtgesellschaftliche Visionen sind nicht nur im Bereich der Medienpolitik anzumahnen, sondern auch im publizistischen Sektor. Bislang ist das Engagement von Zeitschriften, Verlagen und Medienkonzernen primär von dem Interesse geprägt, zunächst einmal dabei zu sein, um auf diese Weise das kommerzielle Potential des Internets eruieren zu können. Die Unternehmen stehen dabei vor dem Problem, daß die neuen Technologien viel mehr Möglichkeiten bieten, als (gleichzeitig) realisiert werden können und daß viele der einst exklusiven Möglichkeiten sich nicht nur ihnen, sondern auch ihren Kunden bieten. Mit der Verbreitung von Personal Computern und Modems und den Fähigkeiten, diese zu bedienen, ist die Informationsbeschaffung nicht länger auf bestimmte Berufe oder publizistische Organisationen bezogen. Statt dessen kann sich nun jeder heraussuchen, was ihn interessiert, Suchmaschinen und (technische) Informationslieferanten kommen ihm dabei zuhilfe. Die publizistische Entsprechung des

„informationsautonomen, selbstbestimmten Individuums" (Rahlenbeck 1997: 36) ist die individuelle Tageszeitung („daily me"). Was die gezielte Informationssuche anbelangt, erweisen sich Online-Dienste und Datenbanken vor allem für professionell orientierte „Informationsmanager" als vorteilhaft (siehe dazu den Beitrag von Katja Riefler in diesem Band). Hieraus ergeben sich besondere Konsequenzen für Fach- und Spezialzeitschriften, nicht zwingend für Tageszeitungen, die den Anspruch erheben, allgemeine, fachübergreifende Themen zu publizieren. Das Engagement der Tagespresse im Internet ist auf mehrere Gründe zurückzuführen und ist wesentlich von der Angst vor Verlusten im Anzeigengeschäft geprägt. Ökonomische und formale Gesichtspunkte scheinen die Debatte zu beherrschen (siehe dazu auch den Beitrag von Katja Riefler in diesem Band). Allenthalben ist von Zielgruppen (=ökonomische Kategorie) oder von Gestaltungsformen die Rede, welche die Print- und die Online-Ausgabe voneinander unterscheidet bzw. unterscheiden sollte. Dabei könnten die in der Diskussion häufig vergessenen oder zumindest vernachlässigten *publizistischen Aspekte* den Ausschlag für die Zukunft der Zeitung und ihres Online-Engagements geben. Wenn immer mehr politische und/oder ökonomische Akteure das Internet für eigene Zwecke benutzen, um ihr Anliegen unmittelbar an ihre Adressaten bringen (und das womöglich ohne die ressourcenaufwendigen „Streuverluste") wird die Tagespresse auf ihre ureigene *publizistische* Leistung und Stärke zurückverwiesen, nämlich auf *exklusive* Berichterstattung und Kommentierung der als relevant erachteten Ereignisse. Massenmedien, die wesentlich als Verteilstation andernorts erstellter Materialien fungieren, werden es dagegen künftig schwer haben, ihr Publikum zu finden. Diese Orientierungsleistungen gewinnen angesichts der zu erwartenden tiefgreifenden gesellschaftlichen Veränderungen, die ja nicht nur Unsicherheiten und Orientierungsprobleme bei den publizistischen Organisationen auslösen, sondern gerade auch bei ihren Rezipienten, eine besondere Bedeutung. Aufgrund ihrer geographischen Nähe können Online-Angebote der Tageszeitungen aber nicht nur kognitive, sondern auch auch pragmatische Hilfestellungen bieten (z.B. Kontakte vermitteln, Zugang zu speziellen Angeboten eröffnen u.ä.m.). Publizistische Produkte schaffen Öffentlichkeit, die gerade im Zeitalter der „individualisierten Medien" relevant bleibt. Eine öffentliche Sphäre ist notwendig, damit Informationen in Relation zueinander gebracht werden können. Auch die einzelnen Rezipienten wollen - trotz ihrer individuellen Präferenzen - wissen, wo sie stehen, mit ihren Meinungen, ihrem Wissen, Vorlieben, Fähigkeiten und Visionen und dieses Wissen nicht ohne weiteres den kommerziellen Anbietern überlassen.

Literatur

Drucker, Peter (1989): The new realities. New York u.a.

Drucker, Peter (1995): Managing for the future. Oxford u.a.

Gates, Bill (1995): Der Weg nach vorn. Die Zukunft der Informationsgesellschaft. München.

Giddens, Anthony (1988): Die Konstitution der Gesellschaft. Frankfurt/M.

Hagen, Martin (1996): A Road to Electronic Democracy? - Politische Theorie, Politik und der *Information Superhighway* in den USA. In: Kleinsteuber, Hans-Joachim (Hrsg.): Der „Information Superhighway". Amerikanische Visionen und Erfahrungen. Opladen, S. 63-85.

Martens, Erika 81997): „Das Gold in den Köpfen heben". Ein ZEIT-Gespräch mit dem amerikanischen Philosophen Frithjof Bergmann über die Krise der Arbeit und neue Beschäftigungsmodelle. In: DIE ZEIT Nr. 11 vom 7. März 1997, S. 27.

Rahlenbeck, Eckhard (1997): Der vernetzte Alltag. In: Tendenz, Nr. II/97, S. 34-36.

Rammert, Werner (1988): Technikgenese. Stand und Perspektiven der Sozialforschung zum Entstehungszusammenhang neuer Techniken. In: Kölner Zeitschrift für Soziologie und Sozialpsychologie, Jg.40, S. 747-761.

Rifkin, Jeremy (1995): Das Ende der Arbeit und ihre Zukunft. Frankfurt/M..

Stoiber, Edmund (1997): Eröffnungsrede zur Tagung „Internet und Politik am 19. Februar 1997 in München.

Technologierat (Der Rat für Forschung, Technologie und Innovation) (1995): Informationsgesellschaft. Chancen, Innnovationen, Herausforderungen. Bonn.

Wagner, Heiderose/Kubicek, Herbert (1996): *Community Networks* und der *Information Highway* - Von der *Counterculture* zum Mainstream. In: Kleinsteuber, Hans-Joachim (Hrsg.): Der „Information Superhighway". Amerikanische Visionen und Erfahrungen. Opladen, S. 201-235.

Wilke, Peter (1996): The Virtual Internet Economy. In: Kleinsteuber, Hans-Joachim (Hrsg.): Der „Information Superhighway". Amerikanische Visionen und Erfahrungen. Opladen, S. 151-170.

Die bayerischen Bürgernetzvereine — der vernetzte Freistaat

Markus Hörath

Einleitung

Wenn es um den Begriff „Informationsgesellschaft“ geht, dann wird in Deutschland gerne mit Floskeln gearbeitet. Bezogen auf die Informationsgesellschaft stehe, wie beispielsweise Helmut Kohl einmal meinte, Deutschland „mitten in einem tiefgreifenden wirtschaftlichen und sozialen Wandel“. Die Entwicklung zur Informationsgesellschaft sei, so Kohl weiter, „eine der größten Herausforderungen für Politik, Wirtschaft und Gesellschaft im 21. Jahrhundert“[1]. Doch was heißt eigentlich „Informationsgesellschaft“?

Geprägt wurde der Begriff bereits in den 70er Jahren als Reaktion auf den Rückgang der Beschäftigten in der Produktionsindustrie und dem gleichzeitig zu beobachtenden Anstieg der Mitarbeiterzahlen im Informationssektor. An die Informationsgesellschaft knüpfte man zahlreiche Hoffnungen. So könnten nahezu alle Probleme der Industriegesellschaft überwunden werden[2], hieß es; Informationsarbeit wurde als kreativ und „sauber“ dargestellt. Die neuen technischen „Verbindungsmöglichkeiten“, das heißt, die sich im Stadium der fortschreitenden Entwicklung befindenden Kommunikationstechnologien und -möglichkeiten, sollten die Informationsmonopole brechen, Information für jeden zugänglich machen, dem Einzelnen ungeahnte Freiheiten verschaffen und in Diensten der Demokratie stehen.

Ein Hauptmerkmal der Informationsgesellschaft sei es, so Alvin Toffler 1980, daß sich die Trennung von Wohnung und Arbeitsplatz auflöse, daß die Wohnung zum zentralen Mittelpunkt und Raum, zum „elektronischen Heim“[3] – von dem aus kommuniziert, produziert und konsumiert – werde. „Die Subjekte der Informationsgesellschaft werden sich durch ein stark ortsgebundenes und globales Raumverständnis auszeichnen, [...], dies aber in weltweiten Verbünden etwa in Gestalt virtueller Firmen [...].“[4]

---

1 Baron u.a. (1997, S. 9).
2 Kubicek/Rolf (1986, S. 15).
3 Bühl (1996, S. 203). vgl. hierzu auch: Toffler (1980).
4 ebd.

Nicht ganz so weitblickend, aber dennoch weitsichtig, formulierte Bundespostminister Christian Schwarz-Schilling 1983 drei Thesen:

1. Die Kommunikationsgesellschaft hat einen hohen Demokratie- und Freizeitanspruch.
2. Die Kommunikationsgesellschaft wird eine gerechtere Gesellschaft schaffen.
3. Die neuen Kommunikationstechnologien werden dem einzelnen mehr Bequemlichkeit bringen."[5]

Derzeit ist man aber von den Vorstellungen einer „Kommunikationsgesellschaft" noch ziemlich weit entfernt. Kein Wunder, geht es momentan doch vor allem darum, die Voraussetzungen dafür zu schaffen.

Aufbau von Netzstrukturen

Weltweit werden derzeit große Anstrengungen zum Aufbau moderner Kommunikationsstrukturen unternommen. Vor allem in den USA hat durch die Initiative der Clinton-Gore-Administration zum Aufbau einer „National Information Infrastructure" (NII), also einer einheitlichen hochleistungsfähigen Informationsinfrastruktur („electronic highway"), eine rasante Entwicklung eingesetzt.

Dabei werden in den USA umgerechnet etwa 80 Milliarden DM jährlich in die Modernisierung der Telekommunikationsnetze investiert; bis zum Jahr 2004 sollen für den gezielten Aufbau der NII zusätzlich 160 Milliarden DM aufgebracht werden[6]. Geplant ist unter anderem, bis zur Jahrtausendwende alle US-amerikanischen Schulen, Kliniken und Bibliotheken an ein landesweites Telekommunikationsnetz anzuschließen.

Auch in Japan wurde bereits 1995 ein umfangreiches Investitionsprogramm gestartet, das innerhalb von zehn Jahren allen japanischen Haushalten und Unternehmen Zugang zu einem landesweiten Glasfasernetz ermöglichen soll. Die Kosten dafür werden auf 1,2 bis 1,5 Billionen DM (!) geschätzt, wovon die japanische Regierung 650 Milliarden DM zuschießen will[7].

Rund 3,45 Milliarden ECU stellt zudem die Europäische Union (EU) im „Vierten Rahmenprogramm für Forschung und technologische Entwicklung 1994-1998" für Informations- und Kommunikationstechnologien zur Verfügung. Gefördert werden damit die Bereiche Telematik[8] sowie fortgeschrittene Kommunikations- und Informationstechnologien.

Schon im EU-Weißbuch „Wachstum, Wettbewerbsfähigkeit, Beschäftigung" von Dezember 1993 waren die Möglichkeiten im Informationsbereich untersucht und die Notwendigkeit von Transeuropäischen Datennetzen unter anderem als

5 Kubicek/Rolf (1986, S. 16).
6 Bayerische Staatskanzelei (1996, S. 19)
7 ebd., S.20.
8 Telematik: Durch die informationstechnologische Vernetzung werden fundamentalen Kategorien des menschlichen Lebens hinsichtlich Raum und Zeit verändert. Das Mittel hierzu ist die Telematik, die Verzahnung von Telekommunikation (=Kabelnetze, Satelliten, Telefon etc.) mit Informatik (=Computer, Datenbanken).

Mittel gesehen worden, die Wettbewerbsfähigkeit der europäischen Unternehmen zu stärken sowie neue Märkte hinzuzugewinnen und die Beschäftigungssituation in den europäischen Staaten zu verbessern[9].

Das Bayernnetz („Bayern Online“)

In Deutschland hat sich der Freistaat Bayern mit seinem Projekt „Bayern Online“ an die Spitze der Entwicklung gestellt. Beschlossen wurde die Errichtung eines Bayernnetzes (BayNet) im Frühjahr 1995, wobei das Konzept „Bayern Online“ durch den Einsatz von 100 Millionen Mark, die aus den Privatisierungserlösen des Freistaates stammen, finanziert wird. Ziel der Initiative: die Förderung und Verbreitung moderner Kommunikationstechnologien im Freistaat.

Betrieben wird das Bayernnetz im Auftrag der Staatsregierung vom Informatik-Zentrum Bayern GmbH & Co. KG. Hinter diesem Unternehmen stehen die Bayerischen Sparkassen und die Bayerische Landesbank.

Interessierte Privatleute sowie kleine und mittlere Unternehmen können in einer Pilotphase, die noch bis Ende 1998 andauert, das Bayernnetz (BayNet) unentgeltlich für *nicht-kommerzielle* Zwecke nutzen. Über das BayNet kann elektronische Post (E-Mail) verschickt oder weltweit Datenbanken abfragt werden. Darüber hinaus können sich Nutzer an Diskussionsgruppen beteiligen.

Eine Schlüsselfunktion nehmen dabei die sogenannten „Bürgernetzvereine“ ein, die sich im Umfeld von „Bayern Online“ gegründet haben. Diese Bürgernetzvereine ermöglichen den Bürgern einer eng umgrenzten Region einen kostengünstigen Zugang zum Internet. Nach den Vorstellungen der Staatsregierung sollen die Einwählknoten in das Bayernnetz so gestreut werden, daß sie von möglichst vielen Nutzern zum kostengünstigen Citytarif der Telekom erreicht werden können. Gleichzeitig sollen die Nutzer mit moderner Kommunikationstechnologie vertraut gemacht werden.

Anfang 1996 existierten in Bayern bereits 81 Initiativen zur Errichtung von Einwählknoten, aus denen in 55 Fällen Bürgernetzvereine hervorgegangen sind[10].

Weitere Onlineprojekte im Freistaat

Neben dem Bayernnetz werden im Freistaat aber noch weitere, vor allem anwendungsbezogene Pilotprojekte durchgeführt, die teilweise wiederum mit dem BayNet eng verflochten sind. Dazu zählt unter anderem das Behördennetz, mit dem die derzeit noch getrennten Behördennetze im Freistaat zu einem einheitlichen Netz mit einem gemeinsamen Betreiber zusammengefaßt werden sollen.

9 Bayerische Staatskanzlei (1995), a.a.O.
10 Stand: Oktober 1996

Beim Behördennetz handelt es sich um einen sogenannten „Corporate Network-Versuch", „in dessen Rahmen die Übertragung von Daten und Sprache zwischen staatlichen Behörden in München, Ansbach, Nürnberg und im Nahbereich Nürnberg technisch erprobt und die Wirtschaftlichkeit untersucht wird"[11].

Ein weiteres Pilotprojekt stellt das „Solum-Star/Net" dar. Ziel dieses Projektes ist die Errichtung eines zentralen elektronischen Grundbuchspeichers, das von verschiedenen potentiellen Usern genutzt werden kann (z.B. von Notaren, Kreditinstituten, Versicherungen)[12]. Der offizielle Startschuß des Testbetriebes erfolgte am 19.1.1996 in Nürnberg.

Die Einrichtung eines zentralen Dokumentenverteildienstes der Staatsregierung zur Nutzung durch die staatlichen Stellen, vor allem der Ministerien, auch „Dokumentenserver" genannt, ist ein weiteres anwendungsbezogenes Pilotprojekt im Freistaat. Weitere Pilotprojekte im Telekommunikationsbereich sind unter anderem das bayernweites Verkehrsmanagement-Projekt „Bayerninfo", „Güterverkehrslogistik Bayern 2000", das „Telekonzept Bauindustrie" sowie das „Bayerische Gesundheitsnetz".

Mit dem Pilotprojekt „Bayerisches Innovationsnetz" (BIN) wurden zudem unter der Federführung des Free-Net Erlangen-Nürnberg-Fürth (FEN) an den fünf fränkischen Universitätsstandorten Bamberg, Bayreuth, Erlangen, Nürnberg und Würzburg Einwählknoten zum BayNet eingerichtet. Ziel des Pilotprojektes: „...die organisatorischen und technischen Details für eine Bürgervernetzung zu erarbeiten und die Akzeptanz dieser Art von Kommunikation zwischen Wirtschaft und Hochschulinstituten zu testen"[13]. Im Rahmen dieses Projektes, das am 6.3.1996 in Bayreuth offiziell startete, soll auch eine eigenwirtschaftlich tragfähige Betriebsorganisation aufgebaut werden.

Vorbild Amerika

Das Bürgernetz ist dabei keine Erfindung der Bayerischen Staatsregierung. Entstanden ist die Bürgernetz-Idee ursprünglich in den USA. Dort wurde Mitte der achtziger Jahre unter dem Schlagwort „Community Computing" an einigen amerikanischen Hochschulen versucht, die aufklärerische Grundüberzeugung des allgemeinen und freien Informationszuganges für alle Bürger – ohne Rücksicht auf Herkunft, Stand und finanzielle Möglichkeiten – sinngemäß in das elektronische Kommunikationszeitalter zu übersetzen. Ein konkretes Ergebnis dieser Überlegungen stellte dabei das sogenannte „Free-Net"-Konzept dar, das als das eigentliche Vorbild der Bürgernetze gelten darf.

Eine Kernthese dieses Konzeptes: den Bürgern einer umgrenzten Region wird ein kostenloses bzw. kostengünstiges System des Informationszuganges angebo-

11 Aus: Bayerische Staatskanzlei (1996. S. 51).
12 ebd., S. 52..
13 ebd., S. 50..

ten, bei dem keine großen technischen Hürden zu überspringen sind, so daß damit eine Vertrautheit mit dem neuen Medium erreicht werden kann.

Die „Wiege" des ersten Free-Nets, das im Juli 1986 offiziell seinen Betrieb aufnahm, steht in Cleveland, im amerikanischen Bundesstaat Ohio. Hervorgegangen ist es aus einem Forschungsprojekt, das 1984 an der „Case Western Reserve University" durchgeführt wurde[14]. Im Rahmen dieses Forschungsprojektes untersuchte dabei Dr. Tom Grundner die Eignung eines computergestützten, öffentlichen Online-Diskussionssystems zur Übermittlung von Gesundheitsinformationen an die Bürger. An dieses BBS[15] konnten Fragen gestellt werden, die eine Expertenkommission innerhalb von 24 Stunden beantwortete. Das Projekt startete so erfolgreich, daß auch große amerikanische Telekommunikationsunternehmen wie AT&T und Ohio Bell Company auf das Experiment aufmerksam wurden und es finanziell unterstützten.

1989 eröffnete schließlich ein Nachfolgesystem seinen Betrieb, das nicht nur über mehr Telefonleitungen als das erste Free-Net verfügte, sondern auch ans Glasfasernetz der Case Western Reserve University und ans Internet angebunden war. Das Beispiel Cleveland machte schnell Schule: 1987 gründete sich das Free-Net von Youngstown; 1990 die Free-Nets von Peoria, Illinois, Heartland und Cincinnati sowie das „Medina County FreeNet". Heute existiert in den USA eine Vielzahl von Free-Nets.

1989 schlossen sich schließlich alle an diesen Netzen beteiligten Organisationen zum „National Public Telecomputing Network" (NPTN) zusammen.

Über den großen Teich nach Bayern

Auch außerhalb der USA interessierte man sich für die Free-Net-Idee: Im Oktober 1993 nahm beispielsweise an der Technischen Universität Helsinki das erste europäische Free-Net seinen Betrieb auf. In Deutschland knüpfte im Frühjahr 1991 FIM-Psychologie, eine Einrichtung der Friedrich-Alexander-Universität Erlangen-Nürnberg (FAU), die sich seit 1986 im internationalen Rahmen mit Anwendungsaspekten von Telekommunikation beschäftigt, die ersten Kontakte zum Free-Net in Cleveland.

1992 begannen schließlich die Mitarbeiter von FIM-Psychologie mit den Vorarbeiten für ein eigenes Free-Net. Sondiert wurde in diesem Zusammenhang zunächst das generelle Interesse an einer solchen Einrichtung bzw. mögliche Kooperationen innerhalb der FAU und in der Region Nürnberg-Fürth-Erlangen. Darüber hinaus wurden die technischen Realisierungsmöglichkeiten sowie das Free-Net-Computerprogramm, die sogenannte Freeport-Software, auf ihre

14 Aus: Rheingold (1994. S. 330ff.).
15 BBS: Bulletin Board System (Mailbox).

Brauchbarkeit und Übertragbarkeit auf europäische Verhältnisse hin untersucht[16].

Im November 1993 war schließlich der zentrale Steuerungsrechner des Erlanger Free-Nets betriebsbereit, so daß am 29. November 1993 der Rektor der Universität Erlangen-Nürnberg, Professor Gotthard Jasper, das „Free-Net Erlangen-Nürnberg-Fürth" (FEN) als erstes mitteleuropäisches Free-Net offiziell in Betrieb nehmen konnte. Die Bedienung des FEN ist dabei relativ einfach gestaltet. Zunächst erhält jeder registrierte FEN-Nutzer einen für seine zu versendenden und zu empfangenden Informationen reservierten Speicherbereich auf dem Hauptrechner des Free-Net. Über einen gewöhnlichen Telefonanschluß können sich sowohl registrierte Nutzer als auch „Gäste" mit einem beliebigen Computer und einem Modem sowie einem kostenlos erhältlichen Kommunikationsprogramm in das Free-Net einwählen[17].

Lokale Voraussetzungen

Für die Einrichtung eines regionalen Free-Net bietet der mittelfränkische Ballungsraum Nürnberg-Fürth-Erlangen vergleichsweise günstige Bedingungen[18]. So ist die FAU „einer der erfahrensten und intensivsten Nutzer des Deutschen Wissenschaftsnetzes"[19]. Außerdem verfügen sowohl das Regionale Rechenzentrum Erlangen (RRZE) als auch das Erlanger Institut für Informatik über langjährige Erfahrungen im Umgang mit dem Internet und dessen Strukturen. „Im hochschulinternen Netzzugang ist diese Hochschule weiterentwickelt als die Mehrzahl vergleichbarer Hochschulen."[20] Darüber hinaus befinden sich in Erlangen eine Reihe international renommierter Forschungseinrichtungen, die sich unter anderem mit Aspekten der Telekommunikation und der Vernetzung beschäftigen.

Der besondere Vorteil ist aber der „überproportionale Anteil technologieinteressierter und entsprechend gut ausgebildeter Bürger", der im Großraum ansässig ist[21]. Dies hat zur Folge, daß die Verfügbarkeit von Computern sowohl zu Hause als auch am Arbeitsplatz sowie die Dichte an Modem-Anschlüssen höher ist als in vergleichbaren Regionen[22]. So wird die Zahl der im Großraum befindlichen Computer auf ca. 200.000 bis 250.000 geschätzt – das liegt deutlich

---

16 Aus: „Modell eines digitalen regionalen Netzes zur Innovations- und Technologieförderung". Antrag auf Anschub-Förderung des Free-Net Erlangen-Nürnberg Fürth (FEN) als Innovations- und Technologietransfernetz für mittelständische Unternehmen im Großraum durch das Bayerische Staatsministerium für Wirtschaft als Modell für regionale Innovationsnetze in ganz Bayern. o.O., o.A.

17 Modem-Einstellungen: VT100, Standardeinstellung 8 bit Übertragung, 1 Stoppbit, keine Parität. Zugangsmöglichkeiten zum zeichenorientierten FEN bestehen aus dem Universitätsnetz/Internet via Telnet oder Telefonleitung und Modem (09131-506506/0911-530570)

18 Modell eines digitalen..., a.a.O.

19 ebd.

20 ebd.

21 ebd.

22 ebd.

über dem bundesdeutschen Durchschnitt (117 Rechner pro tausend Einwohner 1993; für den Großraum Nürnberg-Fürth-Erlangen würde dies einer Rechnerdichte von ca. 150.000 Computern entsprechen)[23].

Elektronische Kommunikation in virtuellen Gemeinschaften

Das FEN übt dabei eine Pilotfunktion für die Gründung der bayerischen Bürgernetzvereine aus. Wobei es sich selbst als „Virtual Community" („virtuelle Gemeinschaft", „elektronische Gemeinschaft") bezeichnet, die neben dem Aspekt der reinen Wissens- und Informationsbeschaffung auch eine Art elektronische Plattform sein will, die jeder Bürger und jede Bürgerin des Ballungsraumes Nürnberg-Fürth-Erlangen auf der Grundlage dieser regionalen Netzstruktur mitgestalten kann.

Das FEN ist darüber hinaus der Versuch, die Möglichkeiten der globalen Vernetzung mit einer vernetzten realen Region (dem Ballungsraum Nürnberg-Fürth-Erlangen) zu verbinden. Das FEN verspricht so größere individuelle Freiheiten sowie die Möglichkeit, neue, bislang nicht festgeschriebene Handlungs-, Erfahrungs- und Kommunikationsformen zu entwickeln, eng gekoppelt mit einem effektiven Nutzen für die Bewohner, die Wirtschaft sowie der Gebietskörperschaften und Organisationen der Region. Außerdem sollen die Schwellenängste vor dem neuen Medium abgebaut werden.

Im FEN soll sich dabei eine neue Öffentlichkeit formieren, deren Funktion und Arbeitsweise an „De digitale Stad" in Amsterdam erinnert: Von dem Medientheoretiker Geert Lovink im Jahr 1994 gegründet, existiert in der realen Stadt Amsterdam ihr virtuelles Spiegelbild im Netz – die „Telepolis" Amsterdam, ortlos, und dennoch fest im wirklichen Raum verankert. Das Verknüpfen von realen und virtuellen Welten geschieht durch dabei die digitalen Strukturen, die den Strukturen und Funktionen der realen Stadt entsprechen: Eine Straße, ein Tor, die City, soziale Einrichtungen, Kunst, Bildung, Wissenschaft, eine Kneipe oder ein Kiosk und viele andere Bereiche, mit denen sich die User identifizieren und sich in den einzelnen Foren beinahe „wie zu Hause" fühlen können.

„Zunächst gibt es auf der graphischen Oberfläche zwei Dinge. Die Plätze und die Icons, wo sich die Bewohner angesiedelt haben. Die Plätze, das läuft von Sport bis Fernsehfilm, Kultur, Theater, Buchhandlungen, die öffentlichen Bibliotheken, natürlich die Universitätsbibliothek, die online angeschlossen sind; dann das Rathaus selbst, es gibt auch einen virtuellen Polizisten, den man anschreiben kann und dann eine Antwort bekommt. Es gibt ein Anwaltsbüro. Es gibt natürlich die Möglichkeit zu diskutieren über Themen, die uns wichtig sind wie Städ-

23 ebd.

teplanung. Es gibt Interviews mit Politikern. Ein wichtiger Teil ist das Kommunikative, die Kneipen, wo sich Leute treffen und diskutieren."[24]

In Lovinks digitaler Stadt „leben" 30.000 Einwohner[25], die täglich mit bis zu 5000 Zugriffen auf den Server der digitalen Stadt Amsterdam am Netzleben teilnehmen. Aufgrund der Struktur der elektronischen Stadt stehen den „Bewohnern" neuartige Kommunikations- und Informationsmöglichkeiten zur Verfügung, die nicht statisch sind, sondern weiterentwickelt werden können. „Die Stadtmetapher erhebt somit vor allem den Anspruch, vielfältige Analysen über das Ineinandergreifen, die Übergänge, Kopplungen und Brüche, die sich zwischen dem realen und dem virtuellen Raum ergeben, anzuregen."[26]

Das Free-Net Erlangen steckt, vergleicht man es mit dem Amsterdamer Modell, allerdings noch in den Kinderschuhen. Derzeit sind 8669 Nutzer beim FEN registriert[27]. Dennoch funktioniert das FEN, wenn auch momentan noch nicht in der Intensität und in dem Maß wie in den Niederlanden, jedoch nach den gleichen Prinzipien. Nämlich, „daß der Zugang zu Information und Wissen, das in einer Gesellschaft vorhanden ist, ermöglicht werden soll". Aber: „Wichtiger noch ist, eine elektronische Plattform anzubieten, die jeder Bürger und jede Bürgerin mitgestalten kann, also aktiv an dem Aufbau und der Struktur seiner oder ihrer *virtuellen Gemeinde* mitwirken kann".[28]

Die Nutzerstruktur des FEN

Doch wie sieht der durchschnittliche FEN-Nutzer eigentlich aus? Dieser Frage ging der Autor im Februar 1997 mittels eines Fragebogens nach. Ziel dieses Fragebogens sollte es sein, neben der Sammlung empirischer Daten über Alter, Beruf, Einkommen oder durchschnittliche Nutzung des FEN auch Erkenntnisse über den Nutzen des FEN für die User, die Bedienung und Technik des FEN sowie über Service und Organisation zu erhalten. Großes Gewicht wurde bei der Ausarbeitung der Fragen außerdem auf die subjektive Bewertung des Systems und seine Auswirkungen auf die FEN-Nutzer gelegt.

Plaziert wurde der Fragebogen an zwei „Brettern" des FEN. Hinweise auf den Fragebogen wurden sowohl im zeichen- als auch im graphikbasierten FEN angebracht. Sowohl die Plazierung des Fragebogens als auch der Hinweistexte erfolgte in enger Zusammenarbeit mit dem FEN.

Die Befragung fand schließlich zwischen dem 4. und 23. Februar 1997 statt. Die Beantwortung der Fragebogen erfolgte ausschließlich elektronisch via E-Mail. Dabei wurde seitens der FEN-Nutzer keine Kritik gegenüber der Befragung

---

24 Aus: Hörath, Ilona: Telepolis - Die Zukunft der Informationsgesellschaft? Hörfunkmanuskript. Reihe Zeitgeist, MDR Halle. o.A., 1995.
25 Stand 1995.
26 Bühl, a.a.O., S. 23.
27 Stand: 12.9.1997.
28 Bühl (1996, S. 23).

geäußert, etwa hinsichtlich der themenfremden Nutzung des Systems oder des möglichen Verletzens des Datenschutzes (die zurückgesandten Fragebögen enthalten persönliche Angaben über den Absender). Gerade im Gegenteil: obwohl mit dem Anschreiben die Netiquette verletzt wurde („Siezen statt Duzen"), waren die Reaktionen auf den Fragebogen durchwegs positiv. Teilweise wurden die Fragen sogar mit witzigen Ergänzungen und den beinahe obligatorischen Signatures versehen. Trotz der Offenheit wurden die gewonnenen Daten selbstverständlich vertraulich und im Sinne des Datenschutzes behandelt.

Die Verantwortlichen des Free-Net Erlangen-Nürnberg-Fürth, mit denen die Befragung auch inhaltlich abgestimmt wurde, zeigten dabei bereits von Anfang an Interesse an einer Befragung der FEN-Nutzer, nachdem so gut wie keine Zahlen über die Struktur der Nutzer vorliegen. Mit den Verantwortlichen des FEN wurde zudem vereinbart, die Ergebnisse der Befragung allen FEN-Nutzern elektronisch zugänglich zu machen. Obwohl bereits rund drei Stunden, nachdem der Fragebogen an die entsprechenden Bretter gepostet war, die erste Rückmeldungen erfolgte, verlief der Rücklauf im Befragungszeitraum eher schleppend.

Auswertung und Anwenderprofil

Insgesamt kam bei der Befragung ein Rücklauf von 18 FEN-Nutzern zustande (zwei „Nachzügler", die am 24. Februar ihre Fragebögen zurückschickten, wurden noch mit aufgenommen; ein am 9. März eingegangener Fragebogen wurde in der Auswertung jedoch nicht mehr berücksichtigt) – bei derzeit über 8600 registrierten Nutzern ist die Befragung somit weit davon entfernt, repräsentativ zu sein. Wenn überhaupt, dann läßt sich aufgrund der vorliegenden Daten nur ein grobes Bild der FEN-Nutzer zeichnen; die Ergebnisse können nur mit Vorbehalt generalisiert werden.

Außerdem muß davon ausgegangen werden, daß bei den befragten Nutzern von einem unterschiedlichen Kenntnisstand der Benutzung des FEN ausgegangen werden muß. So gab einer der Befragten an, bereits seit 1993 Mitglied beim FEN zu sein, was auf einen hohen Kenntnisstand schließen läßt, während dieser bei drei FEN-Nutzern, die erst seit 1997 Mitglied im FEN sind, weniger hoch einzuschätzen sein dürfte. Bei der Masse der Befragten kann aber davon ausgegangen werden, daß diese teilweise sehr gut mit dem FEN vertraut sind, nachdem sie bereits seit 1994 (4), 1995 (6) bzw. seit 1996 (4) FEN-Mitglied sind. Trotz dieser Einschränkungen ergeben sich aus der Stichprobe teilweise interessante Ergebnisse.

Wenig überraschte die Altersstruktur der befragten FEN-Nutzer. Das junge Medium scheint besonders die jüngere Generation zu faszinieren. Über 55 Prozent der Befragten gaben an, nicht älter als 35 Jahre zu sein. Die größte Gruppe der Befragten (38,9 Prozent) bildet zudem die Gruppe der unter 25jährigen. Anhand der vorliegenden Daten muß also davon ausgegangen werden, daß es sich beim FEN tendenziell um einen „jugendkulturell geprägten" Kommunikationskanal[29] handeln muß. Der Anteil der 35- bis 45jährigen schlägt hingegen in der Befragung nur noch mit einem Drittel zu Buche. Und die Altersgruppe der 45- bis 60jährigen ist nur noch mit einem Anteil von 11,1 Prozent vertreten. Nicht vertreten ist die Gruppe der über 60jährigen.

Zu einem überraschenden Ergebnis kommt die Befragung bei der Verteilung der Geschlechter. Zwar zeigt sich auch hier, daß die Nutzung von Computernetzen zahlenmäßig eine ausgeprägte Männerdomäne ist. Gut ein Fünftel der Befragten des FEN sind aber weiblichen Geschlechts. Dies überrascht insofern, als ähnliche Untersuchungen in der DFÜ[30]-Szene zu anderen Ergebnissen kommen. Hierbei liegt der Frauenanteil oftmals deutlich unter 10 Prozent. Eine (nichtrepräsentative) Studie der „Arbeitsgemeinschaft sozialwissenschaftliche Forschung und Weiterbildung an der Universität Trier e.V.", die zwischen 1991 und 1994 unter der Leitung von Prof. Dr. Roland Eckert durchgeführt wurde, kommt sogar auf einen Frauenanteil von nur 3,7 Prozent[31].

Im Vergleich zu ähnlichen Untersuchungen überrascht auch nicht der hohe Bildungsstand der FEN-Nutzer. Rund zwei Dittel der Befragten gab an, die Hochschulreife zu besitzen bzw. ein Studium absolviert zu haben, 26,3 Prozent der Befragten verfügen über die Mittlere Reife; 5,3 Prozent über einen Volks- bzw. Hauptschulabschluß.

Der hohe Anteil an gut bis sehr gut Ausgebildeten erklärt sich zum einen mit der besonderen demographischen Situation in der Region. Vor allem die Stadt Erlangen kann auf den prozentual höchsten Anteil von Abiturienten sowie Personen mit abgeschlossener Hochschulausbildung an der Bevölkerung in Bayern verweisen. Die Friedrich-Alexander-Universität Erlangen-Nürnberg ist zudem der zweitgrößte Hochschulstandort in Bayern und hat zirka 9000 hauptberufliche Mitarbeiter und derzeit 24.138 immatrikulierte Studenten[32].

Beim monatlichen Haushaltsnettoeinkommen zeigt sich bei den Befragten ein gespaltenes Bild: Zwar überwiegen die FEN-Nutzer, die über ein niedriges bis mittleres Einkommen verfügen (rund 55 Prozent). Gleichzeitig beträgt der Anteil derjenigen, die ein hohes bis sehr hohes monatliches Haushaltsnettoeinkommen angeben, fast 39 Prozent. Überhaupt nicht vertreten ist die Gruppe derjenigen, die über 3000 bis 4000 DM monatlich verfügen.

Korrigiert werden muß offensichtlich auch das weitverbreitete Bild vom einsamen Computernutzer, der bleichgesichtig und vereinsamt die Nächte vor dem Bildschirm verbringt. Zumindest der überwiegende Teil der befragten FEN-Nutzer gab an, in einem Mehrfamilienhaushalt zu leben – lediglich vier sind Singles. Die Mehrzahl der befragten Nutzer (7) lebt in einem Vier-Personen-Haushalt, zwei in einem Drei-Personen- und drei in einem Zwei-Personen-Haushalt. Ein Befragter gab an, in einem Fünf-Personen-Haushalt zu leben.

29 Wetzstein u.a. (1995, S. 272) .
30 DFÜ: Datenfernübertragung.
31 Wetzstein, u.a. (1995, S. 273).
32 Stand: Wintersemester 1996/97.

Hieraus läßt sich eine klare soziale Verankerung einer Mehrzahl der Befragten in Familie oder Partnerschaft ableiten.

Daß es sich bei den Teilnehmern der Befragung vermutlich um Menschen handelt, die fest in einer sozialen Gruppe (z.B. Familie) oder zumindest in einer Partnerschaft integriert sind und großen Wert auf Face-to-Face-Kommunikation legen, läßt sich auch anhand eines weiteren Ergebnisses der Umfrage schließen: Eine deutliche Mehrheit antwortete auf die Frage „Seit ich das FEN nutze, treffe ich mich genauso oft persönlich mit Freunden und Bekannten" mit „Ja". Lediglich 5,6 Prozent verneinten diese Frage.

In jedem Fall muß festgestellt werden, daß die Teilnehmer der Befragung das FEN relativ intensiv in Anspruch nehmen. Ein überwiegender Teil gab an, daß FEN täglich bzw. mehrmals pro Woche zu nutzen. Die Zahl der sogenannten „Power-User", also derjenigen, die einen Großteil ihres Zeitbudgets dem Netz opfern, hielt sich bei der Befragung allerdings in Grenzen. Lediglich drei der Befragten gaben an, sich jeden Tag über eine Stunde im FEN aufzuhalten bzw. über sieben Stunden pro Woche das FEN zu nutzen.

Hinter diesem Ergebnis verbirgt sich allerdings noch eine statistische Unschärfe, nachdem nur die Online-Zeiten für das FEN abgefragt wurden und einige der Befragten angaben, neben dem FEN auch weitere Online-Dienste wie CompuServe, T-Online, AOL etc. bzw. lokale Mailboxen und/oder Internet Service Provider zu nutzen. Es ist also durchaus möglich, daß ein Teil der Befragten insgesamt auf deutlich höhere Online-Zeiten kommt.

In der Befragung interessierte aber auch die Art der FEN-Nutzung. Hier läßt sich zusammenfassend sagen, daß sich vor allem die Kommunikationsmöglichkeiten des Netzes großer Beliebtheit erfreuen. An erster Stelle steht dabei die Möglichkeit, elektronische Post (E-Mail) über das FEN zu versenden. Dicht gefolgt von anderen Kommunikations- und Diskussionsmöglichkeiten im Netz wie IRC oder Newsgroups. Die Nutzung des multimedialen Teils des Internets, das sogenannte World Wide Web, wurde von den Befragten hingegen weniger häufig genannt.

Neben Informationen über Alter, Schulbildung und Einkommen sowie über den Nutzungsgrad des FEN wurden in den Fragebogen aber auch Fragen zur Bedienung und Technik des FEN eingebracht. Gute Noten erhielt dabei die Bedienungsfreundlichkeit des zeichenbasierten Zugangs: Die überwiegende Mehrheit attestierte der Freeport-Software eine einfache Bedienung. Acht hielten das Handling für gewöhnungsbedürftig; nur einer der Befragten hatte offensichtlich Mühe mit der Bedienung. Die überwiegende Mehrheit baut die Verbindung zum FEN über ein analoges Modem auf (78,9 Prozent). Bemerkenswert ist aber dennoch der hohe Anteil der befragten Nutzer, die über einen ISDN-Zugang verfügen (etwa ein Fünftel der Befragten). Auch die Zuverlässigkeit des Systems wird fast duchwegs positiv bewertet. So hielten über 72 Prozent der befragte FEN-Nutzer das System für sehr zuverlässig bis zuverlässig. Gelobt wurde in diesem

Zusammenhang auch der Service des FEN[33]. Zehn der Befragten bewerteten den FEN-Service als sehr gut bis gut. Fünf sind damit zufrieden; lediglich zwei halten den Service für mäßig.

Große Sympathie empfanden die befragten FEN-Nutzer zudem für Organisationsstruktur des Free-Net. 15 der 18 Teilnehmer an der Befragung begrüßten die Tatsache, daß das FEN von einem Verein betreut wird. Drei machten dazu keine Angaben. Nachdem die Vereinsstruktur von den Letztgenannten nicht kritisiert wurde, liegt der Schluß nahe, daß sie sich in dieser Frage vermutlich noch keine Meinung gebildet haben oder einer Betreuung durch einen Verein neutral gegenüberstehen.

Derzeit fallen außer einer einmaligen Anmeldegebühr in Höhe von 30 DM und den Telefongebühren für die Verbindung zum FreeNet keine weiteren Kosten für die Nutzung des FEN an. Neun der 18 Befragten wären aber dennoch bereit, einen monatlichen Betrag zu leisten. Nur vier lehnten dies kategorisch ab; fünf waren sich noch unschlüssig in dieser Frage. Eine monatliche Zahlung von maximal 10 DM erschien den meisten dabei akzeptabel. Genannt wurden aber auch Monatsbeiträge von 20 bzw. 30 DM.

Daß das FEN nicht nur eine kostengünstige Möglichkeit zum Kennenlernen von Netzstrukturen ist, sondern auch einen gewissen Lerneffekt im Umgang mit diesen ermöglicht, bestätigt die Befragung auf eindrucksvolle Weise. Über 83 Prozent der Befragten stimmten dabei der Aussage zu, daß die Nutzung des Free-Net sie vertrauter mit moderner Kommunikationstechnologie gemacht habe. Ein relativ geringer Teil, nämlich knapp 17 Prozent, verneinte dies.

Zu einem bemerkenswerten Ergebnis führte die Bewertungsfrage Nummer 2. Hier wurden die Befragten mit der Aussage „Das FEN vermittelt mir Geborgenheit“ konfrontiert. Über 55 Prozent stimmten dieser Aussage zu; 38,9 Prozent waren nicht dieser Meinung. Nur einer der Befragten machte hierzu keine Aussage. Bemerkenswert ist dieses Ergebnis insofern, als offensichtlich ein Großteil der Befragten das FEN als „Heimat“ empfindet, in der die Nutzer ihre subjektiven Befindlichkeiten und Bedürfnisse in unterschiedlichster Form zum Ausdruck bringen können. Dies wiederum könnte bedeuten, daß es sich beim Free-Net tatsächlich um eine „Virtuelle Gemeinschaft“ handelt. Nachdem die Befragung keinen repräsentativen Charakter besitzt, bleibt dies aber rein spekulativ.

Auch insgesamt scheint das FEN teilweise einschneidende Auswirkungen auf das Leben der Befragten zu haben. So beantwortete eine Mehrheit (10) die Frage „Hat sich durch das FEN in Ihrem Leben etwas verändert?“ mit Ja. Sieben verneinten diese Frage, einer war unentschlossen. Die Veränderungen reichten dabei von eher witzigen Bemerkungen wie „eine Erhöhung der Telefonrechnung...“, bis hin zu tiefgreifenden Veränderungen wie dem Schließen neuer Freundschaften.

33 Das Free-Net Erlangen-Nürnberg-Fürth offeriert eine eigene Hotline, an die sich Nutzer mit technischen oder administrativen Fragen wenden können.

Die Zukunft der Bürgernetzvereine

Welche Zukunft die bayerischen Bürgernetze haben, ist derzeit noch völlig offen. Zwar haben sich mittlerweile zahlreiche Vereine gegründet, ob diese aber von dauerhaftem Bestand sind, muß sich noch zeigen. Die entscheidende Frage ist in diesem Zusammenhang, ob es den Bürgernetzvereinen gelingt, den Betrieb der Netzknoten auf eine solide finanzielle Basis zu stellen. Die von der Staatsregierung zur Verfügung gestellten Mittel können dabei lediglich als eine Art Anschubfinanzierung gesehen werden, nachdem der Löwenanteil der insgesamt 100 Millionen Mark zum Aufbau von Bayern Online in den Aufbau schneller Datenleitungen für Wirtschaft und Wissenschaft und in „Renommierprojekte" wie das „Bayerische Gesundheitsnetz" fließt. „Für den Datenaustausch der Bürger stellt der Freistaat lediglich Überkapazitäten der Leitungen zur Verfügung."[34]

Daß die Bürgernetzvereine Probleme mit ihrer finanziellen Basis bekommen könnten, zeigt das Beispiel FEN: Zwar sind beim Erlanger Free-Net mittlerweile über 8600 User registriert. Doch diese müssen derzeit außer einem einmaligen Betrag von 30 Mark keine laufenden Beiträge ans FEN bezahlen. Die Zahl der beitragspflichtigen Mitglieder des Fördervereins beläuft sich hingegen auf gerademal 533[35]. Vor allem aber die Gebietskörperschaften im Ballungsraum Nürnberg-Fürth-Erlangen, die nach den Vorstellungen des Bayerischen Städtetages auf freiwilliger Basis pro Einwohner eine Pauschale von 0,50 Mark leisten könnten, halten sich mit einer Mitgliedschaft im Förderverein auffallend zurück.

Darüber hinaus wird die Initiative der Bayerischen Staatsregierung nicht überall im Freistaat begrüßt. Gänzlich überrascht von den Aktivitäten der bayerischen Politiker wurden zum Beispiel die zahlreichen bereits bestehenden Bürgerinitiativen, die schon vorher eigene Netze aufgebaut hatten. „Sie sehen sich durch die verordnete Bürgerbewegung unversehens an den Rand der Informationsgesellschaft gedrängt."[36]

Last but not least ist der Erfolg der Bürgernetzvereine abhängig von der Akzeptanz und dem Interesse der Bürger am Medium Internet. Allein die Tatsache, daß der Zugang zum Netz zur Zeit noch nichts oder nur wenig kostet, dürfte nicht ausreichen, innerhalb vergleichsweise kurzer Zeit große Anschlußzahlen zu erreichen. Noch immer braucht es dazu nämlich mindestens eines Computers und eines Modems — doch daran mangelt es bislang in den meisten bayerischen Privathaushalten immer noch.

34 Aus: Alle Bayern: Kostenloser Zugang zum Internet. DER SPIEGEL,19/1996, S 184-186.
35 Stand: 12.9.1997
36 DER SPIEGEL,19/1996. S. 184-186.

Literatur

Baron, Stefan/Becker, Kurt E./Schreiner, Hans Peter (Hg.) (1997): Die Informationsgesellschaft im Neuen Jahrtausend. Berglisch Gladbach.

Bayerische Staatskanzelei (Hg.) (1996): Bayern Online. Datengeschwindigkeitsnetzwerk und neue Kommunikationstechnologien für Bayern. o.A., Stand: Juni.

Bühl, Achim (1996): CyberSociety. Mythos und Realität der Informationsgesellschaft.

Hörath, Ilona (1995): Telepolis - Die Zukunft der Informationsgesellschaft? Hörfunkmanuskript. Reihe Zeitgeist, MDR Halle, a.A.

Kubicek, Herbert/Rolft, Arno (1986): Mikropolis: Mit Computernetzen in die Informationsgesellschaft. 2.Auflage. Hamburg.

Rheingold, Howard (1994): Virtuelle Gemeinschaft. Soziale Beziehungen im Zeitalter des Computers. Bonn. Paris.

Toffler, Alvin (1980): Die dritte Welle: Perspektiven für die Gesellschaft des 21. Jahrhunderts. München.

Wetzstein, Thomas A. u.a.: (1995): Datenreisende. Die Kultur der Computernetze. Opladen.

Vom Internet zum Bürgernet

Ein Erfahrungsbericht über das Bayerische Bürgernetz im Rahmen von Bayern Online

Eduard W.P. Grimme

In den Anfängen der Popularisierung des Internet wurden dem neuen Kommunikationsmedium segensreiche Wirkungen nachgesagt: Informationsbarrieren würden fallen, die Kommunikation der Bürger mit ihren Volksvertretern vereinfacht, aus den Lokalbürgern würden Weltbürger mit erweitertem Horizont. Eher ideologisches Gedankengut war Grund dafür, daß in Bayern der Aufbau eines Bürgernetzes in Gang kam. Die Idee, alle Bürger eines Flächenstaates in ein Kommunikationsnetz einzubinden hat weltweit durchaus Pilotcharakter und so ist es nicht erstaunlich, daß die Politik an dieser Vorstellung Gefallen fand.

Erfahrungsbericht

Ziele des Bürgernetzes

Die Keimzelle der neuen Internetbewegung war, wie so oft in Umwälz-Prozessen, die Universität. Genauer: die Universität Erlangen-Nürnberg, vertreten durch das Institut für Psychologie (FIM), das nach amerikanischem FreeNet-Vorbild in Nord-Bayern experimentierte. Die Idee der Bürgernetze schlug bald in den entlegensten Gegenden ein. Technisch erfahrene und politisch ambitionierte Bürger planten an diesem „Bürgernetz", in dem die Demokratie neu entfaltet werden könnte. In einem Flugblatt aus dem Jahr 1995 lesen wir:

„Bürgernetz, das ist eine neue Art der Kommunikation. Es bietet die Möglichkeit, selbst Daten und Meinungen einzuspeisen - und damit öffentlich Themen anzusprechen, auch wenn sie Zeitung, Rundfunk oder TV nicht aufgreifen mögen. So entsteht ein ausgewogenes Diskussionsforum, an dem sich jeder Interessierte beteiligen kann." Den Vereinen wurden Selbstdarstellungsmöglichkeiten angedeutet, dem örtlichen Handel ein regional erweiterter Kreis an Kunden versprochen.

Auch die sonst mit Barrieren versehene Kommunikation der Bürger mit Behörden oder ihren Politikern hoffte man mit der neuen Technologie beheben zu können. Nur ein Klick in die „Akten" des Landratsamtes sollte nötig sein, um den Stand seines Bauantrages zu überprüfen, nur eine kurze eMail an den Abgeordneten, um ein Problem vorzutragen, ein Häkchen auf einem Formular, um sich in einer neuen Stadt anzumelden.

Die Idee fand rasch Verbreitung, denn auch die Politik fand Gefallen an ihr und bot ihre Hilfe an. Im Zuge des Ausbaus der Informationstechnologien sollten dem Bürgernetz Kapazitäten reserviert werden. In dem Flugblatt, das später der Bayerische Ministerpräsident mit einem Grußwort versah, heißt es: „Die Bayerische Staatsregierung unterstützt im Rahmen Ihrer Initiative Bayern Online diese neue Art der Kommunikation, indem sie den Bürgernetzen die freien Kapazitäten des Bayernnetzes zur Verfügung stellt." Der Ministerpräsident dankt in dem Grußwort den Bürgernetzen für ihre „Pionierarbeit".

Durch die politische Unterstützung angestachelt, entfachten die örtlichen Initiativen vehemente Aktivitäten, verbreiterten ihre Basis, boten Seminare und Kurse an, gründeten Vereine, deren Hauptzweck „die Förderung der Volksbildung und der beruflichen Bildung" war, wie es in der von den meisten Bürgernetzvereinen übernommenen Mustersatzung heißt.[1]

Der Aufbau der Bürgernetzvereine

Die Vereine, die sich 1995 und 1996 gründeten, sammelten auf regionaler Ebene die EDV-Elite und die langjährigen Online-Dienstenutzer (Btx) zusammen und wurden auf diese Weise ein Sammelbecken von Experten („Freak-Pool"). Ehrenamtlich organisierten sie auf lokaler Ebene Veranstaltungen, bei denen für das Projekt geworben wurde. Schülergruppen setzten sich zusammmen und erlernten die neue Internet-Programmiersprache HTML und kodierten Seiten für die lokalen Bürgernetze, für das Gymnasium, den Sportverein oder den örtlichen Bäcker. Der Funke, ein neues lokales Informationssystem aufzubauen, war übergesprungen, noch bevor der Anschluß an das Internet überhaupt vollzogen war oder die Menschen Zugang zum Internet hatten. Die unverhoffte Initiative der Bürger kam der bayerischen Staatsregierung durchaus gelegen. Man hatte mit Bayern Online bereits einen Schritt in die Online-Zukunft getan.

Dieses staatlich hoch geförderte, aus Privatisierungserlösen finanzierte Programm war bereits voll im Gange: das Hochschulnetz wurde ausgebaut, eine Datenbank für die Textilbranche in Auftrag gegeben, der Zusammenschluß von Hochleistungsmedizin und normaler Krankenversorgung durch Telemedizin in Projekten realisiert. Auch Digital Audio-Broadcasting und viele andere Projekte waren bereits mit einem finanziellen Aufwand von 100 Millionen Mark zum Laufen gebracht worden. Doch an ein „Bürgernetz" hatte man anfangs noch nicht gedacht. Erst als das Landwirtschaftsministerium darauf aufmerksam machte, daß in „Bayern Online" bei allem Eifer die so wichtige Landwirtschaft

1 Zu finden unter www.buerger.net

vergessen worden war und die Gefahr „weißer Flecken“ auf der elektronischen Landkarte sich abzeichnete, wurde eine „zweite Tranche“ aufgelegt. Mit Hilfe der Europäischen Union sollte die Telematik in den ländlichen Regionen gefördert werden (Bayerisches Staatsministerium für Ernährung, Landwirtschaft und Forsten 1997).

Da die Bayerische Staatskanzlei das Bürgernetz in das Programm „Bayern Online“ integrierte und der Ausbau eines Behördennetzes angekündigt war, gingen die Aktiven der Bürgernetze davon aus, daß der Internetanschluß technisch über die Ämter erfolgen könne: über Rathaus, Landratsamt oder Amtsgericht. Eventuell sogar über das weit verzweigte Kommunikationsnetz der Sparkassen, die bis in die kleinen Märkte des Landes Zweigstellen unterhalten. Diese Hoffnung wurde genährt aus der Tatsache, daß die IZB (Informationszentrum Bayern GmbH & Co KG) den Auftrag zum Ausbau des Bayernnetzes erhalten hatten. Die IZB ist 50prozentige Tochter der Bayerischen Landesbank Girozentrale und des Bayerischen Sparkassen- und Giroverbandes. Sie unterhält ein Corporate Network mit 250 Knoten, hat 160 Städte miteinander vernetzt und ermöglich den Mitarbeitern der Sparkassen an 35 000 Endgeräten die Kommunikation mit der Zentrale. So lag der Schluß nahe, dieses Netz könne rasch zu einem „Bürgernetz“ umfunktioniert werden. Eine komplette landesweite Infrastruktur wäre dagewesen. An öffentlichen Terminals hätten die Menschen das neue Medium ausprobieren können.

Hindernisse

Unter der Regie des Staatsministeriums für Ernährung, Landwirtschaft und Forsten (StMELF) wurden auf Meetings, teilweise bei der CSU-nahen Hanns-Seidel-Stiftung, oder gesponsort von der Bayerischen Landesbank, technische, politische und marketing-strategische Schritte in die Online-Zukunft für das flache Land erarbeitet. Titel: Telekommunikation im ländlichen Raum. Rasch wurde klar, daß der Prozeß nicht reibungslos verlaufen würde und nicht alle Wünsche der Bürgerinitiativen berücksichtigt würden. Die Idee, das vorhandene Sparkassennetz zu nutzen, wurde abgewiesen. Erstens sei die Kapazität der Leitungen zu gering, zweitens das Risiko für die Banken zu groß.

Obwohl von Anfang an das „Behördennetz“, das alle Landratsämter und andere lokale Behörden miteinander vernetzen sollte, im Urkonzept als Basis für das Bürgernetz vorgesehen war, wurde auch diese Idee, offensichtlich mangels Geldmasse, nicht vorangetrieben. Es blieb beim Hochgeschwindigkeits-„Backbone“ (155 Megabit/Sekunde) zwischen München und Nürnberg und bei einem leistungsstarken Universitätsnetz, das alle Universitäten mit 34 Mbit/s und die Fachhochschulen mit zwei Megabit/s zusammenschloß. Mit wenigen Einwählknoten an den Hochschulstandorten sollte es sein Bewenden haben. Für das flache Land eine Benachteiligung, denn die Telefonleitung der Telekom zum Einwählknoten des Hochschulnetzes war zu finanzieren.

Das vorhandene Wissenschaftsnetz, das bislang nicht optimal genutzt wurde, sollte für online-Experimente („Pilotprojekte") ohne große Einschränkungen genutzt werden. Wie in Amerika sollte das Know-how der Universitäten und Fachhochschulen in den aktuellen Wirtschaftsprozeß einfließen. Die Hochschulen, die teilweise langjähriges Know-how mit dem Internet haben und über das deutsche Wissenschaftsnetz über beste Anbindungen an das weltweite Computernetz verfügen, sollten die Rolle von Vertragspartnern für die Bürgernetze übernehmen. Die bayerische Staatskanzlei hatte bei einem Treffen aller Bürgernetzvorsitzenden von einer entsprechenden Übereinkunft mit dem Kultusministerium gesprochen.

Doch zahlreiche Universitäten weigerten sich, ihre Einrichtungen der nichtuniversitären Öffentlichkeit zur Verfügung zu stellen. Die Anfrage der Bürgernetzvereine Augsburg und Aichach-Friedberg zum Beispiel, den Server in die technische Abteilung der Universität zu stellen, ihn der Obhut des dortigen Personals zu übergeben und damit die teuren Telefonleitungsgebühren zu sparen, wurde abgelehnt. Auch andere Universitäten wiesen den Wunsch zurück.

So mußten die Bürgernetzvereine die Standleitungskosten des Monopolanbieters Deutsche Telekom in die Kostenkalkulation einbinden und fanden sich, wo sich kein großzügiger Sponsor fand, vor schier unlösbaren finanziellen Hürden. Die Suche nach alternativen Netzanbietern begann, sogar große Onlinedienste wurden gefragt, ob sie zu extrem preiswerten Tarifen das Bayerische Bürgernetz tragen würden - ohne Ergebnis. Auch die neue Bahntochter DB-Kom machte ein Angebot. So kam es auch zu Verhandlungen mit dem neuen Netzanbieter Viag. Auf staatlicher Ebene wurde später ein Telefon-Rahmenvertrag zwischen dem Freistaat Bayern und dem Unternehmen geschlossen. Für das Bürgernetz gab es keine Lösung.

Die Hochschulen waren nicht die einzigen, die die Realisierung der Bürgernetzidee behinderten. Auch die bayerische Staatsspitze operierte uneinheitlich und störte die positive Entwicklung. Während die Staatskanzlei das Projekt förderte und sogar einen Ministerialrat als Referenten für die Betreuung der Bürgernetze bereitstellte,[2] sah sich das Wirtschaftsministerium veranlaßt, die Dachorganisation unter Kontrolle zu bringen. Als der Bürgernetzverband auf der Computermesse „Systems" in München eine Demonstration seines Internetangebotes angekündigt hatte, war exakt am Starttag der Messe die neue Domain www.buergernetz.de kurzerhand vom FAST blockiert worden.[3] Nur die weitreichenden Kenntnisse der „Macher" und deren Entschiedenheit machten den

2 Inzwischen wurde der Staatsbeamte durch einen hochrangigen Politiker ersetzt: Staatssektretär Rudolf Klinger leitet den Dachverband bayerischer Bürgernetze.

3 FAST e.V., Forschungsinstitut für angewandte Softwaretechnologie, getragen von der Bayerischen Landesbank, BMW, Siemens, Softlab sowie dem Bayerischen Staatsministerium für Wirtschaft und Verkehr. Näheres unter www.fast.de.

Auftritt dann doch kuzfristig noch möglich unter der bis heute gültigen Ersatzadresse buerger.net.[4]

Auch durch Nichtstun wurden die Bürgernetze behindert. Nur in wenigen Regionen fanden sich Politiker - Abgeordnete und Landräte - die sich in den Vorstand eines Bürgernetzes wählen ließen und an vorderster Front für die Online-Kommunikation arbeiteten. Meist reagierte die Politik mit Zurückhaltung. Die Vertreter der Bürgernetze erarbeiteten Konzepte, entwarfen Internetseiten, und durften diese in Versammlungen mit Bürgermeistern und Kreispolitikern vortragen, doch die kommunale Beitrittswelle blieb aus.

Und ein Drittes schadete der Internetbewegung: die „Euphorie" der Politiker. Ohne ausreichende Sachkenntnis schilderten sie in Reden, wie wichtig und gut das Internet vor allem aber wie problemlos der Anschluß sei. Sie verwechselten die Privatperspektive (Modem und Telefonbuchse) mit der Investorenperspektive (Einwählknoten für 60 000 Mark). Der Freistaat habe, so war es immer wieder in der Presse zu lesen, den Anschluß ans Internet realisiert. Dieses Argument machte es den Bürgernetzvertretern schwer, für den regional noch nicht vorhandenen Anschluß Unterstützung zu organisieren.

In Interviews und auf öffentlichen Veranstaltungen (zum Beispiel beim „Werbegipfel" am 8. Mai 1996 in München) kündigten Finanzminister Erwin Huber und der Staatsminister der Bayerischen Staatskanzlei, Dr. Kurt Faltlhauser den „kostenlosen Zugang zum Internet" für jeden Bürger an und erzürnten damit die Bürgernetzbewegung. Denn der Zugang zum Internet war noch nicht geschaffen, die spezielle Computertechnik (Router zwischen Bürgernetz und staatlichem Hochschulnetz WiN) fehlte und wurde nicht, wie die Propaganda meinen machte, vom Staat finanziert, sondern von den Bürgernetzen aus der Privatschatulle oder über mühsam organisierte Spenden.

Trotz aller Widerstände und Irritationen gelang es, einen Verband aktiver Bürgernetze zu etablieren, der 45000 Mitglieder (Stand September 1997) repräsentiert. Mit landesweiten Arbeitsgruppen für Schulung und Frauenfragen, sowie newsgroups und mailing-Listen zu den Themen Technik, Umwelt und Schulung ist innerhalb kürzester Zeit ein neues Kommunikationsnetz geschaffen worden, das erste Ansätze einer neuen Bürgerkommunikation bietet, übernommen aus den Internet-Gruppen, die gegenseitige Unterstützung anbieten.

Analyse

Auf der einen Seite gemeinsame Ziele, auf der anderen Seite essentielle Mißverständnisse. Warum? Folgende Überlegungen mögen erklären, warum der Pakt nicht halten konnte und wie Politik funktioniert.

---

4 Aus dem E-mail-Forum des Bayerischen Bürgernetzes (Ralf Pollinger).

Mit dem Programm „Bayern Online" versucht das Land Bayern, Internet und Telekommunikation in die strategische Politikplanung einzubinden und die sich entwickelnde Zukunftstechnologie frühzeitig auf die Bedürfnisse des Staates zu transponieren. Es ist ein vielschichtiges Programm, das durch Erträge aus der Privatisierung von Staatsanteilen finanziert wird. Eines dieser ehrgeizigen Pilotprojekte ist der Versuch, die Bürger systematisch mit Internet und Telekommunikation in Berührung zu bringen und Kompetenz zu schaffen, nämlich mit dem „Bürgernetz". Früh schaltete sich deshalb die Staatskanzlei in die von Bürgern geplante Strategie ein, initiierte die Gründung von „Bürgernetzvereinen", die die technologische Elite einer Region zusammenbringen würde, die ihr Wissen auf ehrenamtlicher Basis kostenlos oder sehr preiswert an andere weitergibt und praktische Lösungen vor Ort realisiert. Man hätte quasi eine staatlich geförderte Bürgerinitiative, die den gewünschten Innovationsprozeß auf der technischen, organisatorischen und vor allem auch mentalen Ebene beschleunigen würde. Der Staat selber müßte dann lediglich die „Steckdosen" zum Internet und einen Ring preiswerter Leitungen bieten. So würde er einen Überblick über die Initiativen haben, außerdem Mitsprache- und Kontrollrechte.

Das ist der Sinn von Politik. Max Weber nennt sie das „Streben nach Machtanteil oder Beeinflussung der Machtverteilung, sei es zwischen Staaten, sei es innerhalb eines Staates zwischen den Menschengruppen, die er umschließt" (Weber 1958, S. 33). Und Manfred Rühl nennt Politik „Kommunikationsprozesse, die legitime gesellschaftliche Macht herstellen" (Rühl 1980, S. 380). Mit der Einführung des Bürgernetzes wurde eine bestehende Initiative genutzt, in den politischen Prozeß eingebunden und diesem untergeordnet.

Eines der wesentlichsten Aspekte, warum das Land Bayern ein Bürgernetz förderte, war sicherlich der damit verbundene Prestigegewinn. Bayern, das sich in den Nachkriegsjahren kontinuierlich vom Agrarland zum Industriestaat wandelte und mit dem Bevölkerungszuwachs auch politischen Einfluß in Bonn gewann, ist immer bestrebt, „Spitzenreiter" im Bundesstaat zu sein und eine „Sonderrolle" zu spielen. Die Pressemitteilungen der Bayerischen Staatsregierung beweisen das immer wieder:

„Bayern hat nach den Worten von Sozialstaatssekretär Dr. Gerhard Merkl im bundesweiten Vergleich das 'günstigste Existenzgründerklima und die höchste Investitionsquote aller Länder`.(Bulletin der Bayerischen Staatsregierung 1997a, S. 26)
„Bayern will seine Vorreiterrolle bei den nachwachsenden Rohstoffen auch in Zukunft behaupten und die Biomasse-Förderung noch weiter ausbauen".(Bulletin der Bayerischen Staatsregierung 1997b, S. 21)
„Bayerns Umweltminister Dr. Thomas Goppel stellte in Ingolstadt ein Fachkonzept für Naturschutz und Landschaftspflege vor, wie es jetzt erstmalig in Deutschland auf regionaler Ebene vorliegt."
„Bayern ist übrigens das erste Land, das ein spezielles Projekt zur integrierten Nutzung der Telematik beschlossen hat"(Bulletin der Bayerischen Staatsregierung 1997c, S. 33)

Das Politikfeld „Telekommunikation" ist in der heranreifenden Informationsgesellschaft bestens für Imagepflege geeignet. Es steht für Modernität schlechthin und ist mit Hoffnungen für den brachliegenden Arbeitsmarkt verbunden. Das erklärt, warum die Regierungspolitiker sehr rasch die Idee des Bürgernetzes aufgegriffen haben.

Daß mit diesem Thema geklotzt und nicht gekleckert wurde, zeigten immer wieder Schlagzeilen, aus denen die Vorreiterrolle Bayerns bei der „Einführung des Internets" herausgekehrt wurde. Der „kostenlose Zugang für alle Bürger wurde propagiert", ohne daß dies der Wahrheit entsprochen hätte: Immer noch brauchen Bürger einen privaten Provider oder ein Bürgernetz, um ins Internet zu kommen. Der Freistaat stellt lediglich die Leitungen des Bayernnetzes (Wissenschaftsnetz) zur Verfügung, nicht aber die Anschlüsse, die von den Bürgerinitiativen selbst zu finanzieren und technisch zu realisieren waren.

Gottfried Mahrenholz, lange Jahre selbst Landtagsabgeordneter und Leiter der Staatskanzlei Niedersachsen und später Verfassungsrichter, spricht von der „Vollmundigkeit der politischen Aussage" und dem „Sendungsbewußtsein dessen, der den Eindruck zu vermitteln hat, er habe den Durchblick" (Mahrenholz 1994, S. 49)

Ein weiteres Kriterium kann die Begeisterung der führenden Politiker in Bayern am geplanten Bürgernetz erklären: die Möglichkeit der Selbstdarstellung in diesem von Journalisten unzensierten Medium. Die Politik hat mit dem World Wide Web die Chance, den direkten Draht zu den Bürgern zu spannen. Kommunikation ohne Gatekeeper. Was freilich augenblicklich in dieser Direktkommunikation sich abspielt, hat mit demokratischen Regeln des Meinungsaustausches und des Checkings nicht viel zu tun. Zu viefältig sind die Beispiele für positive Selbstdarstellung. Sachsen beispielsweise wirbt im Internet: „Der Staat ist für die Bürger da und nicht umgekehrt. Genauso ist das im Freistaat Sachsen."[5] Derartige Werbesprüche würden bei Journalisten im Papierkorb landen.

Als die heißen Diskussionen zur Steuerreform liefen, war auf der in Computerdingen sehr aktiven Berliner Zeitungsseite im Internet der Hinweis zu lesen, das Bundesfinanzministerium habe ein Gesprächsforum eingerichtet, in dem die Bürger ihre Kommentare zur Steuerreform abgeben könnten.[6] Das wäre ein gutes Beispiel für moderne „Rückkoppelungsdemokratie" via Internet gewesen. Doch es war wohl eine „elektronische Zeitungsente". Auf dieser Seite[7] war damals viel Eigenlob zu lesen und auch heute sind nur folgende Angebote abrufbar: 1. Pressemitteilungen, 2. Finanznachrichten, 3. Dokumentation , Reden, 5. Broschüren und Bestellungen.

Die Möglichkeit, mit den Bürgern ins Gespräch zu kommen wird nicht genutzt. Nicht einmal von allen Parteien.

---

5 www.sachsen.de.
6 http://www.berlinonline.de/aktuelles/berliner_zeitung/
7 www.bundesfinanzministerum.de.

Das Pilotprojekt „Abgeordnete im Internet", an der FU Berlin begonnen, und 1996 mit Chats zwischen Politikern und Bürgern auf interaktives Niveau gebracht, verlief im Sand.[8] Niemand kennt Helmut.Kohl@bundestag.de.

Auf dem hier relevanten „Bayernserver" der Staatsregierung gibt es bis auf E-mail keine interaktiven Elemente. Aber für die Politik ist das nichts besonderes:

„Wir würden von einer Vertrauenskrise nicht zu sprechen haben, wenn die Parteien gelernt hätten, den Dialog mit der Öffentlichkeit und über sie mit dem Bürger zu führen." (Mahrenholz 1994, S. 49)

Schlußfolgerungen

Bürgerinitiativen und Staatspolitik Hand in Hand bei der Realisierung eines technischen Großprojekts? Es wäre wirklich ein weltweites Vorzeigebeispiel geworden. Doch allen guten Ansätzen zum Trotz ist die Bürgernetzbewegung in den Anfängen stecken geblieben.

Vor allem die Intervention der Großindustrie hat die idealistischen Ansätze zunichte gemacht, aus eigener Kraft ein Informationsnetz aufzubauen. In die Workshops „Bayern Online" und „Telekommunikation im ländlichen Raum" drangen rasch kommerzielle Interessenten von Großfirmen ein, die die Ergebnisse dieses kostenlosen Brainstormings in die Marketingabteilungen der Großfirmen transportierten. Dort wurden dann die Verkaufspakete geschnürt, die die Staatsverwaltung beeindruckten. Wie erfolgreich der Einfluß kommerzieller Kräfte auf die bayerische Behördenbürokratie war, zeigt das dann aufgelegte Programm „Bayern Online II". Danach soll das Land Bayern tatsächlich in Monopol-Provinzen auf diverse Großhersteller aufgeteilt werden. Die Hersteller sollen dann die geplanten Telehäuser mit Grundgeräten zu ausgehandelten Bedingungen ausstatten. Auch die im Internet übliche dezentrale und spontane Entwicklung von Software soll durch feste Bindungen abgelöst werden. Ziel der Staatsverwaltung ist es, über den Verbund Staat/Großindustrie die Anwendung von aufwendigen Multimediaprojekten via Internet zu beschleunigen und daraus exportierbares Know-how zu erwirtschaften. Das Anlernen der Bürger an die verkauften Systeme sollten die Ehrenamtlichen der Bürgernetzvereine möglichst unentgeltlich übernehmen.

Dieser deutliche Einfluß der Industrie wurde in den Mailing-Listen des Dachverbandes sehr kritisch beurteilt.

„Wenn man die Umsetzung von Bayern Online II im ländlichen Raum kommerzialisiert, dann hemmt das die Zusammenarbeit mit den bestehenden ehrenamtlichen Strukturen. Ich sehe in dem ganzen Konzept keine Gemeinsamkeiten mit den bisherigen Bayern-Online-Gegebenheiten und ich kann mich des Eindrucks nicht verweh-

8 http://www.fu-berlin.de/POLWISS/mdb-projekt/.

ren, daß die Lobbyisten von Siemens und Microsoft hier ganz übel zugeschlagen haben.“[9]

Die Politiker sahen in der Zusammenarbeit mit den Bürgernetzvereinen vor allem einen Prestigegewinn. Das „kostenlose Internet“ wurde propagiert aber die Realisierung nicht ernsthaft erwogen. Es ist erstaunlich, daß in einer Zeit, in der die Eigeninitiative der Bürger die „Rettung des Staates“ sein könnte, diese nur unzureichend gefördert und großtechnischen Lösungen der Vorzug gegeben wird. Die Tatsache, daß die Staatskanzlei einen Ministerialrat für die Leitung des Bürgernetzverbandes „entlieh“ und das Wirtschaftsministerium Zensur über den Dachverband ausübte, zeugt darüber hinaus von einem äußerst geringen Vertrauen der Politik in die Basis ihrer Bürger.

Es hat ganz den Anschein, daß die Online-Dienste und kommerziellen Provider das Rennen gemacht haben, obwohl die Bürger mit ihrem FreeNet-Konzept früher dran waren. Denn kürzlich eröffnete ein weiterer Minister der Staatsregierung einen kommerziellen bayerischen Handelskanal.[10] Damit untergräbt er die letzten Chancen des Bürgernetzes, ihre Ideen über private Sponsoren zu finanzieren. Das Ziel einer neuen Bürgernetz-Kommunikation scheint in weite Ferne gerückt.

Literatur

Bayerisches Staatsministerium für Ernährung, Landwirtschaft und Forsten (Hrsg.): Operationelles Programm zur integrierten Nutzung der Telematik im ländlichen Raum Bayerns. Januar 1997.

Bayern Online. Datenhochgeschwindigkeitsnetz und neue Kommunikationstechnologien für Bayern. Das Konzept. 2. Auflage, München Juni 1996.

Bulletin der Bayerischen Staatsregierung 15+16/97 vom 25.7.1997a, S. 26.

Bulletin der Bayerischen Staatsregierung 14/97 vom 11.7.1997b, S. 21.

Bulletin der Bayerischen Staatsregierung 9/97 vom 5.5.1997c, S. 33.

Mahrenholz, Ernst G. (1994): Medien und Macht. Wie sichern wir Pluralismus und Transparenz. In: Wolfgang Wunden (Hrsg.): Öffentlichkeit und Kommunikationskultur. Beiträge zur Medienethik, Bd. 2. Hamburg, Stuttgart, S. 43-50.

Rühl Manfred (1980), Journalismus und Gesellschaft. Bestandsaufnahme und Theorieentwurf.Kommunikationswissenschaftliche Bibliothek, Bd. 9. Mainz.

Weber, Max (1958): Politik als Beruf. in: ders., Gesammelte Politische Schriften, 2. Aufl., Tübingen 1958, S. 493-548.

---

9 Aus der Mailing-Liste des Bürgernetzverbandes (baynet@muenchen.org) vom 19.2.1997.

10 Eröffnung am 30.6.1997 durch den Staatssektretär Alfred Spitzner. Auch hier eine superlative Presseerklärung: „Mit diesem Pilotprojekt hat Bayern als erstes Bundesland eine ausbaufähige Plattform dür den gesamten mittelständischen Handel im Internet geschaffen (Bulletin der Bayerischen Staatsregierung 1997b, S. 19).

Ethik und Internet

Überlegungen zur normativen Problematik von hochvernetzter Computerkommunikation

Bernhard Debatin

Das Internet dient, gestützt durch eine immer noch wachsende massenmediale Aufmerksamkeit, als Projektionsfläche für alle möglichen politischen, wirtschaftlichen, gesellschaftlichen, kulturellen und individuellen Wünsche und Ängste. Auf der Seite der Wünsche ist das Internet zum Symbol für optimierte Kommunikation schlechthin geworden, was sich in der Metapher des *Information Superhighway* (Datenautobahn) sinnfällig ausdrückt. Dieser Wunschidee liegt der Mythos eines zeit- und grenzenlosen Informationsaustausches zugrunde. Dementsprechend soll durch den *Information Superhighway* die Lösung der ökonomischen, sozialen, politischen und ökologischen Probleme unserer Zeit möglich werden (Al Gore).[1] Auf der Seite der Ängste ist das Internet zur Metapher für die Bedrohung durch das Neue, Fremde und Verbotene geworden - eine Vorstellung, die auf dem Mythos von der allmächtigen Wirkung der Kommunikationsmedien beruht und die sich dann in spektakulärer, oft überdramatisierter Berichterstattung in den Massenmedien niederschlägt. Beispielhaft sind etwa die Themen Hacker, Computerkriminalität oder Pornographie im Internet. Viele der öffentlichen Diskussionen drehen sich in diesem Zusammenhang um Probleme wie das Verhältnis von Zensur und Freiheit der Rede im Netz, um die Frage Datenverschlüsselung versus allgemeiner Datenzugriff, oder auch um das Verlangen nach elterlicher Zugangskontrolle.

Gerade die Diskussion über Pornographie im Internet hat jedoch gezeigt, daß eine Moralisierung der Debatte nicht hilfreich ist. Dies nicht nur deshalb, weil hier oft erst einmal Fragen des nationalen und transnationalen Rechts betroffen sind, sondern auch, weil die mit der Moralisierung verbundene Vorentscheidung den Blick auf die vielschichtigen Problemlagen verstellt, die mit dem neuen Medium Internet gegeben sind. Eine systematische Klärung der normativen Dimensionen des Internet, die aus kommunikationswissenschaftlicher und medienethischer Perspektive erst noch zu leisten ist, wird durch die Fixierung auf spektakuläre Oberflächenphänomene wie die Pornographiedebatte eher behindert als be-

---

1 Vgl. Krempl (1997a).

fördert. Die folgenden Überlegungen stellen den Versuch dar, die Grundlinien für eine solche systematische normative Analyse zu skizzieren.

Die Frage nach Ethik und Moral setzt voraus, daß es Handlungsträger gibt, denen moralisches bzw. unmoralisches Handeln zugeschrieben werden kann. Damit ergeben sich zugleich weitergehende Fragen nach dem Handlungsbereich, den Handlungsfolgen, den von Handlungsfolgen Betroffenen, der Rechtfertigungsinstanz, sowie den handlungsleitenden Normen und Werten. Von besonderer Bedeutung ist hierbei auch das Zusammenspiel von individuellem und organisationellem Handeln, wie es typischerweise in komplexen Handlungssystemen auftritt.[2]

Um die hier aufgeworfenen Probleme behandeln zu können, ist es zunächst notwendig, das *Handlungsfeld Internet*[3] genauer zu bestimmen. Das Internet kann kraft seiner Multimedialität viele verschiedene Funktionen gleichzeitig oder auch in getrennter Form erfüllen. Genannt seien hier nur die Funktionen des elektronischen Datentransfers, des Direktzugangs zu digitalen Informationssystemen, der synchronen oder zeitlich versetzten dyadischen und Gruppenkommunikation, der Erzeugung, Speicherung und Übertragung von Schrift-, Bild- und Tondokumenten und der Simulation von virtuellen Welten. Das Handlungsfeld Internet ist multidimensional strukturiert und zerfällt in eine Vielzahl unterschiedlicher *Handlungsbereiche* mit je verschiedenen Anwendungen: Es kann als digitales Briefsystem, als Diskussionsforum, als riesige Bibliothek und Datenbank, als elektronischer Werbe- und Einkaufskatalog, als Telefon, als Radio- und Fernsehgerät, als Videokonferenzsystem, als virtuelle Spielwelt, als Simulationsmaschine und vieles andere mehr Verwendung finden. Zugleich rangieren die durch das Internet ermöglichten computergestützten Kommunikationen über das gesamte Spektrum von intim-privater Konversation bis zur öffentlichen Kommunikation und von dyadischer und Gruppenkommunikation über kategorielle und fachspezifische bis hin zur Massenkommunikation.

Es liegt auf der Hand, daß in den unterschiedlichen Handlungsbereichen je nach sozialer und technischer Bandbreite auch ganz verschiedene Formen *normativer Selbstregulation* entstehen. So sind beim Austausch von E-mails oder beim netzgestützten Telefonieren zwischen Privatleuten andere Verhaltensnormen erwartbar (und damit auch andere Normverstöße möglich) als bei computervermittelter Gruppenkommunikationen in Echtzeit oder bei einem E-mail-basierten Diskussionsforum in einer Newsgroup. Insofern ist es keine Überraschung, daß sich im Internet inzwischen eine Vielzahl von bereichsspezifischen Normierungen und Etiketten herausgebildet hat.[4] Eher selten zu finden sind

---

2 Vgl. hierzu ausführlich Debatin (1997).

3 Ich spreche hier von Handlungsfeld und nicht von Handlungssystem, um so der Vielschichtigkeit des multimedialen Hypermediums Internet gerecht zu werden. Der Begriff des Systems würde eine dem Internet nicht entsprechende Einheitlichkeit nahelegen.

4 Neben der in vielen Varianten und Sprachen vorliegenden allgemeinen Netiquette gibt es vor allem in den kommunikationsintensiven Handlungsbereichen inzwischen eine Unmenge von Normierungen und Regulationen (vgl. weiter unten, Abschnitt 3: Identität). - Die Sammlung, Systematisierung und medienethische Analyse solcher Normierungen ist Gegenstand eines gerade von mir projektierten Forschungsvorhabens.

dagegen Versuche, die ethischen Dimensionen des Internets bereichsübergreifend und systematisch zu untersuchen.[5] Dieser Sachverhalt wird unmittelbar deutlich, wenn man im Internet selbst nach entsprechenden Texten forscht. Unter Suchbegriffen wie 'cyberethics', 'netiquette', 'Internetethik' etc. findet man eine buntgewürfelte Sammlung von Dokumenten, Verhaltensregeln, Seminarplänen und anderen Webseiten, die eher unsystematisch und meist fallbezogen sind, und die häufig mit dem Thema Internetethik und Normativität nicht viel zu tun haben.

Mein Vorschlag ist nun, das Handlungsfeld Internet und seine diversen Handlungsbereiche zur systematischen Analyse in thematisch gegliederte *Funktionsbereiche* zu unterteilen, nämlich in die drei zentralen Funktionsbereiche *Wissen, Freiheit* und *Identität*. Diese Funktionsbereiche und die in ihnen auftretenden spezifischen ethischen Probleme sollen im folgenden beleuchtet werden.

Der Funktionsbereich Wissen: Elektronisch erzeugte Wahrheit?

Die Verwendung des Internets im Bereich des elektronischen Transfers von Information ist vor allem auf die Gewinnung, Verarbeitung, Weitergabe und Speicherung von Wissen gerichtet: Das Internet erscheint hier als ein gigantisches gesellschaftliches *Gedächtnis*, als universaler Wissensspeicher, der schnellen und umfassenden Zugriff auf jedwede Information verspricht.[6] Durch die Vernetztheit des Hypermediums Internet sind im Prinzip alle Informationen miteinander verbunden und damit auch im Prinzip allen zugänglich. Der vor allem in Macht- und Wissenseliten weitverbreitete Mythos einer umfassenden und reibungslos kommunizierbaren Information beruht auf der Idee eines solchen ungehinderten digitalen Informationsflusses zwischen einzelnen Benutzern, allen möglichen Organisationen und Institutionen, sowie digitalen Bibliotheken und Datenbanken. Dieser positiven Vorstellung wird jedoch das Negativbild der informationellen Überflutung oder gar der 'Datenbombe Internet' (Virillo) entgegengehalten, wobei der allgemeinen Informationsflut eine spezielle 'Informationsdürre' korrespondiert: Oft findet man zwar alles mögliche, aber nicht das, was man gerade sucht, zumal wenn es sich um wissenschaftliche Information handelt.[7]

Aus normativer Perspektive tauchen hier drei miteinander verbundene Probleme auf, die das Handeln in diesem Funktionsbereich ethisch prekär machen, nämlich (1) die große Komplexität des Funktionsbereiches Wissen, die spezielle Prozeduren der Selektion erfordert, (2) die Möglichkeit der schnellen und unmerklichen Informationsmanipulation, und (3) die damit zusammenhängende Frage nach Qualität und Nachprüfbarkeit des elektronisch vermittelten Wissens.

(1) Mit der Beschleunigung der Kommunikations- und Informationsströme vergrößert sich die Komplexität des Funktionsbereichs Wissen explosionsartig.

---

5 Für solche seltenen Fälle vgl. Vance (1996) und Sandbothe (1996).

6 "Though still in its infancy, the Internet already serves a larger constituency with greater variety of information than any library (or newsstand) in history." (Abuss 1995)

7 Vgl. Lederberg (1996).

Sie kann zwar durch Selektionsautomaten reduziert werden, also durch Filter und Suchmaschinen oder durch Softwareagenten ('knowbots', 'spiders' und andere autonome Miniprogramme), die auf Geheiß ihrer Besitzer ins Netz ziehen, um die Datenwelt zu erkunden und mit anderen Agenten zu kommunizieren. Jedoch ist die damit gewonnene Reduktion nur schwer überprüfbar und mit großen Zufälligkeiten behaftet: Die Delegation von Such- und Selektionsprozessen an technische Medien bedeutet ja nicht nur einen Gewinn an Zeit und Übersichtlichkeit, sondern zugleich auch einen Verlust von Kompetenz und Einflußmöglichkeiten. Damit steht hier - wie bei allen technischen Systemen - der Erweiterung des Handlungsbereiches eine Einschränkung bzw. Delegation des Kompetenzbereiches gegenüber. Bei der Bewertung von erwartbarem Nutzen (d.h. intendierten Handlungsfolgen) und in Kauf zu nehmenden Kosten (also nichtintendierten Nebenfolgen) bedarf es deshalb einer klugen technikethischen Abwägung.[8]

Konkret bedeutet die hier genannte Problematik, daß im Internet die Transparenz des durch maschinelle Selektionsprozesse ausgewählten Bereiches mit der Intransparenz des Selektionsprozesses selbst und der durch diese Selektion ausgeschlossenen Bereiche erkauft wird. Dies läßt sich an den Resultaten eines Selektionsprozesses mit einer beliebigen Suchmaschine gut verdeutlichen: Zufälligkeit kommt hier nicht nur dadurch ins Spiel, daß die Suchmaschinen statistische (und keine semantischen) Programme sind, also ohne Verständnis kontextspezifischer Bedeutungen auf Zeichenketten reagieren, sondern auch dadurch, daß die Stichwortvergabe relativ zufällig und ungeregelt erfolgt, nämlich durch Benutzer bzw. durch Suchprozesse von Knowbots (die meist die ersten Zeilen eines WWW-Dokumentes als Suchbegriffe speichern). Gleichzeitig aber stellt jede Selektion ein Werturteil dar, indem sie andere mögliche Selektionen ausschließt und so eine *normativ gehaltvolle Präferenzstruktur* in den selektierten Bereich einführt.[9]

(2) Die durch die Komplexität induzierte Zufälligkeit wird durch die Vorläufigkeit, die einfache Veränderbarkeit und die dauernden Modifikationen der im Netz angebotenen Informationen noch verstärkt: Im Unterschied zur gedruckten Information liegt eine elektronische Information nicht mehr in dauerhafter materieller Bindung vor. Jede Information kann durch eine neue überschrieben werden. Zwar kann auch ein Buch eine veränderte Neuauflage erfahren, ja es kann sogar eine ganze Auflage zensiert und eingestampft werden oder schlicht verloren gehen, dennoch ist gedruckte Information gegen Kritik, Veränderung und Fälschung vergleichsweise unempfindlich.[10] Der Kern des vielbeschworenen Endes der Gutenberg Galaxis liegt in der ungeheuren Schnelligkeit, Variabilität und Kapazität elektronischer Speichermedien, wodurch nicht mehr nur (wie bei den Printmedien) Menge und Umsatz der Informationen über die Welt wachsen,

---

8 Vgl. Hubig (1995), v.a. S. 161ff.

9 Zur informationstechnischen Bedeutung von Knowbots vgl. auch Kahn/Cerf (1996); für eine Einführung in die ethische Problematik des Design und der Verwendung von Software Agents vgl. Eichmann (1994).

10 Vgl. Stefik (1996), S. 3ff.

sondern das Wesen der Information selbst in den Sog der Beschleunigung gerät. Die durch den Aktualitätsdruck der Massenkommunikation verursachte fortwährende Verwandlung von Information in Nichtinformation (Luhmann) beinhaltet immerhin noch einen Zeitindex, der die Unterscheidung zwischen aktueller, also gegenwärtig relevanter Information und vergangener, aktuell nicht mehr bedeutsamer Information erlaubt. Dieser Zeitindex verschwindet bei elektronischer Information, denn diese ist *reine Gegenwart*: Im Internet ist jedes einzelne Dokument immer nur bis zu seinem nächsten 'updating' wahr und kann in seiner nächsten Version dann auch wieder völlig anders aussehen. Meine These ist deshalb, daß Internet-Dokumente eine *ahistorische* und *palimpsestische* Struktur haben. Die Leser dieser elektronischen Palimpseste können nie sicher sein, welche Version sie gerade vor sich haben, wie oft sie kopiert wurde und wer tatsächlich ihr Autor ist.[11]

(3) Die leichte und unmerkliche Veränderbarkeit von Text und Autorschaft im Netz hat nicht nur eine rechtliche und eine technische Dimension (vgl. Kryptologie und fälschungssichere elektronische Signatur etc.), sondern auch eine ethisch-wahrheitstheoretische. Die mit Schrift, Buchdruck und Alphabetisierung verbundenen Standards des Umgangs mit Wahrheit verändern sich unter dem Einfluß der hochvernetzten Computerkommunikation: Wahrheitsansprüche lassen sich nun nicht mehr an das geschriebene bzw. gedruckte Wort koppeln, denn Wahrheit, Qualität und Authentizität der im Internet angebotenen Informationen können nur schwer überprüft werden. Eine differenzierte Glaubwürdigkeitsskala wie sie als Zuschreibungsform bei den traditionellen Massenmedien zu finden ist, kann sich im Internet kaum herausbilden, da für die Zuschreibung keine institutionellen oder professionsspezifischen Kriterien existieren, außer wenn die jeweilige Information durch *netzexterne* Glaubwürdigkeitsindikatoren (wie öffentliche Reputation) begleitet wird. In der Regel aber beziehen Internet-Dokumente ihre Glaubwürdigkeit durch die zeitlose und multiple *Selbstreferentialität* des aus Hyperlinks und Hyperdocuments erzeugten Netzes.[12] Damit entsteht jedoch die Tendenz einer nicht mehr zu entflechtenden Vermischung von Realität und Virtualität, wie sie sich in der Vielzahl von geradezu paranoid anmutenden Verschwörungstheorien auf allen möglichen Web-Sites bereits heute zeigt. Ethisch

---

11 Natürlich gibt es die Möglichkeit, durch Nennung des Datums der Entstehung und des letzten Updating einen Zeitindex einzuführen. Dennoch kann man nicht wie bei einer Zeitung einfach in ein Archiv gehen und den Stand eines Dokumentes zu einem beliebigen Zeitpunkt überprüfen. Das Internet beruht auf einer geschichtslosen Selbstreferentialität: Es operiert nicht entlang der Unterscheidung frühere vs. spätere Zustände bzw. Vergangenheit/Gegenwart/Zukunft, sondern entlang der Unterscheidung Speichern vs. Löschen. Im Gegensatz dazu ist das (noch) auf Printmedien beruhende Wissenschaftssystem immer auf historische Referenzen orientiert: Man verweist auf andere, frühere Publikationen, vergleicht sie, und erzeugt so eine zeitlich kodierte Selbstreferentialität im Hinblick auf den bisherigen Wissens- und Erkenntnisstand (vgl. hierzu auch Merton 1983).

12 "Repetition makes any statement seem true. Hundreds of cross-referenced links on the Web create a matrix of even greater credibility. In print, we document assertions with referenes. Footnotes are conspicuous by their absence on the Web. (...) The way sites are connected on the WWW tends to obliterate our historical sense. Everything on the Web seems to be happening NOW. Without a point of reference, all information seems equal." Thieme (1996).

problematisch wird eine solcherart reifizierte Information vor allem dann, wenn sie dann wieder als Handlungsgrundlage im *real life* verwendet wird.

Hinzu kommt, daß zumindest bei bestimmten Dokumentsorten im Internet eine spezifische *Autor-* und *Kontextlosigkeit* besteht: Die in Newsgroups und Mailing-Lists übliche Form der Kombination von Texten verschiedener Autoren, bei der die zitierten Bezugstexte in meist zerstückelter und dekontextualisierter Form in die jeweilige Antwort eingefügt werden, erzeugt einen neuartigen Typus von Text, bei dem mitunter dadaistisch anmutende Textcollagen entstehen. Eine solche elektronische Textcollage hat keinen klar bestimmbaren Autor, sondern eher eine Vielzahl von *Editoren*, die immer neue und andere Versionen eines sich gleichsam automatisch fortschreibenden Textes kopieren und transformieren. Damit wird die Wahrheitsfrage hier höchst prekär, zumindest solange man die Wahrheit von Aussagen mit auf Subjekte zurechenbaren Geltungsansprüchen verbindet. Diese Zurechnungs- und Wahrheitsproblematik wird durch die Dekontextualisierung der Textschnipsel noch verstärkt, denn was im Ursprungskontext noch stimmig und gültig sein mag, kann im nächsten Kontext bereits zu ganz anderen, gegenläufigen Zwecken verwendet werden.[13] Zugleich entsteht durch die Dekontextualisierung der Effekt einer permanenten Themenverschiebung, so daß viele *'threads'* in Newsgroups und Mailinglists schon nach wenigen Iterationen thematisch kaum noch wiederzuerkennen sind. Diskursregeln vernünftigen Argumentierens und selbst ganz normale, alltagsweltliche Konversationsregeln, wie aus der ethnomethodologischen Kommunikationsforschung bekannt, können hier nur sehr bedingt unterstellt werden.

Insgesamt betrachtet wirft der *Funktionsbereich Wissen* damit eine Vielzahl von normativen Problemen auf, die vor allem mit der Geltung, der Authentizität und der Selbstreferentialität der Informationen zu tun haben. Ethische Selbstregulation ist in diesem Bereich nur sehr schwer zu verwirklichen, da es an normativem Sanktions- und Motivationspotential fehlt. Ausnahmen sind akademische Texte im Internet, da deren Autoren ihr symbolisches Kapital der Reputation auch im Internet zu hegen haben. Inwieweit sich ein ähnliches Regulativ auch im Bereich der Wirtschaftskommunikation im Internet herausbilden wird, ist derzeit noch nicht abzuschätzen, da diese erst in den Anfängen steht. Da sich jedoch Werbung naturgemäß nicht mit Fragen der Wahrheit belastet, sondern eher auf emotiv-persuasive Effekte spekuliert, ist eine Lösung der Wahrheitsproblematik von dieser Seite eher nicht zu erwarten. Eine mögliche Perspektive stellt hier vielleicht die derzeit zu beobachtende Entstehung neuer Dienstleistungsberufe im Bereich der Selektion von elektronischer Information ("Information Broker") dar. Das gerade in Deutschland noch sehr am klassischen Journalismus ausgerichtete Berufsbild in den Kommunikationsberufen sollte diese Impulse ernst- und aufnehmen. Insbesondere bei der universitären Ausbildung solcher Fachleute für elektronische Information wäre auf eine umfassende medien- und verantwortungsethische Komponente zu achten.

13 Vgl. auch Thieme (1996).

Der Funktionsbereich Freiheit: Elektronische Öffentlichkeiten?

Das Internet ist ein zentrales Projektionsfeld für den Mythos *unbegrenzter Freiheiten*, wobei sich hier entsprechend der jeweiligen politischen Ausrichtung drei zu unterscheidende Hauptströmungen zeigen, nämlich die liberaldemokratische, die anarchistische und die wirtschaftsliberale Freiheitsidee. Diese drei Ideen und die damit verbundenen normativen und empirischen Probleme sollen nun kurz diskutiert werden:

(1) Nach der *liberaldemokratischen Idee* der Freiheit soll das Internet durch seine interaktiven und egalitären Strukturen zu einer Wiederbelebung der freiheitlichen Demokratie führen. Durch die Einrichtung einer 'elektronischen Agora' (Al Gore) soll eine freie und aufgeklärte Meinungs- und Willensbildung der Bürger möglich und die Idee einer direkten und partizipatorischen Demokratie politische Wirklichkeit werden. Politische Diskurse und Entscheidungsprozesse sollen auf diese Weise dezentral, transparent und bürgernah betrieben werden. Planungs- und Entscheidungsdaten können als elektronische Dateien im Internet bereitstehen und unbegrenzt vielen Interessenten zugänglich gemacht werden. So können bürokratische und hierarchische Hindernisse reduziert, Informationen über politische Vorgänge einfach und flächendeckend verteilt und partizipatorische Diskurse der Bürger initiiert werden.[14] Und die Interaktivität computervermittelter Kommunikation bringt in der Tat nicht nur eine neuartige Kombination von Individual- und Massenkommunikation hervor, sie führt auch, wie diverse Studien und Erfahrungsberichte zeigen, zu einer Verringerung von Hierarchien und trägt so zu einer Egalisierung der Kommunikation bei.[15] Dies kann wiederum als Mittel zur Vereinfachung, Enthierarchisierung und Beschleunigung von privaten und öffentlichen Kommunikationsprozessen genutzt werden.

Während in den USA heute viele lokale, regionale und nationale Belange auch über das Internet kommuniziert werden und die Clinton-Administration selbst immer mehr Regierungsdokumente elektronisch zugänglich macht, halten sich europäische und besonders deutsche Politiker und Entscheidungsträger hier bisher auffällig zurück.[16] Der Idee einer elektronisch gestützten freiheitlich-partizipatorischen Demokratie steht derzeit noch die Tatsache entgegen, daß das Internet von einer allgemeinen Zugänglichkeit im Sinne einer 'öffentlichen Grundversorgung' noch weit entfernt ist.[17] Selbst in den reichen Industriestaaten bestehen ökonomische, soziokulturelle, geschlechts-, schicht-, alters- und bildungsspezifische Schranken, die den Zugang zum Internet zu einem Privileg machen.[18] Die sich rasch wandelnden technischen Standards auf Soft- und

---

14 Vgl. Mambrey (1996) und Poster (1997).

15 Vgl. Kiesler/Siegel/McGuire (1991), für den Bereich computervermittelten Echtzeitkommunikation: Reid (1994), sowie als aktuellen Erfahrungsbericht: Weingärtner (1997).

16 Vgl. Helten (1996).

17 Nach der Online/Offline SPIEGEL Studie von 1996 verfügen in Deutschland ca. 5 % der Bevölkerung über einen Netzzugang, während in den USA nach einem Bericht von Businessweek vom 5.5.1997 z.Zt. etwa 20 % der Bevölkerung das Netz nutzen (vgl. Krempl 1997b).

18 Vgl. GVU's 7th WWW User Survey URL: <http://www.gvu.gatech.edu/user_surveys/>

Hardwareebene verstärken diese Zugangsschranken noch. Aus medienethischer wie aus demokratietheoretischer Perspektive stimmt eine solche Diagnose bedenklich, läßt sie doch vermuten, daß die der Informationsgesellschaft ohnehin eigentümliche Tendenz einer wachsenden *Wissenskluft* durch das Internet nicht nur nicht gebremst, sondern eher noch beschleunigt wird. Überdies wären die Entscheidungen einer solchen Computer- und Informationselite alles andere als demokratisch. Ironischerweise ist damit die real existierende 'elektronische Agora' ein getreues Spiegelbild der athenischen Demokratie von besitzenden, männlichen Bürgern. Dies bedeutet, daß das Internet nur dann eine Demokratisierungschance darstellt, wenn es gelingt, die empirischen Ausschlußmechanismen im Spannungsfeld zwischen *Faktizität und Geltung* (Habermas) zu überwinden und günstige Bedingungen für eine diskursive Netzöffentlichkeit zu schaffen.[19] Ob diese Demokratisierungschance dann auch genutzt werden kann, ist eine andere Frage.

(2) Die *anarchische Freiheitsversion* sieht das Internet als letzten ungeregelten Bereich, den es zu erhalten gilt. Das Netz ist hier wie vormals der Wilde Westen 'the last frontier' (Rheingold), der gegen Zensurbestrebungen und staatliche Einflüsse ebenso zu verteidigen ist, wie gegen innere Regulation.[20] Die innerhalb und auch außerhalb des Internets weithin bekannt gewordene *Blue Ribbon Campaign* der 'Electronic Frontier Foundation' ist ein direkter Ausdruck dieser fundamentalen Autonomiebestrebung. *Electronic Communities* sollen sich ungeachtet ihrer weltanschaulichen und sonstigen Überzeugungen ungehemmt und ohne äußere Einflüsse entwickeln und äußern können. Auch die Möglichkeit der Verbreitung von gewalttätigen, pornographischen, rassistischen oder sonstigen diskriminierenden und haßerfüllten Dokumenten wird dabei als freie Meinungsäußerung gegen jede innere oder äußere Einmischung verteidigt.

Die anarchistische Freiheitsidee, die im Grunde jede Form von Regulation als bloßen Zwang betrachtet, übersieht dabei allerdings die Kantische Einsicht, daß Autonomie bedeutet, sich selbst die Regel zu geben; wirkliche Freiheit also nicht nur negative Freiheit *von* äußerem Zwang, sondern zugleich auch positive Freiheit *zur* 'eigenen Gesetzgebung' ist.[21] Tatsächlich haben sich im Gefolge von und in Auseinandersetzung mit der anarchistischen Freiheitsidee diverse Formen der normativen Selbstregulation herausgebildet, die von der Formulierung rechtlicher und ethischer Internetgrundsätze[22] über die verschiedenen Versionen der Netiquette[23] bis hin zu Konzepten freiwilliger Selbstkontrolle im Netz gehen.[24] Damit wird jedoch genau das eingeführt, was zumindest der puristisch-anarchistischen

---

19 Vgl. Debatin (1996).
20 Vgl. Rheingold (1993).
21 Vgl. Immanuel Kant: Kritik der praktischen Vernunft. § 8.
22 Vgl. z.B. die Erklärung der Electronic Rights & Ethics (EFA et al. 1996).
23 Zur Netiquette siehe URL <http://rs6000.adm.fau.edu/rinaldi/netiquette.html>, sowie Shea (1994).
24 So z.B. Filtersoftware als Mittel elterlicher Zugangskontrolle. Die Delegation von moralischen Entscheidungen an Softwaresysteme ist allerdings nicht unproblematisch, denn die Selektionsentscheidung liegt damit gerade nicht bei den Eltern, sonder sie wird an PICS-Ratingsysteme delegiert (PICS = Platform for Internet Content Selection); vgl. hierzu auch CPSR (1997).

Freiheitsidee zufolge eigentlich vermieden werden sollte, nämlich eine Regulation des 'last frontier'. Naiv ist diese Idee des 'last frontier' aber auch im Blick auf ihre historischen Bezüge, schließlich handelte es sich bei dem ursprünglichen Frontierism des Wilden Westen ja um den Prozeß der blutigen inneren Kolonialisierung Nordamerikas, bei dem der Verzicht auf rechtsstaatliche und moralische Regulation lediglich das uneingeschränkte Recht des Stärkeren bedeutete.

Hinzu kommt, daß im Internet längst mächtige wirtschaftliche und politische Interessengruppen vertreten sind, die ihre eigenen technischen und ökonomischen Normierungen unter der Hand und ohne lange zu fragen einführen.[25] Die Tendenz zur Kommerzialisierung des Netzes liegt bereits heute auf der Hand und das explizite Ziel der Werbewirtschaft, das Internet in eine 'totale Marketingmaschine' (Schiller) zu verwandeln, rückt langsam näher. Begleitet wird dieser Transformationsprozeß von einer Umstellung des Internets von einem *pull*-Medium, bei dem die Benutzer sich ihre Information aktiv und selbständig aus dem Netz holen, zu einem *push*-Medium, bei dem die Informationen (etwa mittels der bereits erwähnten Filtersoftware) vorselektiert oder von kommerziellen Online-Diensten wie ein Fernsehprogramm an den Benutzer geliefert werden.[26]

(3) Ähnlich wie die anarchistische Version lehnt die *wirtschaftsliberalistische Freiheitsidee* jede staatliche Intervention radikal ab, allerdings bezogen auf den ökonomischen Sektor: Erst durch den freien 'elektronischen Marktplatz', so das hier gängige Ideal, kann es zur Auflösung naturwüchsiger Monopole und zur freien Entfaltung der Marktkonkurrenz kommen (Gingrich).[27] Dem Mythos der Einrichtung eines fairen Wettbewerbs stehen jedoch die realen, eher oligopolistischen Wirtschaftsstrukturen entgegen. Wenn in und mit dem Internet Geschäfte zu machen sind, weckt diese Aussicht sehr schnell das Interesse der großen Unternehmen innerhalb und außerhalb der Computerindustrie. Als Beispiel seien hier nur der Megakonzern von Bill Gates und dessen (seit der Einigung mit Apple im August 1997 universell verbreiteter) *Internet Explorer* oder auch das *Internet Advertising Bureau* (die zentrale Interessenvertretung der Werbewirtschaft im Internet) erwähnt.

Mit der nicht mehr allzufernen Lösung des Sicherheitsproblems beim Transfer von *Electronic Cash* wird derzeit immerhin die technische Grundlage für die Einrichtung des elektronischen Marktplatzes geschaffen. Das Internet soll dann ähnlich wie die 'Gelben Seiten' zunächst Zugang zu allen möglichen Dienstleistern und Anbietern gewähren und so den Erwerb von Waren und Dienstleistungen auf der Basis von (passiven) Katalogdiensten oder von (aktiven) Vermittlungsagenturen mit realem Verkaufspersonal bzw. Softwareagenten ermöglichen. Durch die Einrichtung von virtuellen *Shopping Malls* und ähnlichen virtuellen

---

25 Hier spielen v.a. langfristige Marktplanungen eine wichtige Rolle, wie z.B. der seit einiger Zeit laufende Kampf um die Aufteilung der Bild- und Übertragungsrechte im Internet, an dem sich auch die Corbis Corporation von Bill Gates durch das flächendeckende Aufkaufen von Bild- und Fotorechten beteiligt (vgl. Jansen 1997).

26 Vgl. Schiller (1997) und Krempl (1997a).

27 Vgl. Barbrook/Cameron (1995).

Konsumwelten sollen schließlich elektronisch animierte Erlebniswelten geschaffen werden, die zur Stimulation und Manipulation von Kaufentscheidungen die Multimedialität und Interaktivität des Mediums Internet ausbeuten.[28] Es wird eine wichtige Aufgabe von Kommunikations- und Medienwissenschaftlern sein, diese virtuellen Konsumwelten und ihre Auswirkungen auf das Individuum unter psychologischen, sozialen und sittlich-moralischen Aspekten zu untersuchen und ihre rechtlichen und moralischen Konsequenzen zu bestimmen.

Die normativen Probleme, die sich im *Funktionsbereich Freiheit* stellen, drehen sich insgesamt betrachtet um Fragen der Partizipation an und der Regulation von neu entstehenden elektronischen Öffentlichkeiten, die teils politischer, teils sozialer und teils wirtschaftlicher Natur sind. Der (wie in allen Handlungsbereichen) notwendige normative Regelungsbedarf wird dabei von manchen Autoren grundsätzlich abgelehnt, andere versuchen, durch interne Regulation äußeren Einflüssen zuvor zu kommen. Die mit der Struktur des Internets prinzipiell mögliche Revitalisierung und Demokratisierung der öffentlichen Sphäre wird allerdings durch starke konkurrierende Tendenzen eher behindert, denn durch die Kommerzialisierung zeichnet sich eine Diversifizierung des Netzes in viele einzelne kommerzielle 'push' Dienste ab und eine Differenzierung der Netzbenutzer in wenige aktive User und viele passiv konsumierende Rezipienten.

Der Funktionsbereich Identität: Leben in virtuellen Welten?

Mit dem Internet verändert sich das Selbstbild und die Identität des Menschen. Das Internet stellt als technisierter sozialer Raum einen ganz neuartigen Wahrnehmungs- und Erfahrungsraum dar: die körper- und schwerelose elektronische Welt. Im multimedialen Hyperraum finden sich viele verschiedene Formen von virtueller Realität, angefangen von aufwendigen Simulationen und Animationen, bei denen Menschen mit Datenanzügen und -brillen über das Netz zu Cyborgs gekoppelt werden, über die Comicwelten der *Avatar*-Chat-Spaces (z.B. *Worlds Away* von CompuServe) oder Online-Traumwelten, in denen die assoziative Technik einer kollektiven *écriture automatique* zur Interpretation von Träumen realisiert wird,[29] bis hin zu den 'identity workshops' des Internet *chat*, bei dem durch die Kombination von Anonymität und Nähe ein experimenteller Umgang mit kultureller und Geschlechteridentität möglich wird.[30] Der postmoderne Mythos der fragmentierten und dezentrierten Identität[31] scheint in den chat und game worlds des Netzes ebenso Wirklichkeit zu werden, wie der Mythos des 'neuen Menschen', der sich frei seinen spielerischen Neigungen widmen kann.[32] Auch der Mythos der Bewußtseinserweiterung durch das Internet wird durch

28 Vgl. Stefik (1996), S. 182-185.
29 Vgl. Viglizzo (1996).
30 Vgl. Amy S. Bruckman (1995) und (1996).
31 Vgl. Poster (1997).
32 Vgl. Flusser (1995).

diese neuartigen Formen individueller und kollektiver Erfahrung genährt.[33] Es ist offensichtlich, daß auch hier sich spezifische normative Probleme stellen. Diese betreffen (1) die Frage nach Verbindlichkeit und Moralität von virtuellen Beziehungen und (2) die Frage nach der Regelung von Konflikten in virtuellen Welten.

(1) Tatsächlich zeigen psychologische Studien in einigen Fällen eine therapieähnliche und sozialisatorische Wirkung durch internetgestützte Rollenspiele mit der kulturellen, sozialen und sexuellen Identität;[34] auch läßt sich belegen, daß Internet *chat* nicht nur kommunikative Scheu zu überwinden hilft, sondern mitunter sogar zu festen Partnerschaften im *real life* führt.[35] Dem steht jedoch das Problem der Abhängigkeit vom chatting entgegen, das häufig mit Kontaktverlusten im *real life* einhergeht.[36] Auch ist unklar, ob und inwieweit der experimentelle Umgang mit der eigenen Identität im 'Interaktionsschutzraum' Internet wirklich Folgen für das reale Leben hat oder ob es sich nur um einen kommunikationstechnisch gestützten Eskapismus handelt. In jedem Fall stellen sich hier eine Reihe von Fragen zur Ethik zwischenmenschlicher Beziehungen: Wie verbindlich können und sollen netzvermittelte Freundschaften und Beziehungen sein? Wie sind elektronische Kommunikationen zu bewerten, bei denen sich eine Cybersex-Beziehung entwickelt?[37] Welche moralischen Standards und welche Verbindlichkeiten sind hier anzulegen und wie wirkt sich dies auf traditionelle moralische Konzepte wie Treue aus?[38] Im Konflikt zwischen *real life*- und *virtual life*-Beziehungen sind eindeutige Antworten nicht zu finden, vielmehr zeigt sich, daß die normativen Probleme des neuen Mediums Internet bis in die Intimität zwischenmenschlicher Beziehungen hinein reichen und dort dann auch (mitunter schmerzhaft) ausgehalten und ausgehandelt werden müssen.

(2) Die normativen Probleme stellen sich aber nicht nur im Konflikt zwischen realen und virtuellen Beziehungen, sondern auch im Hinblick auf Konflikte zwischen Mitgliedern von virtuellen Welten. Einige solche Fälle haben eine große Publizität erreicht, so z.B. der Fall eines Mannes, der in einem elektronischen *bulletin board* die Identität einer gelähmten Frau namens Joan (bzw. in anderen Versionen: Julie) annahm und zur Vertrauten vieler Frauen wurde, bis seine 'wahre' Identität bekannt wurde, woraufhin die betroffenen Frauen sich betrogen

---

33 Vgl. Barlow (1995).

34 Turkle (1995).

35 In einer seit zwei Jahre laufenden teilnehmenden Beobachtung eines CompuServe Chat-Forums, das etwa 40-50 regelmäßige Mitglieder hat, habe ich sechs Fälle von erfolgreich ins real life überführten Partnerschaften feststellen können. Die meisten elektronischen Partnerschaften bleiben jedoch auf die computervermittelte Kommunikation begrenzt und scheinen auch daraus ihren Reiz zu gewinnen.

36 In von mir durchgeführten qualitativen Online-Interviews mit diversen Mitgliedern dieses CompuServe Chat-Forums wurde von den Interviewten das Problem der Abhängigkeit immer wieder im Zusammenhang mit gleichzeitigen Kontaktverlusten thematisiert.

37 In den USA läuft z.B. derzeit ein Scheidungsprozeß wegen Untreue aufgrund von Cybersex-Kontakten des Ehemannes, auch dies wurde in den genannten Interviews mehrfach angesprochen.

38 In den Online-Interviews wurde z.B. von einigen die Ansicht vertreten, daß Cybersex eine Art interaktiver erotischer Roman sei und insofern keine Auswirkungen auf 'real life'-Beziehungen hätte, während andere Cybersex-Beziehungen eher als eine Gelegenheit für einen moralisch und sozial ungefährlichen 'Seitensprung' betrachten, und wieder andere in Cybersex eine klare Verletzung von moralischen Standards wie ehelicher Treue und gegenseitigem Vertrauen sehen.

und verletzt fühlten. Der Fall provozierte ausführliche Diskussionen, bei denen es insbesondere um die ethischen Qualitäten solchen Verhaltens ging.[39] Ähnlich bekannt wurde der Fall aus einem MOO, bei dem ein Hacker die Kontrolle über die virtuellen Figuren anderer MOO-Mitglieder übernahm und eine 'virtuelle Vergewaltigung' zwischen ihnen inszenierte. Aufgrund dieses Zwischenfalles kam es zu intensiven Auseinandersetzungen, die nicht nur zum Ausschluß des Täters aus der Gemeinschaft führten, sondern in deren Folge auch die sozialen, moralischen und quasi-rechtlichen Regeln dieser Gemeinschaft diskutiert und definiert wurden.[40] Seitdem haben sich in vielen MUDs und MOOs sogenannte *help manners* herausgebildet, die eine Art Normenkatalog für die Teilnehmer dieser virtuellen Gemeinschaften darstellen.[41] Auch in den meisten Newsgroups existieren inzwischen Verhaltens- und Teilnahmenormen und genauso gibt es in den diversen Foren und Chat-Räumen von kommerziellen und nichtkommerziellen Anbietern spezifische Normen, denen die Benutzer erst zustimmen müssen, bevor sie zur Teilnahme zugelassen werden. Die Einhaltung dieser Normen wird oft durch Sysops (System Operators) und ähnliche Funktionsträger kontrolliert und mittels entsprechender Sanktionen (bis hin zum Ausschluß) durchgesetzt.

Insgesamt betrachtet liegen die normativen Probleme im Funktionsbereich *Identität* vor allem in der Regelung von zwischenmenschlichen und sozialen Konflikten im Verhältnis zwischen *real life* und *virtual life*, sowie innerhalb der diversen virtuellen Welten. In diesem kommunikationsintensiven Bereich zeigt sich vielleicht am deutlichsten, wie wichtig Regeln des sozialen Handelns sind und wie schnell sich selbst in virtuellen Räumen solche Normierungen herausbilden. Damit wird auch klar, daß zur Entstehung von sozialen Räumen eine physische Kopräsenz durchaus nicht nötig ist. Unabdingbar sind jedoch normative Selbstregulationen, die die kommunikativen Handlungen der Mitglieder solcher virtuellen Gemeinschaften sanktionieren und die Grenzen und Eigenschaften dieser kleinen sozialen Systeme definieren.

Abschließen will ich mit einer Bemerkung zum Verhältnis von Recht, Moral und Philosophie: Wie ich am Anfang hervorgehoben habe, ist die Moralisierung eines Themas selten hilfreich, da damit die eigentlich notwendige ethische Auseinandersetzung umgangen und statt dessen eine vorgefertigte, dogmatische Position bezogen wird. Es wäre allerdings falsch zu glauben, daß die Probleme statt dessen durch das Recht gelöst werden könnten. Wie die Entscheidung des US-amerikanischen Supreme Court vom Juni 1997 zum *Communications Decency Act* gezeigt hat,[42] stellen sich gerade auch im Internet normative Probleme, die nicht auf legislative Weise beseitigt werden können. Vielmehr müssen sie durch netzinterne und durch öffentliche Auseinandersetzungen über Normen des Han-

39 Vgl. Stone (1995), S. 65-81 und Turkle (1995), S. 228-231.
40 Vgl. Dibbell (1993).
41 Vgl. Stivale (1996).
42 Beim Communication Decency Act handelte es sich um eine Gesetzesvorlage, die pornographische und andere anstößige Inhalte als strafwürdig verfolgen und so aus dem Internet verbannen sollte. Eine solche staatliche Zensur unmoralischer Inhalte wurde vom amerikanischen Gerichtshof jedoch als konstitutionswidriger Verstoß gegen das Grundrecht auf Redefreiheit (First Amendment) abgelehnt.

delns und des Zusammenlebens unter Bedingungen hochvernetzter Computerkommunikation geregelt werden. Es ist die Aufgabe einer Moralphilosophie des Internets solche Prozesse zu reflektieren, ihre grundlegenden Werten und Normen zu analysieren und die internetspezifischen normativen Probleme in einen allgemeinen ethischen Bezugsrahmen zu stellen. Ob dies dann eine rein akademische Übung bleibt oder auch praktisch wirksam werden kann, ist auch eine Frage der (Teilnahme an der) computervermittelten Kommunikation.

Literatur:

Abuss, Steve (1995): Free Expression, Copyright, and Democracy. Ethics of the Internet Conference 11/19/95, UC Berkely. URL: <http://www.paranoia.com/~ebola/berkely.html>.

Barbrook, Richard/Andy Cameron (1995): The Californian Ideology. URL: <http://www.is.in-berlin.de/~pit/ZKP/californ.asc>.

Barlow, John Perry (1995): Wein ohne Flaschen. Globale Computernetze, Ideen-Ökonomie und Urheberrecht. In: Stefan Bollmann (Hrsg.): Kursbuch Neue Medien. Trends in Wirtschaft und Politik, Wissenschaft und Kultur. Mannheim: Bollmann, S. 79-108.

Bruckman, Amy S. (1995), Identity Workshop. Emergent Social and Psychological Phenomena in Text-Based Virtual Identity. URL: <ftp://ftp.media.mit.edu/pub asb/papers/identity-workshop>.

Bruckman, Amy S. (1996), Gender-Swapping auf dem Internet, in: Rudolf Maresch, Medien und Öffentlichkeit. München 1996, 337-344.

CPSR (1997): Computer Professionals Question Internet Filtering Agreement - Press Release, July 18 1997. URL: <http://www.cpsr.org/dox/issues/filters.html>.

Debatin, Bernhard (1997): Medienethik als Steuerungsinstrument? Zum Verhältnis von individueller und korporativer Verantwortung in der Massenkommunikation. In: Otfried Jarren/Hartmut Weßler (Hrsg.): Perspektiven der Medienkritik. Opladen: Westdeutscher Verlag (im Erscheinen).

Debatin, Bernhard (1996): Elektronische Öffentlichkeiten. Über Informationsselektion und Identität in virtuellen Gemeinschaften. In: FIFF-Kommunikation: Computer und Demokratie. 13. Jg., Dez. 1996, S. 23-26.

Dibbell, Julian (1993): A Rape in Cyberspace or How an Evil Clown, a Haitian Trickster Spirit, Two Wizards, and a Cast of Dozens Turned a Database into a Society. In: The Village Voice, Dec. 21, 1993, 36-42.

EFA et al. (1996): Electronic Rights & Ethics. URL: <http://www.zip.com.au/~pete/ ere.html>

Eichmann, David (1994): Ethical Web Agents. URL: <http://www.ncsa.uiuc.edu/SDG/IT94/Agents/eichmann.ethical/eichmann. html>.

Flusser, Vilém (1995): Verbündelung oder Vernetzung? In: Stefan Bollmann (Hrsg.): Kursbuch Neue Medien. Trends in Wirtschaft und Politik, Wissenschaft und Kultur. Mannheim: Bollmann, S. 15-23.

Helten, Frank (1996): Demokratie und Internet? In: FIFF-Kommunikation: Computer und Demokratie. 13. Jg., Dez. 1996, S. 18-22.

Hubig, Christoph (1995): Technik- und Wissenschaftsethik. Berlin/Heidelberg: Springer.

Jansen, Maria (1997): Die deutschen Bildagenturen sind auf die digitalen Umwälzungen in ihrem Metier schlecht vorbereitet. In: Die Zeit, 20.06.97 Nr.26/Medien.

Kahn, Robert E./ Vinton G. Cerf (1996): The Digital Library Project, Vol 1: The World of Knowbots. In: Mark Stefik: Internet Dreams. Archetypes, Myths, and Metaphors. Cambridge/MA: MIT Press, S. 33-38.

Kant, Imanuel: Kritik der praktischen Vernunft; Werkausgabe Bd. VII, herausgegeben von Wilhelm Weischedel, Frankfurt: Suhrkamp 1968.

Krempl, Stefan (1997a): Die Kommerzialisierung des Internet. In: Teleopolis Online. URL: <http://www.heise.de/tp/deutsch/inhalt/te/1172/1.html>.

Krempl, Stefan (1997b): Ist das Internet ein Massenmedium? Oder: Wo bleibt die digitale Revolution? In: Teleopolis Online. URL: <http://www.heise.de/tp/deutsch/inhalt/te/1193/1.html>.

Kiesler, Sara/Jane Siegel/Timothy McGuire (1991): Social Psychological Aspects of Computer-Mediated Communication. In: Charles Dunlop/Rob Kling (ed.): Computerization and Controversy. New York 1991, S. 330-349.

Lederberg, Josuah (1996): Communication as the Root of Scientific Progress. In: Mark Stefik: Internet Dreams. Archetypes, Myths, and Metaphors. Cambridge/MA: MIT Press, S. 39-48.

Mambrey, Peter (1996): Digitale Partizipation der Bürger. In: FIFF-Kommunikation: Computer und Demokratie. 13. Jg., Dez. 1996, S. 10-17.

Merton, Robert K. (1983): Auf den Schultern von Riesen. Ein Leitfaden durch das Labyrinth der Gelehrsamkeit. Frankfurt: Suhrkamp.

Poster, Mark (1997): Elektronische Identitäten und Demokratie. In: Stefan Münker/Alexander Roesler (Hrsg.): Mythos Internet. Frankfurt: Suhrkamp, S. 147-170.

Reid, Elisabeth (1994): Cultural Formation in Text-Based Virtual Realities. URL: <http:parcftp.xerox.com/pub/MOO/papers/CulturalFormations.txt>.

Rheingold, Howard: The Virtual Community. Reading/Mass. 1993. URL: <http://www.well.com/user/hlr/vcbook/>.

Mike, Sandbothe (1996): Der Pfad der Interpretation. Zur Medienethik des Internet. In: Teleopolis Nr. 0/1996, S. 35-48. URL: <http://www.uni-magdeburg.de/~iphi/ms/medeth.html>

Schiller, Dan (1997): Marktplatz Internet. Das Ende einer Utopie. In: Le Monde Diplomatique / Die Tageszeitung, 14.3.97, S. 1 u. 14.

Shea, Virginia (1994): Netiquette. San Francisco: Albion Books.

Stefik, Mark (1996): Internet Dreams. Archetypes, Myths, and Metaphors. Cambridge/MA: MIT Press

Stivale, Charles, J. (1996): 'help manners': Cyber-Democracy and its Vicissitudes. URL: <http://wwwpub.utdallas.edu/~cynthiah/lingua_archive/help_ manners.html>.

Stone, Allucquère R. (1995): The War of Desire and Technology at the Close of the Mechanical Age, Cambridge/MA.

Thieme, Richard (1996): Stalking the UFO Meme. URL: <http://www.ctheory.com.a43.html>.

Turkle, Sherry (1995): Life on the Screen. Identity in the Age of the Internet. New York: Simon and Schuster.

Vance, David (1996): Towards a Professional Information Systems Ethic (Cyberethics). URL: <http://hsb.baylor.edu/ramsower/acis/papers/vance.htm>.

Viglizzo, Barbara (1996): Internet Dreams. In: Mark Stefik (1996): Internet Dreams. Archetypes, Myths, and Metaphors. Cambridge/MA: MIT Press, S. 353-388.

Weingärtner, Daniela (1997): Referat 214 arbeitet zu Hause. Telearbeit im Forschungsministerium: Wie Abteilungsleiter lernen, daß der Unterschied zwischen Politik und Praxis im Versenden einer E-mail bestehen kann. In: Die Tageszeitung, 5.8.1997, S. 9.

Autorenverzeichnis

Stefan Brunn, geb. 1969, Studium der Germanistik, Journalistik und Politik in Düsseldorf und Bamberg, jetzt Redakteur der Themenseiten der Nürnberger Zeitung. E-Mail: brunn@aol.com.

Bernhard Debatin, Doz. Dr. phil., geb. 1957, Studium der Publizistik, Philosophie und Politologie in Berlin, Hochschuldozent für Theorie und Soziologie der öffentlichen Kommunikation und Medienethik an der Universität Leipzig, Institut für Kommunikations- und Medienwissenschaft. E-Mail: debatin@rz.uni-leipzig.de.

Beatrice Dernbach, Dipl.-Germ., geb. 1964, wissenschaftl. Mitarbeiterin am Lehrstuhl für Kommunikationswissenschaft/Journalistik der Otto-Friedrich-Universität Bamberg. E-Mail: beatrice.dernbach@split.uni-bamberg.de.

Werner Dostal, Dr. phil,. geb. 1940, Leitender Wissenschaftlicher Direktor des Arbeitsbereiches Informationsverarbeitung und Systementwicklung, sowie Leiter des Arbeitsbereichs Berufs-und Qualifikationsforschug der Bundesanstalt für Arbeit, Nürnberg.

Andreas Fischer, M.A., geb. 1966, Geschäftsführer der DAB-Plattform e.V. München, Vorsitzender der Arbeitsgruppe Öffentlichkeit / Akzeptanzforschung der DAB-Plattform e.V. und Chairman der Working Group 1 "Research" des WorldDAB-Forums; Arbeitsgebiete: Einführung von DIGITAL RADIO DAB, Öffentlichkeitsarbeit, Akzeptanzforschung. E-Mail: Andreas-Fischer@t-online.de.

Eduard Grimme, Dr., Dipl. Pol., geb. 1951, Journalist und Leiter des Instituts für Information und Communication (Aichach). Arbeitsgebiete: Computerkommunikation, Internetanwendungen. E-Mail: Grimme@info-com.de

Markus Hörath, lic.rer.publ., geb. 1962, Redakteur bei den Nürnberger Nachrichten. E-Mail: dh1005@fen.baynet.de

Egbert M. Reinhold, geb. 1955, Redakteur bei den Nürnberger Nachrichten. Nach 15 Jahren Print-Erfahrung im August 1996 Wechsel in die Online-Redaktion. E-Mail: emr@nn-online.de.

Katja Riefler, M.A., Lic.rer.publ., geb. 1963, Freie Publizistin und Leiterin des Geschäftsbereiches Konzeption/Koordination bei der Mediengesellschaft der Bayerischen Tageszeitungen für Kabelkommunikation mbH, Online KG in München; Arbeitsgebiete: Zukunft der Zeitung, Mulitmedia, Journalismus. E-Mail: cat@muc.de.

Manfred Rühl, Dr. rer. pol., Dr. rer. pol. habil., Dipl. Volksw., geb. 1933, Professor für Kommunikationswissenschaft an der Otto-Friedrich-Universität Bamberg. Arbeitsschwerpunkte: Kommunikationstheorie, Kommunikationspolitik, Journalistik und Public Relations. E-Mail: manfred.ruehl@split.uni-bamberg.de

Harald A. Summa, Dipl.-Kfm., geb. 1953, Unternehmensberater, Geschäftsführer eco - Electronic Commerce Forum e.V.; Arbeitsgebiete: Anwendung Online-Medien in Geschäftsprozessen (Electronic Commerce), Online-Marketing, Kongressplanung. E-Mail: summe@eco.de.

Harald Taglinger, M.A. geb. 1965, Editor bei Sidewalk (Microsoft); Lehraufträge an den Universitäten Bamberg und München, Online-Designer (z.B. http://www.dasneue.de), Freier Autor für die Computerwoche, Macwelt, Internet Professionell und Telepolis. E-Mail: tag@d-werk.de.

Anna Maria Theis-Berglmair, Prof. Dr., geb. 1955, Professorin für Kommunikationswissenschaft und Journalistik an der Otto-Friedrich-Universität Bamberg. Arbeitsgebiete: Massenkommunikation, Organisationskommunikation. E-Mail: anna-maria.theis-berglmair@split.uni-bamberg.de.